U1005581

行政法学本体论研究初探

——以公安行政执法实践为视角

黄悦波　著

中国人民公安大学出版社
群众出版社
·北　京·

图书在版编目（CIP）数据

行政法学本体论研究初探：以公安行政执法实践为视角/黄悦波著. —北京：中国人民公安大学出版社，2018.6

ISBN 978-7-5653-3349-1

Ⅰ.①行… Ⅱ.①黄… Ⅲ.①公安机关—行政执法—研究—中国

Ⅳ.①D922.144

中国版本图书馆 CIP 数据核字（2018）第 140977 号

行政法学本体论研究初探
——以公安行政执法实践为视角

黄悦波 著

出版发行：中国人民公安大学出版社
地　　址：北京市西城区木樨地南里
邮政编码：100038
经　　销：新华书店
印　　刷：北京市泰锐印刷有限责任公司

版　　次：2018 年 6 月第 1 版
印　　次：2018 年 6 月第 1 次
印　　张：14.25
开　　本：787 毫米×1092 毫米　1/16
字　　数：270 千字

书　　号：ISBN 978-7-5653-3349-1
定　　价：48.00 元

网　　址：www.cppsup.com.cn　www.porclub.com.cn
电子邮箱：zbs@cppsup.com　zbs@cppsu.edu.cn

营销中心电话：010-83903254
读者服务部电话（门市）：010-83903257
警官读者俱乐部电话（网购、邮购）：010-83903253
教材分社电话：010-83903259

目 录

第一章 导 论

第一节 行政法学本体论的概念界定

一、法学研究本体论的现状

1. 法学研究本体论的成绩。尽管本体论问题是哲学研究的基本范畴，但法学研究本体论也不是一个新现象。参考“中国知网”提供的“计量可视化分析检索结果”（题名 = 法本体论），在1992年至2017年间，我国共发表31篇相关论文，平均每年发表约1.2篇，其中2005、2007、2012这三年达到峰值，每年达到3篇。[①] 由此可见，我国法学界研究本体论问题虽然填补了空白，但其数量极为有限。我国法学研究本体论主要表现在两个领域，即法理学的基本理论探讨和部门法的基本理论探讨。（1）法理学对本体论的探讨。我国法理学学者对法本体论问题的研究起步较早，成果也最为典型。较早探讨该问题的是公丕祥发表的《关于法哲学本体论的思考》（《中外法学》1992年第1期）和张钢成发表的《法的本质的本体论诠释》（《广西师范大学学报》1992年第4期）。1996年，张钢成再次撰文《法本体论问题阐释》（《法制与社会发展》1996年第6期），深入探讨了法的本体问题。1993年8月，罗子桂发表了《马克思主义法哲学中的法的本体论探讨》（《中外法学》1993年第4期），将对法学本体论的认识纳入马克思主义法哲学视域中。1995年3月，张文显发表了《超越法律实证主义和自然法理论——制度法理学的认识 - 方法论和本体论》（《比较法研究》1995年第1期），将对法学本体论的认识纳入法理学视域中。1999年，由张文显主编的《法理学》由高等教育出版社出版，成为我国法理学教材的经典。该教材第二编就以“法的本体”为名。（2）部门法对本体论的探讨。在法

---

① 参见“中国知网”，http：//kns. cnki. net/kns/Visualization/VisualCenter. aspx，最后访问时间2018 - 06 - 10。

理学研究本体论的基础上，一些研究部门法的学者也开始探讨部门法的本体论问题。这些成果主要表现为研究论文和研究专著，数量较少。研究专著主要包括蒋新苗所著《国际私法本体论》（法律出版社 2005 年版）、刘远所著《刑法本体论及其展开》（中国人民公安大学出版社 2007 年版）、罗国强所著《国际法本体论》（法律出版社 2008 年版）等；研究论文主要包括陈小文撰写的《科学发展观与中国行政法本体论的重构》（《同济大学学报（社会科学版）》2008 年第 6 期）、胡静撰写的《环境法本体论范畴研究》（《中国政法大学学报》2013 年第 1 期）等。此外，有些学者还在其编写的教材或专著的部分章节提及了法的本体论问题，如陈兴良所著《本体刑法学》。①

2. 法学研究本体论的不足。法学研究本体论在取得上述成绩的同时，也存在着明显的不足。（1）借名无实。这是指法学研究在借用哲学本体论的概念时，有些研究成果本身并没有探讨本体论的内容。有研究者很早就注意到，《国际私法本体论》一书，从内容来看，“是在借用‘本体’一词，书名所称的‘本体’与法哲学范畴基本无涉，而仅指不同国际私法学派的共同研究范畴，实际上只能算作‘基本共同体’的简称”。② 而《本体刑法学》一书，虽然提出了刑法的“本体”概念，“也具有偏理论、重思辨、超实在法的特征，但它实际上不过是借‘本体’来谈理论，将刑法法理在一种广义的本体论的语境下单独拿出来讨论而已。质言之，‘本体刑法学’就是理论刑法学”。③《刑法本体论及其展开》一书，也没有从法哲学范畴深入研究刑法的本体论。④ 此外，《科学发展观与中国行政法本体论的重构》一文，虽然也使用了行政法的“本体论”一词，但其内容是从政治学视角谈论行政法，重点阐述了“科学发展观”在行政法中的具体运用，并没有探讨“本体论”是什么。⑤（2）内容不定。由于法学专家虽借用哲学的本体论概念，却无探讨本体论之意，或者仅将之理解为“理论”，因此法学研究本体论时并没有形成共识性的内容，甚至连最起码的共识性内容都没有，这在学术界是罕见的。《法理学》一书，将“法的本体”的内容限定为法的概念、法的渊源、法的要素、法的体系、权利和义务、法律行为、法律关系、

---

① 陈兴良．本体刑法学［M］．北京：商务印书馆，2005.

② 罗国强．论新世纪国际法之本体［D］．上海：复旦大学，2006.

③ 罗国强．论新世纪国际法之本体［D］．上海：复旦大学，2006：3；罗国强．国际法本体论［M］．北京：法律出版社，2008.

④ 相关论述详见刘远．刑法本体论及其展开［M］．北京：中国人民公安大学出版社，2007.

⑤ 相关论述详见陈小文．科学发展观与中国行政法本体论的重构［J］．同济大学学报：社会科学版，2008（6）.

法律责任、法律程序等。① 这在法理学界具有代表性，然而部门法学者并不以此为基础开展其部门法学的本体论研究，仍是各言其说。（3）混淆法的本体论和法学本体论。简单地说，法是指具体的行为规范，法学是指对法之规范现象的科学研究。在我国，法理学开创了“法的本体”学说，这个“法”字是指具体的法律规范还是指对法之规范的学科认识呢？尽管很多人想当然地将“法”认为是“法”（法的规范），但它其实是对法的规范的学科认识。法理学作为法的基本理论认识，不可能固化在某一个具体的法的规范上，而是阐述其一般的理论。此外，部门法学谈论的法是指一个体系，而很少仅指具体的某一部法。比如，行政法是指诸多有关行政管理的法律体系，而公安行政法绝不是单指《治安管理处罚法》。因此，除了法理学内含了法律科学而无须强调“法学”之外，部门法在阐述其本体论时，均应表述为“某法学本体论”，展现该部门法学体系的法的一般理论。

二、本体论的内涵及其法学范畴

1. 本体论的基本内涵。本体论是一个哲学研究范畴，这一点在前文已经提及。就其意义而言，本体论被视为理论中的理论、哲学中的哲学。本体论不可望文生义地误解为“关于世界的本源或本体的学问”。实际上，本体论是西方哲学特有的一种哲学形态，通常表述为 Ontology。按照俞宣孟的理解，它是以“是（to be）”为核心的一些范畴，而英文中的 being，对应于拉丁文的 esse，比如说 esse is percipi（存在就是被感知）。英文中的 essence（本质），就来源于拉丁文 esse，包含“是什么”和“本质”的意思。② 这意味着，本体论要探讨的是事物“是什么”和“本质”。另外，从历史发展的角度来看，亚里士多德时代古希腊哲学逐渐由“爱智慧”向“爱知识”转变，由此进行了学科分类，哲学被视为第一学科，研究“是者（ov/being）之所以为是者”。在此，作为 being 的希腊文 ov，其变体为希腊文 ont，加上学科后缀 logy，就构成了 ontology，因此本体论最初的意思是“being + logy”，意为“是什么的学说”。③ 从亚里士多德时代到黑格尔时代，本体论始终居于哲学最核心、最高地位。不过，第一个为本体论下定义的是德国的沃尔夫（Wolff，1679—1754），即“论述各种抽象的完全普遍的范畴，如‘是’以及‘是’之成为一和善”。沃尔夫的这个定义影响了康德及整个德

---

① 张文显．法理学［M］．北京：高等教育出版社，1999.

② 俞宣孟．本体论研究［M］．上海：上海人民出版社，200：14，33－34.

③ 俞宣孟．本体论研究［M］．上海：上海人民出版社，2005：22.

国的古典哲学。[①] 康德创造了"本体（Noumenon）"一词，意指"世界的本质、实体或存在体"。Noumenon 是德语的本体，德语的本体论则是 Ontologie，从两个词的差异来看，在西方，本体和本体论不是一回事，更不能简单地等同起来。我国有学者认为，西文中的本体论包括本体，还包括形而上学的一般性，但从狭义的概念来说，本体论就是本体学说，即探讨事物的本质。[②]

2. 本体论的法学范畴。本体论意为"是什么的学说"，以此为基础，法学本体论就是探讨"法是什么的学说"。这就是说，一切探讨法 to being 内容的研究都属于法的本体论。这意味着，前文所言的《国际私法本体论》《国际法本体论》《科学发展观与中国行政法本体论的重构》等，从广义上来看，均多多少少地探讨了"法"的 to being 内容，属于法的本体论作品。不过，如《法理学》一书，是从法的框架结构来整体地探讨"法是什么"，即"法的本体"的内容，不仅探讨法的概念、法的要素、权利和义务这些基本内容，还包括法的渊源、法的体系、法律行为、法律关系、法律责任、法律程序等内容。由此可见，从法的框架结构来看法的本体论，也就是狭义的法的本体论，上述作品，除了《国际法本体论》之外，均有缺陷，甚至只是借用了本体论的名，而不属于严格意义上的法的本体论作品。

三、行政法学的本体论

依照本体论的哲学概念，行政法学的本体论就是要研究"行政法是什么"，在此需要厘清两个基本的问题：（1）从概念上看，所研究的内容究竟是"行政法的本体论"还是"行政法学的本体论"。这需要考虑三个因素。其一，法的一般本体论内容已经在法理学中探讨，行政法中关于法的本体的重复性内容无须赘述。值得注意的是，法理学从来不是研究某一部具体的法，而是关于法的一般理论，其实就是"法"的"法学"，不是"法"的规范本身，即法理学探讨"法的本体论"，就是"法学"视角。其二，与刑法通常（主要）指向的刑法典不同，行政法从来就不是指向一部具体的法典、法律或法规，而是指一个国家数量繁多的行政规范性文件的统称，现实中没有一部叫做"行政法"的法，也没有哪个行政规范性文件可以代表行政法。另外，这些行政规范性文件彼此之间也并不雷同，是有差异的。因此，对于这些行政规范性文件的研究不是"行政法"，而是"行政法学"。

---

① 俞宣孟．本体论研究［M］．上海：上海人民出版社，2005：31，34.

② 罗国强．国际法本体论［M］．北京：法律出版社，2008：1－4.

其三，行政法在人的一般意识中容易指向与自己工作和生活密切相关的行政规范性文件，并不涵盖行政法的一般特性；行政法学则是从行政法体系视角研究行政法的一般特性，具有代表性。有鉴于此，笔者认为，用“行政法学本体论”的表述更为准确。（2）从对象上看，行政法学本体论的研究框架应该是什么。这需要考虑两个因素，即要区别行政法学本体论的指导思想和框架结构。其一，行政法学本体论的指导思想。这是从宏观视角来展现的行政法学本体论框架结构，表现为行政法的指导思想。尽管这部分内容非常重要，但在研究实践中却常常被忽视，甚至被误解。比如，有学者试图从“科学发展观”的视角来重构“中国行政法本体论”，以“国家理论和政治理论为基础”来研究行政法，认为中国行政法的本体论，“当以科学发展观为基础，以权力与权利为核心，实现它们之间的互动与平衡”。[①] 毋庸置疑，这些内容因与其他法学（如“国际法本体论”）的本体论内容不一致而会造成误解，但它们是从指导思想视角来探讨行政法学本体论，是广义的行政法学本体论内容。国外行政法也有这种情形，比如法国行政法不仅有其指导思想，并且在不同时期着重点还不一样，如法国大革命时期政府强化管理、垄断资本主义时期议会突出控权、第二次世界大战以后政府与议会协同治理。[②] 在我国，具有中国特色的行政法指导思想，在不同历史时期通常也会有不同的表现。就行政法学的发展历程而言，我国行政法指导思想总体上经历了“管理”、“控权”和“平衡”三个发展阶段。其二，行政法学本体论的框架结构。这是从狭义的视角研究行政法学本体论的框架结构。它是行政法学本体论的核心与精髓，离开了这些框架结构，行政法学本体论就失去了它的载体而变得虚无缥缈。行政法学本体论的框架结构应当包括什么内容？就当前我国行政法学界的研究成果来看，首先需要做的功课就是：找到它在哪儿？由于我国当前著述或论述行政法学本体论的成果，无论是专著还是论文，并不多，但是大家一谈到行政法学时都会不约而同地关注行政法的基本原则、行政主体、行政行为、行政程序等问题，它们的确就是行政法学本体论的内容，就我国而言，这些内容以框架结构形式集中存在的地方，就是我国《行政法与行政诉讼法》教材。因此，要探讨行政法学本体论的内容和框架结构，我们绕不过《行政法与行政诉讼法》教材。或者说，我国《行

---

① 陈小文．科学发展观与中国行政法本体论的重构［J］．同济大学学报：社会科学版，2008（6）．

② 相关内容请参阅［法］古斯塔夫·佩泽尔．法国行政法（第十九版）［M］．廖坤明，周洁译．北京：国家行政学院出版社，2002：10－16．

政法与行政诉讼法》教材汇聚了中华人民共和国成立以来，尤其是改革开放40年来我国行政法学界关于行政法研究的基础性认知成果。我国行政法学本体论框架结构究竟包括哪些内容，笔者将在本章的第三节进行深入的探讨。

第二节 行政法学本体论的研究目标

一、我国行政法学研究目标的现状与困境

1. 我国行政法学研究目标的现状。一个学科的研究目标，通常可以从其“研究目的和意义”等内容展现出来。不过，就当前我国行政法学教材体系的内容来看，我国行政法学研究的基本路径是从“行政”开始，抽象出“行政权”，过渡到“行政法”，再谈行政法的相关术语、概念和现象。在此，很少有行政法学者专门阐述学习行政法的目的和意义。另外，从“中国知网”搜索的论文和国家图书馆“文津搜索”的书籍资料来看，也少有学者专门或顺带探讨行政法的目的和意义。按照笔者的理解，行政法学研究目标就是“理论服务实践，落实行政法目的，推进法治政府建设”。(1)理论服务实践。这是马克思主义的基本观点，因此从研究目标来看，行政法学研究的目标也必然要服务实践。不过，这里存在的问题是，这个“实践”具体是指“谁”的实践？是否任何一个理论都可以针对任何不特定的人，放之四海而皆准？实际上马克思主义也强调“具体问题具体分析”。这表明，具体的“谁”是行政法学研究目标需要特别关注的内容。(2)落实行政法目的。总体而言，行政法学是一门实用性很强的学科，因此学以致用就是行政法学研究目标内在的要求。行政法的目的是什么？由于目的是多层面的，如近期的目的和长远的目的、政治的目的和经济的目的等，因此行政法的目的也是多层面的。有学者指出，当代中国语境下现代行政法的目的，乃是落实“国家尊重和保护人权”的宪法“人权条款”规范，具体的实践手段乃是“干预行政”和“给付行政”，并通过正当程序、信息公开、信赖保护等制度加以保障。① 笔者赞同该论断，重要的是，该学者还提供了解决问题的方案，包括立法层面、执法层面和司法层面。但是，“谁”来具体落实？每一个负责落实的群体——立法者、执法者和司法者的具体需求都是一样的吗？显然不是。(3)推进法治政府建设。当代中国行政法学研究要紧

① 章剑生．现代行政法目的的新阐释——基于以人为本的行政理念［J］．求是学刊，2009（6）．

密围绕法治政府建设，这恰是法学的内在品质的表现。按照马克思主义基本原理，经济基础决定上层建筑，政治是上层建筑的核心。一方面，法律与政治都是上层建筑的组成部分，而相同的经济基础就使得法律与政治相辅相成；另一方面，由于政治的核心地位，这使得同为上层建筑的法律通常要服务政治。党的十九大报告根据“决胜全面建成小康社会、夺取新时代中国特色社会主义伟大胜利”的新形势和新任务，吹响了建设法治政府的冲锋号。由于行政执法是法律实施的关键环节，是建设法治政府的重中之重，因此建设法治政府的重点乃是“严格规范公正文明执法”。[①] 然而，“谁”来执法呢？怎么执法？由此一来，行政法学研究目标的问题就具体转化为：行政法学研究应该服务谁？实际上，如果没有“谁”和“如何做”，行政法目的就会因纸上谈兵而缺乏存在的意义。

2. 我国行政法学研究目标的困境。正如前文所言，当前我国行政法学本论的框架结构主要展现在行政法学教材中，现有的行政法学教材存在的问题恰恰也反映了当前我国行政法学研究目标的问题。当前的行政法学教材对行政法学研究目标内容的欠缺，容易造成高校法学本科人才培养与行政执法实践需求脱节。以行政法学的行政相对人研究为例，现有研究成果大都忽视了行政执法过程中对行政相对人的深入研究，这不仅缺乏对行政相对人违法行为的认定，还使得行政违法人难以保护自己的权益。实际上，有的研究成果甚至连最基本的行政相对人的分类也没有进行行政法上的区分，笼统表述为“国家、公民、法人”等，这显得该学科与行政法实践中对不同行政对象有不同具体要求的认识有很大差距。比如，行政申请人、行政违法人、行政违法侵害人和受害人，在具体服务、处罚及保护中都有不同的具体要求，缺乏研究地“眉毛胡子一把抓”，既无法有效保护公民权利，也达不到现代行政法的“控权”目标，更为严重的后果是与行政执法实践脱节。以行政相对人违法的认定标准为例，现在通用的各类版本的《行政法与行政诉讼法》教科书就没有关于如何认定的内容，当然也就没有认定标准相关知识。问题是，这个专业的毕业生无论是从事公务员、法官还是律师职业，了解和掌握行政相对人违法的认定标准都是重要的内容。以公安行政执法的治安管理处罚为例，如何认定相对人的行政违法行为非常重要，如《治安管理处

① 建设法治政府 . http：//cpc. people. com. cn/n1/2017/1227/c415067 – 29730506. html.

罚法》第43条的规定涉及了“殴打他人”,[①] 而如何认定当事人“殴打他人”是实践中的难题，但当前我国行政法学教科书并没有告诉学生如何认定该违法行为进而予以处罚。与“故意伤害他人身体的”相对比，“殴打他人”在法律条文中本身并无主观恶意要求，如果当事人在拥挤的地铁上，握扶手的手被甩下来滑到别人的身上，这可否算“殴打他人”呢？由于缺乏运用行政法基本知识来维护行政执法和公民合法权益的知识体系，因此对于无论是保护公民权益还是促进依法行政来说，都非常遗憾。

二、我国行政法学研究目标的出路探析

当前，造成我国行政法学执法人才培养“学无所用、所用未学”现实矛盾的根源在于行政法学研究漠视其研究目标，即不知道是“为了谁”，因而其研究内容必然是含糊的，似是而非的。实际上，就笔者的日常观察而言，任何一个法律大体上都有其独特的“五个应用层面”，即一个法律事件总会引起五类既相互独立又相互联系的人群关注。以“警方捣毁某卖淫窝点”的案件为例，相关的五类人群的反应各有差异。（1）看热闹的群体。他们看着警灯闪烁和警察鱼贯而入的场景，眼睛紧盯着“窝点”的大门，嘴里说着些不着边际或添油加醋的闲话。可以说，他们的每一个关注点似乎都会引发流言蜚语。（2）新闻报道的群体。他们在关注案件内容的同时，大脑就在飞快地盘算如何炒作这个新闻，如何将其加工成一个夺人眼球的轰动新闻，如何提高这个新闻的点击率，如何让观众留下深刻印象而吸引更多的铁杆粉丝。（3）被处罚的群体。他们同时会有两类反应：其一，诅咒执法。他们会指责现场的执法人员，甚至在没人的地方破口大骂。其二，寻思如何最大限度地减少自己的利益损失。不甘心受到处罚，他们想通过行政复议和行政诉讼以及其他方法保全自己的利益，或者说是“报复”“挑衅”执法者。（4）行政执法的群体。在当前执法监督日益严格的背景下，他们力求自己的执法行为完全符合法律规定，避免给自己带来意外的法律麻烦。面对日新月异的社会发展，他们面临着执法的挑战：其一，对一些社会现象法律虽有规定，但不详细；其二，有些法律规定缺乏具体的操作指导，传统的做法（经验）又面临着严格的法律监督；其三，一些新社会现象法律还没来得及规制，纠纷却已经产生，急需执法者处理；其四，行政法学理论与法

---

① 《治安管理处罚法》第43条第1款规定：“殴打他人的，或者故意伤害他人身体的，处五日以上十日以下拘留，并处二百元以上五百元以下罚款；情节较轻的，处五日以下拘留或者五百元以下罚款。”

律实践发展不同步甚至有些脱节，难以有效指导实践。（5）司法检查和审判的群体。这类群体通常都能忠实地履行法定的监督职责，也常常用法律专家的眼光检视行政执法者的行为是否有违法、违规、违背常理之处。

笔者认为，“法律的五个应用层面”应该是法学研究的前提性条件。从上述“法律的五个应用层面”的表现形式来看，每个层面的群体对法律的需求是不同的，甚至各自的一些需求、矛盾是难以调和的，因此任何一部法学教材要想同时满足这五类群体的需求，那是不可能的，现实的情况也的确如此。有学者注意到，我国行政法体系经历了“面向管理的行政法体系”，目前正处于“面向司法的行政法体系”，未来将朝着“面向行政的行政法体系”的方向发展。[①] 笔者认为，这就意味着，我们目前的教材体系贯穿的中心和研究目标就是“服务司法”，即重在培养法官的审判思维与能力，却没有重点关注怎么执法。既然建设法治政府的重点是“严格规范公正文明执法”，那么行政法学本体论研究就不能再像以往那样过度强调司法，也要关注如何培养好执法者群体。

第三节 行政法学本体论的研究框架

正如前文所言，行政法学界所探讨的行政法学本体论的内容，诸如行政法的基本原则、行政主体、行政行为、行政程序等问题，就集中展现在我国现行的行政法学教材即《行政法与行政诉讼法》教科书中。这些教材汇聚了中华人民共和国成立以来，尤其是改革开放40年来我国行政法学界关于行政法研究的基础性认知成果。因此，要探讨行政法学本体论的内容和框架结构，就绕不开行政法学教材；要想探讨行政法学本体论的研究框架，不妨先从国外行政法学教材现状说起，从而比较国内行政法学相关教材，展现国内行政法学相关教材的特点，找出存在的问题和矛盾，进而探讨我国行政法学本体论的框架结构。

一、国外行政法学教材框架的比较研究

为什么我国诸多版本的《行政法与行政诉讼法》教材都要有相同的核心内容？显然，这是学界对这门课程核心内涵所达成的共识，但这个共识又是怎样达成的呢？这个共识的基础是什么？又是怎么形成的呢？要回答这些问题，需要我们具有国际视野，即比较国外同一学科相关教材的情况，看看

---

① 陶品竹．中国行政法体系的反思与变革［M］．北京：中国政法大学出版社，2015：56.

国外这些教材是否与我们的有联系？如果有，那又是一种怎样的联系？下面，笔者仅围绕国外行政法（通常都内含了行政诉讼法）教科书，即苏联—俄罗斯、法国—德国、英国—美国的高校通用教材，聚焦其“目录大纲”予以深入比较，以进一步梳理它们与我国行政法学学科的关联性。

1. 苏联—俄罗斯国内的《行政法与行政诉讼法》教科书“目录大纲”。中华人民共和国成立后，我国行政法学界深受苏联的影响，其中有三个代表作。（1）1951 年科托克所著《苏联行政法概论》。[①] 这是中华人民共和国成立后第一批引进的苏联行政法学教材，其目录包括：第一章“行政法的对象”（内含行政法的概念、行政法规范、行政法体系的介绍）；第二章“苏维埃的国家管理与基本原则”；第三章“国家管理机构与国家职权”；第四章“国家管理的法令”（包括行政活动的法令形式、合法性要求、分类、保障方法）；第五章“社会生活最重要范围内国家管理的组织”（包括工业、农业、文化、国防方面的管理）。（2）1985 年科兹洛夫主编的新教材《苏联行政法》[②]，经苏联教育部批准，作为苏联高等学校法学专业的教科书。该书采用苏联传统刑法学的体例，分为总论和分论。总论共四编，分别为苏维埃国家管理与行政法、行政法的主体、苏维埃国家管理的方法与方式、对苏维埃国家管理的法律与纪律的保证。分论共五编，分别为国民经济管理、社会和文化建设管理、行政和政治部门管理、对外关系部门管理、各部门间的管理。苏联这种“管理论”模式的行政法深刻影响了我国行政法学教材的编订，如 1983 年由我国司法部统编的教材《行政法概论》就将行政法视为管理法。（3）苏联于 1989 年解体，但人们的思维方式并没有立刻改变。据我国学者刘春萍所著《转型期的俄罗斯联邦行政法》[③] 一书“目录”内容显示，俄罗斯虽然标榜自己已经西化，但行政法学体系主要还是继承了苏联的思维模式。目前，俄罗斯行政法学教材的体系基本上与上文提及的我国 1951 年版的教材相似，当然其中也展现了一些其所受到的西方思潮的影响，并且在转型过程中受到“法治国家”概念的影响，俄罗斯行政法学特别突出了“行政违法”与“行政责任”的内容，具体包括第五章对“行政违法、行政违法的概念和特征、行政违法的构成要件以及行政责任”的论述，并在第六章“俄罗斯联邦的行政处罚制度”中规定了“有权审查行政违法案件的机关和公职人员”与“行政违法案件的审理程序”。这些内容的设计体

---

① ［苏］科托克．苏联行政法概论［M］．萨大为译．北京：人民出版社，1951.

② 毛信仁．苏联高校法学专业的教科书——《苏联行政法》简介［J］．国际观察，1986（4）.

③ 刘春萍．转型期的俄罗斯联邦行政法［M］．北京：法律出版社，2005.

现了俄罗斯国家转型时期的最新研究和探索，不过，苏联解体后我国行政法学界已经开始借鉴西方大陆法系国家的相关成果，以至于忽视了俄罗斯这些优秀的、实用的行政法学反思性成果。

2. 法国—德国国内《行政法与行政诉讼法》教科书“目录大纲”。苏联解体后，我国学者开始关注西方发达国家这类教材的状况，而法国、德国行政法对中国学界的影响相较于英美国家而言，显得更胜一筹。一方面在于苏联与法国、德国比较接近，另一方面我国学界在民国时期已深受法德的影响，当时的“六法全书”就是以法德为代表之大陆法系国家法律模式的翻版。在此，我们对法国和德国国内的行政法学教材的“目录”分别加以展示和说明。

（1）法国国内行政法学教材。目前，法国国内经典的行政法学教科书主要有两个版本，即里韦罗所著《法国行政法》① 和古斯塔夫·佩泽尔所著《法国行政法》（第十九版）②。就教材而言，不包括外国人如英国人布朗和贝尔撰写的《法国行政法》（第五版）及我国学者王名扬撰写的《法国行政法》。里韦罗的《法国行政法》是自 1962 年起根据学士课程第二年的行政法教学大纲编写而成的，目前为法国各大学普通学业文凭第二年的法国行政法通用教材，而且“凡有行政法科目的考试，大多也离不了这部著作”。该教材的“目录”包括四部分，即“导论”（行政与行政法的定义与概念、行政法基本原则）；第一卷“行政行为实施机构”（公法机构、中央国家行政机关、地方国家行政机关）；第二卷“行政机关的行为”；第三卷“对政府部门的监督”（非司法监督、司法监督）。该教材第一卷相当于我国教材中的“行政主体”理论，第三卷相当于我国的行政救济如“行政复议”和“行政诉讼”理论。古斯塔夫·佩泽尔的《法国行政法》是行政与行政法的学习者和研究者入门必读的著作，目前已经是第十九版，足见其影响力。该教材的“目录”包括五部分，即“总论”（行政法的基本概念、原则）；第一部分“行政行为”（行政权力机关的权能、单方面的行政行为、行政契约）；第二部分“行政组织”（公法法人、国家行政机构、地方行政机构、公共机构）；第三部分“行政活动”（行政活动的方式、行政活动的损害后果）；第四部分“行政司法和行政诉讼”。该教材第三部分很有特色，与前述俄罗斯行政法的第五章相似，特别强调行政活动的损害后果，是当前中国

---

① ［法］里韦罗．法国行政法［M］．鲁仁译．北京：商务印书馆，2008.

② ［法］古斯塔夫·佩泽尔．法国行政法（第十九版）［M］．廖坤明，周洁译．北京：国家行政学院出版社，2002.

行政法学需要深化拓展的内容。

（2）德国国内行政法学教材。毫无疑问，德国行政法学对我国行政法学界的影响非常深刻。目前，德国国内行政法学教科书具有代表性的有三部著作，即哈特穆特·毛雷尔所著《行政法学总论》①，奥托·迈耶所著《德国行政法》②，由汉斯·J. 沃尔夫、奥托·巴霍夫、罗尔夫·施托贝尔三人共同撰写的《行政法》（第1、2、3卷）③。此外，由埃贝哈德·施密特-阿斯曼等人所著的《德国行政法读本》④ 是德国学生不错的课外辅导资料，但作为外国人的我国学者于安所著《德国行政法》（1999）可能无缘成为德国学生的教科书或辅导资料。毛雷尔的《行政法学总论》"目录"包括七编，即第一编"行政与行政法"、第二编"行政法的基本概念"、第三编"行政活动：行政行为"、第四编"行政活动：其他活动方式"、第五编"行政程序和行政强制执行"、第六编"行政组织"、第七编"国家赔偿"。该著作与我国教材形式有些不一样，即先论述"行政行为"，后论述"行政主体（行政组织）"。迈耶的《德国行政法》"目录"包括四部分，即"导论"（行政、行政法、行政法学），第一编"德国行政法的历史发展附录"（邦君权国、警察国、法治国），第二编"行政法制的基本特点"（法治、行政法规的拘束力、行政法之渊源、具体行政行为、公法上之权利、行政法制度及其与民法之分立），第三编"行政事务中的法律保护"（行政诉讼、违法职权行为的责任）。该著作与我国教材形式有差异，缺乏"行政主体"的内容。沃尔夫等人的《行政法》（第1、2、3卷）"目录"包括十编，即第一编"公共行政"（行政、行政学），第二编"行政法在欧洲共同体和宪法中的地位"，第三编"客观行政法"（行政法的法律渊源、行政的合法性和裁量空间），第四编"主观行政法"（行政法的法律主体、行政法上的权利义务），第五编"行政活动概述"（行政行为、其他行政法律活动、行政事实行为），第六编"行政程序和行政执行"，第七编"公法赔偿"，第八编"公产法"，第九编"行政组织法概论"（公共行政的组织形式、私人的合作与私有化、公务自治法概论等），第十编"行政监督概论"。该著作在目录上与我国目前行政法学教材大致相同，而对"公产法"等的独特研究，已经在小范围

---

① ［德］哈特穆特·毛雷尔. 行政法学总论［M］. 高家伟译. 北京：法律出版社，2000.

② ［德］奥托·迈耶. 德国行政法［M］. 刘飞译. 北京：商务印书馆，2002.

③ ［德］汉斯·J. 沃尔夫，奥托·巴霍夫，罗尔夫·施托贝尔. 行政法（第1、2、3卷）［M］. 高家伟译. 北京：商务印书馆，2003，2014，2006.

④ ［德］埃贝哈德·施密特-阿斯曼. 德国行政法读本［M］. 于安译. 北京：高等教育出版社，2007.

内影响了我国学者的行政法学研究，如张树义所著《行政法与行政诉讼法学》(2002、2007)，其研究就是从“行政公产”出发的。

3. 英国—美国国内《行政法与行政诉讼法》教科书“目录大纲”。与国内翻译法国、德国的行政法学教材热闹的情形不同，英国和美国的行政法学教材翻译得相对较少但却有暗中转向关注英美行政法的趋势。

（1）英国国内行政法学教材。英国国内经典的行政法学教科书主要有两个版本，即威廉·韦德所著《行政法》[①]、莱兰和安东尼所著《英国行政法教科书》(第五版)[②]。当然，尽管作为外国人的我国学者王名扬（1987、2007）和张越（2004）均分别著有《英国行政法》，但均无缘成为英国学生的教科书。韦德的《行政法》“目录”共七编，分别是导言、行政机关及其职能、权力与管辖、自由裁量权、自然正义、救济和责任、行政立法和司法。[③] 莱兰和安东尼的《英国行政法教科书》（第五版）是一本经过十几年不断完善、经受检验的英国的优秀行政法学教科书，其“目录”共二十二章，其特色章节分别是第一章“引言、理论与历史”（包括红灯理论与绿灯理论），第二章“宪法理念及行政权”（包括议会主权、坚持司法权威、法治等），第六章“监察专员原则”（包括何谓不良行政），第八章“行政法与人权”（包括《欧洲人权公约》与宪政原则、普通法的发展），第九章“司法审查引论”，第十章“违法（一）”（越权无效等），第十一章“违法（二）”(束缚裁量权等)，第十二章“韦伯内斯伯里不合理或不理性与比例原则”，第十三章“程序不当（一）：法定要求”，第十四章“程序不当（二）：自然公正（或公正）原则的发展”，第十五章“程序不当（三）：自然公正（或公正）原则的要求”，第十七章“对司法审查明示和默示限制：排除条款和期限条款、特权与公共利益豁免……”这两部行政法学教材最大的特点就是将行政法基本原则大写特写，其次是司法审查，再次是注重行政法与宪法、人权的关系，最后再讨论行政主体及其责任，这充分体现了英国行政法的“控权”精神。

（2）美国国内行政法学教材。目前，美国国内经典的行政法学教科书

---

① ［英］威廉·韦德．行政法［M］．徐炳译．北京：中国大百科全书出版社，1997.

② ［英］莱兰和安东尼．英国行政法教科书（第五版）［M］．杨伟东译．北京：北京大学出版社，2007.

③ 译者在翻译时考虑到国内学者对行政机关及其职能、权力和管辖问题相对了解，所以省略了这两编的翻译，两外自由裁量权部分是节译。

主要有两个版本，即理查德·J. 皮尔斯所著《行政法》（第五版）（三卷本）①，以及盖尔霍恩和莱文所著《行政法》（第4版）（美国法精要·影印本）②。前者是美国法学院使用率最高的教材，甚至被认为是美国行政法最为权威的教材，后者是美国法学院学生的课外教材，因此我们主要探讨皮尔斯的著作。皮尔斯的《行政法》（第五版）（三卷本）“目录”共三卷十九项内容，并附录了大量与行政法执法相关的美国法律规定。这本行政法学教材与大陆法系教材体系很不相同，它第一卷从“行政过程”开始，探讨了行政法与宪法的关系，从“法律解释”引出行政法的概念，然后从《信息自由法》开始探讨“其他开放政府立法”与“规则”问题；第二卷从“正当程序”开始，重点探讨司法审查的相关问题；第三卷从“原告资格”开始，探讨类似行政诉讼中的有关问题。这与中国行政法学教材工整的框架结构相比较，似乎显得有些“凌乱”。

二、我国行政法学教材的特点与矛盾

1. 通过国际比较展现我国相关教材的特点。据国家图书馆“文津搜索”服务器提供的搜索结果显示，我国行政法学教材到目前为止，已经超过200个版本。通过内部比较我国高校《行政法与行政诉讼法》的目录内容，以及外部比较以苏联—俄罗斯、法德为代表的大陆法系国家和以英美为代表的海洋法系国家相关教材的目录内容，笔者总结出了我国《行政法与行政诉讼法》教材呈现的八个特点。（1）我国高校该课程的教材有很多版本，呈现出百花齐放的姿态。（2）多种版本的教材名称也有一些差异，早期的教材就叫“行政法学”，后来大家均取名为“行政法与行政诉讼法”，但具体叫法也有差异，如在“诉讼法”一词后边添加了后缀词学、概论、教程、通论、原理与实务等。（3）尽管该课程教材版本众多，但在核心内容上“万变不离其宗”，形成了学界共识和统一的话语体系，体现了对学科和学生高度负责的态度。（4）当前，我国行政法学研究主要是向法德等大陆法系国家体系学习，逐渐脱离了苏联的行政法学理论，忽视了俄罗斯在转型期间继承苏联和借鉴欧美行政法学而产生的最新研究成果，并且对英美等海洋法系国家行政法的成果关注较少。（5）该课程无论是在俄罗斯、法德还是

---

① ［美］理查德·J. 皮尔斯. 行政法（第五版）［M］. 苏苗罕译. 北京：中国人民大学出版社，2016.

② ［美］盖尔霍恩，莱文. 行政法（第4版）（美国法精要·影印本）［M］. 北京：法律出版社，2001.

英美国家，其教材均以“行政法”命名，虽然教材名字上没有并列“行政诉讼法”，但对行政诉讼之有关规定的研究都是其当然的内容。也就是说，在国外，只要说“行政法（学）”大家就知道其包含了“行政诉讼法”，无须特别强调。(6) 就著作的内容侧重点而言，与大陆法系国家特别注重行政主体、行政行为等内容不同，英美法系国家的行政法学教材特别注重行政法与宪法的关系，注重司法审查、行政监察、人权等内容。(7) 就著作的体例结构而言，英美法系国家行政法学教材通常将行政法原则单列为章节重点阐述，大陆法系国家教材则通常将行政法基本原则统一置放在第一章节的“概述”中，论述较为简单；英美法系国家行政法学教材不太重视行政主体理论，即使提及通常也是置放在著作的最后部分，而大陆法系国家则通常将该理论置放在第二章，作为学科理论的基础或出发点，以示特别重视。(8) 我国学者对于英美法系行政法学教材的撰写，其思想模式仍然具有大陆法系思考惯性，以王名扬、张越二位学者各自先后所著《英国行政法》为例，就是按照“行政主体、行政行为、行政诉讼”的思路展开的，与原汁原味的英美国家国内的教科书差异甚大，不易于使中国读者深入了解和理解英美法系国家的行政法。

2. 通过国际比较展现我国相关教材的矛盾。鉴于苏俄、大陆法系、英美法系国家教材的多元性，我国《行政法与行政诉讼法》教材是否需要在体例和内容上进一步修订，这是值得进一步探讨的问题。改革之举通常是基于现实中“供”和“求”之间的反常变化，而若量变已到质变则非改不可。尽管我国《行政法与行政诉讼法》教材的结构和内容基于教育部对法学课程整体设置的需求还没到非改不可的地步，但是现存的“供求关系”的两个明显的矛盾也的确需要引起注意：

第一，现行教材将“行政法”与“行政诉讼法”合为一体成为一部教材，导致编、教、学、用四个方面潜伏着问题。一是这两个内容置放在一起，共同挤占有限的课时，会感觉总课时量不够，以至于这两个部分都不能充分精讲，只能泛泛而谈。二是行政法通常包含了救济内容，具体包括行政赔偿和补偿、行政复议等。国外行政法本身就内含了行政诉讼法，但是我国该类教材为了突出行政诉讼，将其独立出救济范畴，这容易使学生对行政诉讼的性质产生错误认识。三是从性质上来说，行政法学其实是行政法基本原理，是法理学的一个分支，很多概念都是学术上的认识，分歧很多；行政诉讼法则是一门注重法律实际操作的课程，教授学生如何进行行政诉讼。由此造成的不良影响就是学生以为学习行政法的目的就是进行行政诉讼，而忽视了行政法本身的研究和学习重点及其独立的意义。四是这两部分内容置放在一起，编者或者教师在编写教材或授课的过程中有的强调行政法，有的强调行政诉讼法，这样会导致不同院校（甚至是同一院校不同教师）的学生间学科知识结构有较大差异。五是本科课程的行政法与行政诉讼法是合在一起的，但是在硕士阶段行政法与宪法才是一个专业，而行政诉讼法是诉讼法专业的一个方向（与刑事诉讼、民事诉讼并列），这样就使得学生培养和学科建设缺乏连贯性。

第二，现行教材对一些基本内容的介绍有欠缺，由此造成高校法学本科人才培养与行政执法实际需求脱节。这些有欠缺的研究包括：（1）行政职权与政府权力清单研究缺乏；（2）行政公产问题研究不扎实；（3）行政法律关系研究不深入；（4）行政程序研究太抽象；（5）行政相对人研究薄弱。这其中最大的问题是行政相对人的研究现状及其带来的现实供需矛盾问题。现有研究成果大多忽视了行政执法过程中对行政相对人的深入研究，这不仅缺乏对行政相对人违法行为的认定，而且使得行政违法人难以保护自己的权益。正如前文所言，实际上，现有的大多数研究成果甚至连最基本的行政相对人的分类也没有做行政法上的区分，笼统表述为“国家、公民、法人”等，这显得该学科与行政法实践中对不同行政对象有不同具体要求的认识有很大差距。比如，行政申请人、行政违法人、行政第三人（受害人），在具体服务、处罚以及保护中都有不同的具体要求，缺乏细致的研究和区分就难以有效保护公民权利，也达不到现代行政法的“控权”目标，进而言之是与行政执法实践脱节。又如，以行政相对人违法的认定标准为例，现有的研究成果就没有关于如何认定的内容，然而在公安行政执法的治安管理处罚中这非常重要。民警在处置“殴打他人”的治安案件时，如何认定当事人“殴打他人”是实践中的难题，但当前我国行政法学教科书并没有告诉学生如何认定该违法行为进而予以处罚，通常是毕业后向师傅现场学习。缺乏行政执法的认定和操作知识，这必然造成“学无所用、所用未学”的现实矛盾。

三、构建我国行政法学本体论研究框架

当前，我国《行政法与行政诉讼法》教材蕴含了行政法学本体论中的基本结构框架，然而这些教材的版本非常多，既有差异，也有共性。通过对国内各个版本《行政法与行政诉讼法》教材“目录”内容的比较，不难发现，它们都重点包含了这些内容：行政法的基本概念、渊源、基本原则，行政主体，行政行为，行政程序，行政复议，行政赔偿与行政补偿，行政诉讼。这就是说，实践中行政法学虽然有200多个版本的教材，但实际上乃是

“万变不离其宗”。综合国内外对行政法学教材目录体系研究展现的特点，我国行政法学本体论不仅仅是依托《行政法与行政诉讼法》教材，而且需要进一步革新，这既是该学科理论自身内外交加困境的展现，也是执法实务现实矛盾和需求的呼唤。但是，改什么？怎么改？或者说，坚持的原则是什么？改动的内容是什么？笔者认为，应当综合考虑以下两方面的问题予以再构建。

1. 行政法学本体论的再构建，应当重点关注以下问题：一是夯实学界通识，融汇世界各国的学术成果。当前，我国行政法学界对于行政法学科及其教材建设，功绩显著，因此新教材必须是对既往成果的继承，要站在“巨人肩膀上”，绝非另起炉灶，也无法另起炉灶。不过，这种继承还需要有新的国际眼光，要综合借鉴法德和英美的行政法学教材体系，同时也不要遗忘了俄罗斯行政法学研究的最新成果。实际上，俄罗斯行政法学的最新成果诸如“行政责任”等更值得我们借鉴。二是理论服务实践，学科内容要与执法实践相适应。就未来公务员群体而言，要“学有所用”，即学过行政法学的学生在执法工作岗位上要能够很快上手办事，而不是让自己学过的知识停留在监督行政上，或者是仅满足于行政法学的哲学思考。

2. 行政法学本体论的再构建需要结合对两类矛盾的分析，拓展现有范围，突出四个重点：一是学科视角需要重新调整，应由当前的“行政—行政法”视角变更为“行政法关系”视角。如果说法学研究是以人为本的，而“人是一切社会关系的总和”，那么行政法学学科体系就应当是建立在“关系”基础上的有机体，并且这个有机体的心脏是“行政权”，而不是“行政”。二是重点研究政府权力清单的相关内容。行政主体理论和行政行为理论是当前我国行政法学研究的巨大功绩和傲人成果，但如果缺乏对行政职权与政府权力清单的研究，则很难解释其中的一些“依法行政”的深层问题。行政职权是行政主体设立的事实依托，也是实施行政行为的事实依据，而事实是法律的基础与需求，这意味着不探讨行政职权将无法深入解释行政主体与行政行为问题。依法行政要求行政职权不可滥用，这又是政府权力清单的重点所在。政府权力清单制度是党的十八大以来依法治国的新内容，行政法学研究应结合党的十九大的新精神并汲取其中的丰富营养。三是重点研究规范行政执法的相关内容，这主要是指行政程序问题研究太抽象。近年来，基层行政机关执法规范化问题已经引起了高度重视，但行政法学教材却表现得非常滞后，或者说对于公务员群体而言，现有教材体系内容在执法程序方面对公务员群体没什么帮助。以公安机关规范执法为例，“行政程序”除了阐述抽象的原理（通常是行政程序的原则和制度）之外，还应结合《公安机关办理行政案件程序规定》的相关规定，具体列举行政执法的一般程序规定及对法学理论依据的阐释。四是重点研究行政相对人权益保护的相关内容。该问题笔者已在前文有所列举，此不赘述。一言以蔽之，当代中国社会发展提出了行政法学革新的需求，学界同仁应在各自既有的起点上依托教材体系内容的再构建继续前行。

第四节　行政法学本体论的研究视角

一、我国行政法学本体论研究视角概述

行政法学本体论以行政法体系为载体，不是指某一个具体的行政法。有学者对我国行政法体系研究视角的三个历史阶段进行了归纳和总结，即前文所提及的“面向管理的行政法体系”，目前正处于“面向司法的行政法体系”，未来将朝着“面向行政的行政法体系”方向发展。[①] 对此，笔者有三点思考：（1）“面向管理的行政法体系”。这是指“以行政管理作为主要规范内容、以保障行政权力的有效运行为主要目的而构建的行政法学体系”。这类行政法体系与行政学体系交织在一起，深受法律工具论的影响，认为法是为服务行政的目的而设立的，组织法研究强大，缺乏对行政相对人的研究。其存在的时间为1949年至1989年我国第一部《行政诉讼法》颁布。其间，有学者建议，我国行政法研究的范围应该包括经济、文教、外交、军事、民政、公安、司法等行政管理领域，由此构建经济行政法、文教行政法、外交行政法等。还有学者建议，应当将行政法构建为“总则”和“分则”两个部分。“总则”包括行政组织法、行政行为法、行政监督、行政诉讼等。“分则”包括公安法、教育法、军事法、交通法等。[②] 由于这类行政法体系与行政学联系太密切，以致丧失了行政法自身的基本属性，尽管它有历史的启蒙作用，但很快就被新的理论体系所取代。（2）“面向司法的行政法体系”。这是指“以司法审查和行政诉讼为最终归宿，以行政行为的类型化理论为支撑点，结合行政主体理论和行政程序制度而构建的行政法学体系”。这类行政法体系的基础是法治理念、控权论和司法中心思想，在1989年《行政诉讼法》颁布之后深刻影响着我国行政法学，甚至标志着我国行

① 陶品竹．中国行政法体系的反思与变革［M］．北京：中国政法大学出版社，2015：56.

② 陶品竹．中国行政法体系的反思与变革［M］．北京：中国政法大学出版社，2015：56－57，69.

政法学理论的成熟。该体系的基本结构是基本理论、行政主体、行政行为、行政救济等。[①] 毋庸置疑，当前我们使用的行政法学教科书，基本上就是按照这个框架组建的。由于它以服务司法为目标，且对行政程序的研究较抽象，因此对行政执法人员而言，指导作用并不大。(3)“面向行政的行政法体系”。这是指“行政法学研究视角不再局限于事后的司法审查与行政诉讼，以及行政主体、行政行为理论，而是拓展到整个行政过程，深入行政政策的制定领域的新型行政法学体系”。这类行政法体系的基础是“公共行政领域的改革实践”、“政府规制研究的兴起”和“公共行政与行政给付”。其特点是行政诉讼与司法审查依旧是最终的落脚点，行政行为理论与行政主体理论要进行改良和扬弃，更加突出法律的规范与引导功能而减轻其制裁与救济功能。[②] 在此，尽管它以“未来”为标签，但是否能够代表未来，还很难说，至少它仍旧没有解决目前现实中的棘手问题，比如说它忽视了执法一线迫切需要的行政程序问题，也没有提及行政相对人的相关问题。与此同时，它所研究的基础并不是近期才出现的新事物，相反，它的三个“基础”早已经长期存在。此外，要想使行政法研究“拓展到整个行政过程”，如果不突出重点，就容易陷入泛泛而谈，并且这其实与其特征“更加突出法律的规范与引导功能而减轻其制裁与救济功能”似是矛盾的。

二、公安执法恰当展现行政法学本体论

行政法学与刑法学、民法学、刑事诉讼法学等虽同为部门法学，但彼此之间存在着很大的差异。刑法学、民法学、刑事诉讼法学等部门法学都有自己的核心法律文本，如《刑法》《民法通则》《刑事诉讼法》等，学生或读者可以结合这些具体的法条规定体会和领悟该学科的理论，这样就使抽象的理论变得具体，使所学知识具有较强的实用性，容易让学生或者读者有收获感，以此激发兴趣，主动学习，不懈学习。行政法学可不是这样的，由于没有一部叫做“行政法”的法律，学界也没有达成共识推举其典型，学生或读者在学习的过程中没有轴心，没有依托，因此行政法的理论就显得非常抽象。进而言之，以《刑法》为依托的刑法学是部门法，而没有任何一个具体行政法依托的行政法学更像是法理学的一个分支，尤其是以“面向司法

① 陶品竹．中国行政法体系的反思与变革［M］．北京：中国政法大学出版社，2015：70－71，75，77.

② 陶品竹．中国行政法体系的反思与变革［M］．北京：中国政法大学出版社，2015：90－93，98－103.

的行政法体系”作为教材编撰的视角，行政主体、行政行为等一些理论就执法者而言是困惑的。由此，笔者认为，当前我国行政法学与行政执法实践是脱节的，主要的原因就是它并不服务执法，而是服务司法的，并且它缺乏具体的行政法或者说是行政法的典型代表。

的确，在全面依法治国时代，社会治理是方方面面的事情，而且都要求为其提供法治保障。鉴于国家行政管理是一个庞大的工程，如何选择一个恰当的视角把这些“方方面面”对法治保障的需求串联起来，是行政法学本体论研究面临的最大困难。不过，尽管国家行政执法是“方方面面”的，但归根结底还是发生在人的身上，只要是与人发生关系就可能引起纠纷和矛盾，就会引发治安案件和刑事案件，就因此会关联警察权的研究。这意味着，与警察权相关的行政法是具有典型性的。退一步来说，尽管上述社会治理过程中“方方面面”的行政执法不一定都会走到依靠警察权这一步（这说明社会治理已经进入到了“善治”的阶段，这样正是我们所追求的），但是预防相关风险也非常重要，正如古人所云“凡事预则立，不预则废”。以“预”的态度对待体现警察权的行政法，是有积极意义的。同时，“公安执法工作量大面宽，涉及方方面面，关乎社会稳定大局，关乎人民群众切身利益，关乎社会公平正义。很少有哪个部门像公安机关这样全面、深刻影响百姓生活。即便一些政府部门具有执法权，但问题严重到一定程度时，还是可能要移送公安机关的。所以我们常说公安机关是社会主义法治国家的建设者、践行者和保障者”。[①] 因此，就当代社会的发展和管理研究而言，无论是从解决现实矛盾和纠纷而言，还是从预防角度考虑，从警察法视角研究社会治理的法治保障，研究行政法学的本体论，有着积极的现实意义。接下来的问题是，体现警察权的行政法又是什么呢？在此，笔者认为《治安管理处罚法》是具有典型性的，既充分展示了警察权，又与公民权利保护密切相关，因此本书拟以公安行政执法实践为视角，依托《治安管理处罚法》来研究我国行政法学的本体论。

① 解读《关于深化公安执法规范化建设的意见》. http：//news. sina. com. cn/sf/news/2016 - 09 - 28/doc - ifxwevmc5727777. shtml.

第二章　行政法概述

第一节　行政法律关系研究视角

一、行政法律关系的研究视角

1. 当前研究行政法学的一般视角。行政法学应该怎样研究，其逻辑起点是什么？纵观当前我国各个版本的《行政法与行政诉讼法学》，其基本思路有以下三种模式：

（1）认为“行政”是行政法学研究的逻辑起点。这些教材开篇均从“行政”说到“行政法”，即“行政—行政法”模式。这类教材指出：“顾名思义，行政法就是关于行政的法。”这类教材认为，要了解行政法，首先就要了解“什么是行政”，或者说“明确行政含义就是行政法的逻辑起点”。[①]

（2）认为“调整行政关系”是行政法学研究的逻辑起点。这类教材认为，行政法“是调整行政关系的法”，其具体内容包括“行政主体行使行政职能和接受行政法制监督而与行政相对人、行政法制监督主体发生的各种关系，以及行政主体内部发生的各种关系”。在这各类关系中，有两个研究方向值得注意：一是由此探讨了行政法的本质，指出行政法“是控制和规范行政权的法”，但没有对行政权表现形式进行具体阐述；二是分析了行政法的调整对象决定行政法的内容，进而将行政关系展现为四类，即“第一类是行政管理关系；第二类是行政法制监督关系；第三类是行政救济关系；第四类是内部行政关系”。[②]

（3）认为“调整行政权”是行政法学研究的逻辑起点。这类教材认为，行政权“是行政法学的理论基点”，而行政权是指“国家行政机关或者国家

---

① 张树义．行政法与行政诉讼法学［M］．北京：高等教育出版社，2002：1；张正钊，胡锦光．行政法与行政诉讼法学（第六版）［M］．北京：中国人民大学出版社，2015：4.

② 姜明安．行政法与行政诉讼法学［M］．北京：北京大学出版社，高等教育出版社，1999：7.

授权的社会组织对一定范围内的公共事务进行直接组织、管理或者主动为社会成员提供公共服务的权力”。基于此，行政法就是“关于行政权的授予、行使、监控和对其后果予以补救的法律规范的总称”。[①]

此外，虽然还有些教材没有设定自己的逻辑起点，但本质上还是“行政—行政法学”的模式，因为这些教科书认为：“如果行政的内涵发生了变化，那么行政法学的基本理论和体系结构相应的也应当发生变化。”[②]

2. 马克思对法学研究的特别建议。

（1）法不是孤立的存在，而是运动事物的广泛联系。辩证唯物主义认为，事物是普遍联系的，运动是其本质。孤立地看待法律问题，就无法抓住法律的本质。就法律研究而言，马克思在《〈政治经济学批判〉序言》中指出：“法的关系正像国家形式一样，既不能从本身来理解，也不能从所谓人类精神的一般发展来理解，相反，它根源于物质的生活关系，是这种物质的生活关系的总和。”[③] 所谓生活关系，是指围绕物质生产活动而形成的关系。就行政法学研究而言，行政法不能从行政法本身来理解，更不能局限于行政（或行政关系、行政权），它应当到“生活关系”中去寻找运动物质的普遍联系。

（2）法律以人为本，而人是一切社会关系的总和。法律归根结底是调整人与人之间的社会关系的，法律应当以人为本。马克思在《黑格尔法哲学批判》中曾指出，“在民主制中，不是人为法律而存在，而是法律为人而存在”，[④] 即“法律是人的存在”。马克思在《关于费尔巴哈的提纲》中指出：“人的本质并不是单个人所固有的抽象物。在其现实性上，它是一切社会关系的总和。”[⑤] 所谓社会关系，乃是对社会中人与人之间关系的总称，具体包括个人之间的关系、个人与群体之间的关系、个人与国家之间的关系。法律只有实现了对社会关系即对现实关系中人与人的描写和揭示，才能更好地反映人，进而更好地揭示法律本身。由此可见，法律应当放置在社会关系视角中才能够更好地揭示自己。

3. 行政法学的法律关系视角。法律关系是法理学的一个基础性概念，其历史渊源为“罗马法之锁”。考克雷克（Albert Kocourek）曾言：“任何法

---

① 孟昭阳，高文英．行政法与行政诉讼法学［M］．北京：中国人民公安大学出版社，2012：9－10，12.

② 王学辉．行政法与行政诉讼法学（第二版）［M］．北京：法律出版社，2015：8－18.

③ 马克思恩格斯选集（第二版·第二卷）［M］．北京：人民出版社，1995：32.

④ 马克思恩格斯全集（第3卷）［M］．北京：人民出版社，2002：40.

⑤ 马克思恩格斯选集（第1卷）［M］．北京：人民出版社，1995：56.

律现象的存在都是为了处理某种法律关系。"① 虽然现有各版本的行政法学教材均有"行政法律关系"的内容，但均将其置放在第一篇章的角落中，而较少有编著者能够充分认识到它的重要性。不过，近来已有学者通过对德国行政法学的研究认识到它的重要性，认为"传统行政法学是以'行政活动的法律形式'为核心建构的体系"，而今面对现代社会利益冲突复杂化与行政活动方式多元化的发展趋势，"'法律关系理论'则能够提供有关法律现象的全方位观察视角，并适合不同的社会利益关系结构与私人权利基础之分析和论证"，由此寄托希望，将法律关系理论视为行政法学体系再建构的"阿基米德支点"。② 另有学者撰文指出，以"行政行为"为核心的传统行政法学在新行政实践中"凸显诸多缺陷"，现代行政法学需要进行"轴心转移"，在寻找行政法学体系新的"阿基米德支点"过程中，"法律关系学理在方法论上展现出了行政行为所不具备的优越性，且更符合复杂多样的行政实践"。③ 有鉴于此，笔者拟从行政法学的法律关系视角来研究行政法学的本体、程序及救济相关问题。

二、行政法律关系的研究内容

马克思法学研究的基本方法是要求紧扣"人本身是一切社会关系的总和"，再到"物质的生活关系"中去寻找法的普遍联系。这就是说，研究行政法学的逻辑起点不是行政，不是行政关系，也不是行政权，而是行政法律关系。尽管法律关系也是错综复杂的，但行政法律关系在内容上首先所表现的乃是它与宪法之间的关系。行政法通常也被称为"行动中的宪法"和"小宪法"，这深刻反映了行政法与宪法之间的密切关联性。为此，行政法学研究首先要考察的是宪法关系，研习宪法学，而不是一抬脚就径直迈进行政（管理）学的门槛。

在明晰行政法与宪法的特殊关系之后，接着需要展示的就是行政法自身的内容，这也被称为狭义的行政法学研究对象，是囊括在行政法律关系之中的重要组成部分。我国当前很多相关研究成果仅仅研究这一部分，而缺乏对行政法与宪法之核心关系的深入分析，由此导致了对基本问题的困惑。在对行政法律关系的众说纷纭的定义中，有学者经过深入研究，认为行政法律关

---

① Jural Relations，Albert Kocourek，1928，转引自张文显《法理学》。

② 鲁鹏宇．论行政法学的阿基米德支点：以德国行政法律关系论为核心的考察［J］．当代法学，2009（5）．

③ 赵宏．法律关系取代行政行为的可能与困局［J］．法学家，2015（3）：32－54.

系视角下行政法自身的内容，有四个子系统，即“行政权配置关系、行政职权行使关系、行政公产关系、监督行政关系”。① 后来，有学者对行政权和行政职权进行了严格的区分，认为它们是“两个不同的概念”，行政权“是一个抽象的概念，是对现实生活中诸多行政权力的理论概括，是国家权力的一种”；而行政职权“是行政权的具体表现”，“是对某一具体行政事务进行管理的权力”。② 为此，行政权之所以超越行政职权，是基于宪法关系的权力框架，与立法权、司法权相对应，是行政职权的原动力内核。这再次提示，在研究行政法律关系时，还需回到“行政法—宪法”关系并以此为原点发散出去。

第二节　行政权与行政法的控权

一、行政法律关系中的行政权

依据法理学的一般常识，法律的内容主要就是调整自然人（主要是指公民）的“权利—义务”关系，或者引申为调整法人（主要是指国家机关）的“权力—权责”关系。行政法主要调整行政机关的权力与权责，由此也影响公民的权利和义务。现代行政法所言的行政权力被特定地称为“行政权”，它是宪法体系下行政机关的权力，与立法机关、司法机关、监察机关等的宪法性权力相对应。古代行政机关的权力被称为“行政职权”，它的来源是王权。古代国家只有一个权力源泉，那就是王权，在此权力模式下，“诸法合体，以刑为主”就成为国家法律形式的常态。③ 现代行政机关的权力也称为“行政职权”，但它直接来源于“行政权”，其根源是宪法。在“王法时代”，君主“口含天宪”，而“法自君出”，国家一切权力属于君王，国家只有王法和王权，国家机构均为服务君王而存在，不存在现代意义的立法、行政、司法和监察等具有法律意义的独立的权力机关。尽管“王法时代”没有独立的行政机关，但事实上存在广泛的行政管理治理职能，

---

① 王成栋．法律关系基本理论问题研究［J］．政法论坛，2001（6）：86－97.

② 孟昭阳，高文英．行政法与行政诉讼法学［M］．北京：中国人民公安大学出版社，2012：10.

③ 中国古代早期的王法以“刑鼎”为典型，遂李悝制定《法经》，经商鞅改法为“律”，后世各朝各代的根本法均以“律”为名，如汉代的《九章律》、唐代的《永徽律》等。古代之刑，“刑起于兵”，以维护王权而处罚为目的，这与现代刑法有本质区别。古代行政管理的法规通常夹杂在这些律典中。

不仅拥有行政职权，而且这种管理的广泛性造成一种假象——“全能官（政）府”。[①] 在宪法时代，国家“一切权力属于人民”，人民通过自己的代表制定宪法来依法治国。在此模式下，紧密围绕人民意志和利益，立法、行政、司法和监察等部门是法律意义上独立的国家权力机关。行政机关拥有自己独立的行政权，自主而忠诚地履行宪法和法律所赋予的行政职权。因此，行政权是现代行政法的内核，反映了以宪法为中心的行政法律关系，也是深刻揭示行政法律关系的钥匙。

学界前辈很早就开始关注行政权问题。姜明安通过翻阅中外大辞典，从词意上定义“行政”是“组织的执行、管理职能”，进而得出结论，即行政权是“执行、管理权”。[②] 罗豪才认为，与行政权相对应的是公民权，即“作为行政权的相对一方——个人和组织的权利与自由（以下概称公民权）”。[③] 公民权是近代以来宪法时代的一个新法律概念，由此也宣告了行政权的新时代属性。与此同时，应松年、薛刚凌指出：“行政法的重要内容之一是设定行政权”，而“对行政权内涵及外延的充分了解不仅是合理设定行政权的基础，也是建立相关行政法律制度的依据”。[④] 行政权的内涵及外延是什么？应松年、薛刚凌将它与立法权、司法权和公民权进行了比较。此外，孟昭阳、高文英在界定行政权时也指出，“不仅需要区分行政权与立法权和司法权等其他性质的国家权力”，而且“要注意行政权自身内涵与外延的变化”。[⑤] 笔者认为，分析行政权的外延具有重要意义，它是行政法律关系的内在表现，因此我们在分析行政权的内涵时，还应当从民法、行政诉讼法和刑法等关系视角加以比较。

（1）从行政法与民法的关系看行政权的内涵。民法是一切人类社群最古老的法律，最初只是民事习惯，国家出现后就成为国家法律的重要组成部分。从法律关系视角来看，民法对行政法的影响重大而深远，具体表现在两个方面：一是民法对行政法的直接影响；二是民法通过影响宪法进而间接影响行政法。通常我们将行政法视为公法，民法视为私法，有学者认为两者有

---

① 马克思认为古代社会也存在行政权，他曾指出：“在不存在现代意义行政法时代的行政权，曾经是能支配整个社会的权力。”不过，笔者认为，马克思设定的前提是“现代意义行政法时代”，那么此处所言的“行政权”应该翻译为“行政职权”。马克思恩格斯选集（第1卷）[M]．北京：人民出版社，1972：693.

② 姜明安．行政法与行政诉讼法学（第五版）[M]．北京：高等教育出版社，2011：6.

③ 罗豪才，沈岿．平衡论对现代行政法的一种本质思考——再谈现代行政法的理论基础[J]．中外法学，1996（4）：2.

④ 应松年，薛刚凌．论行政权[J]．政法论坛，2001（4）：54－58.

⑤ 孟昭阳，高文英．行政法与行政诉讼法学[M]．北京：中国人民公安大学出版社，2012：9.

本质的差异，其实不然。德国行政法学标志性人物奥托·迈耶（Otto Mayer）就曾借助民法知识来奠定传统行政法学理论基础。他“效仿私法概念法学方法，并参考和援用民法学的概念术语，从纷繁芜杂的行政现象中归纳出行政法的一般原理、原则和概念群，并且根据抽象程度的不同，以一定的层次组合成一个上下贯通、逻辑一致的行政法总论体系”。[①] 我国有学者甚至认为，包括行政法的核心内容诸如行政主体、行政行为等，“行政法在自身体系的构建上大量借鉴了民法的基本范畴”，而且“行政法的精神源自宪法，而行政法之框架取之于民法”。[②] 与此同时，作为行政法的直接渊源，宪法与民法的关系也非常密切。宪法作为现代法律的皇冠，其基本精神是社会契约思想，却是民法精髓之契约观念的升华。民法离开契约就失去了灵魂，而行政法引入契约观念却成就了以宪法为标志的现代民主社会。这就意味着，宪法并不是革命成功后简单“颁布一个根本大法”去承认革命事实，而是承认“有了民主事实”。[③] 这个民主事实也并非简单多数人的统治（暴政），而是维护契约精神（法治）。因此，行政法在执行宪法的规定时，并没有高高在上的优越感和颐指气使的傲慢，相反，它是公仆，如同委托代理人，通过服务并辅助管理来落实宪法的契约精神。

（2）从行政法与刑法的关系看行政权的内涵。刑法对行政法理论的影响主要表现在两方面。其一是传统刑法理论的影响。人是作为文化的存在，传统文化心理对人的影响深刻，虽然文化也有变化，但不会因为政权的更迭而迅速更迭，而有些文化内核甚至不曾改变。中华五千年文明史，就阶级斗争不可调和的国家形态而言，几乎就是一部刑法文明史，即“诸法合体，以刑为主”。不过，“刑起于兵”，表明刑罚最初是针对敌我矛盾的，就是你死我活的关系。在近代《日内瓦战俘公约》签订、推广和被接纳之前，刑罚几乎就是战胜方（统治者）一种恣意妄为的行为，甚至更是统治者转移社会矛盾、制造大快人心假象的群体性泄愤手段。托克维尔曾言：“人的一切始于他躺在摇篮的襁褓之时。……一个民族，也与此有些类似。每个民族都留有他们起源的痕迹，他们兴起时期所处的有助于他们发展的环境，影响着他们以后的一切。”他因此断定，只有考察一个人或一个民族，才能“理解支配他一生（民族谱系）的偏见、习惯和激情的来源”。[④] 这意味着，在

① 相关论述详见高秦伟．反思行政法学的教义立场与方法论学说——阅读德国公法史（1800－1914）：国家法学说和行政学之后［J］．政法论坛，2008（2）：178.

② 相关论述详见林鸿潮．行政法与行政诉讼法［M］．北京：北京大学出版社，2015：11－12.

③ 毛泽东选集［M］．北京：人民出版社，1991：735.

④ ［法］托克维尔．论美国的民主［M］．董国良译．北京：商务印书馆，1997：30.

民族形成、发展的漫长过程中，刑法中的“敌—我”处罚思想，也必然在“诸法合体”中深刻影响着行政法学的发展。古代社会通行“乱世用重典”，现代社会持有“严打”思想的也为数不少。其二是公法理论的影响。公法研究最基础性的问题是它的范畴，即它是否应该包括刑法？国外研究公法的学者仅探讨宪法、行政法，偶尔与民商法加以区别，刑法似乎被排除在外。[①] 按照法制史的一般常识，公法与私法的划分，最早是由古罗马法学家提出的。按照乌尔比安的解释，公法是以保护国家（公共）利益为目的的法律，私法是以保护私人利益为目的的法律。近现代法学家对此加以阐释，认为公法围绕公权力调整国家或公共利益，它的一方主体是国家；私法则是强调私人利益关系的法律规范，弘扬平等主体之间的意思自治。尽管公法理论的出现在于规范和制约国家权力，但在实践中它似乎极易变异成支持公权力，进而加大国家权力与公民权利的分离。因此，在公法理论研究中，要深挖法律的契约精神，牢固树立契约意识，杜绝国家权力与公民权利分离现象的发生。总而言之，我们在此探讨行政法与刑法的联系，是要强调它们在契约精神方面的区别，尤其要避免受传统法律（刑法）不利影响。

（3）从行政法与诉讼法的关系看行政权的内涵。法国通常被称为“行政法的母国”。这个结论是如何得来的？按照行政法学教科书的一般解释，“人们常把法国国家参事院（法国最高行政法院的前身）的成立作为行政法产生的标志”。[②] 这就是说，现代概念中的行政法，其产生乃是源自行政法院的成立，而不是以宪法的诞生为标志。这个见解将进一步揭示行政法的内涵，即行政法不仅仅作为宪法之“小宪法”和“行动中的宪法”而唇亡齿寒地存在，它还与行政法院生死攸关。行政法与宪法的关系揭示了宪法是行政法的权源、母体，行政法不可超越宪法而恣意用权，而应是宪法的捍卫者，监督行政执法，维护宪法体制下的法治秩序。不过，很多法律的产生只要有法律文本就可以了，为什么行政法的产生却需要行政法院呢？这与行政权的属性有关。权力需要主权者授权，古今中外皆如此。就是说，即使在一个最远古、最专制的国家，君王们也绝不会允许他的臣子有犯上作乱的权力。然而，正如孟德斯鸠所言：“一切有权力的人都容易滥用权力，这是万

---

① 有学者注意到，从国际社会来看，已有的常见的公法学文献包括：狄骥的《公法的变迁》，关涉宪法、行政法的基础理论问题；马丁·洛克林的《公法与政治理论》涉及的主要是宪法、行政法的学术传统；美浓部达吉的《公法与私法》探讨的是宪法、行政法与民商法的区别。李燕．中国公法学研究现状的一点反思：研究对象、功能及方法．http：//article. chinalawinfo. com/ArticleHtml/Article_ 48551. shtml.

② 王学辉．行政法与行政诉讼法学（第二版）［M］．北京：法律出版社，2015：35.

古不易的一条经验。"[①] 行政权与其他国家权力一样，均有滥用的倾向，然而由于行政法涉及民众生老病死、衣食住行等方方面面，尤其是在"行政国"时代，人们可以一辈子不与刑法打交道，却不可能不与行政法打交道。[②] 此时宪法作为说教者无暇事事都盯着行政法，只能由法院出场了。但事情没有这么简单。在某个临界点，没有行政法，只有行政权的行为，行政法院依据什么来判决呢？此时只能依据既存的宪法有关规定或精神（如果宪法尚未制定成文本，也可依据其通行的宪法常识精神）进行判决，形成行政判例，进而形成行政法。正因为如此，那个法国学者才会说："抽取判例，法国就无所谓行政法。"[③] 据此，笔者得出行政法的基本判断，即古代没有行政法，作为行政法之"母国"的法国行政法乃是建立在宪法规范或宪法精神基础上的判例群，然后才有了我们今天的行政法及其精神。

二、国家行政中的行政权与行政法

1. 国家行政中的行政权。目前，我国行政法学界通常将行政区分为公行政和私行政，由此导出公行政的行政权和私行政的行政权，进而认为行政法是以研究公行政之行政权为核心对象的。笔者认为，这种观点和研究思路值得商榷。前文中笔者已经分析了行政权是与立法权、司法权相对立的特定的国家权力，是宪法体制的产物。行政权乃是相对独立执法权的表现，有学者却将行政权等同于管理权，笔者认为这是认识上的误解，由此会导致学理认识的三类错误。（1）误解古代国家的行政权。古代国家有公行政管理，但无行政权。有学者认为古代有行政管理，并且古代行政管理也是在执行王法，因此行政权必然早就存在。笔者认为，尽管古代行政管理也是来自国家的王权和王法，但它依据的王法是"诸法合体"的，无法区分现代意义的行政法、刑法和民法等，并且大家都知道地方官员作为"父母官"，既执行法律，也负责审判，还常常"造法"，因此古代不存在现代意义的相对独立的行政权，而与管理相关的规定仅是王权的一个侧面。（2）误解现代公司的行政权。现代公司运营过程中存在决策、执行、考核等私权力运行环节，其执行过程中存在私行政管理，尽管私行政管理存在推动公司正常营运的权力，但我们只能称之为管理权，而不是行政权。显然，笔者在此缩小了一般

① ［法］孟德斯鸠．论法的精神（上）［M］．张雁深译．北京：商务印书馆，1982：154.

② 关于"行政国家"的论述，参见姜明安．行政法与行政诉讼法（第五版）［M］．北京：北京大学出版社，高等教育出版社，2011：9－12.

③ 张树义．行政法与行政诉讼法学［M］．北京：高等教育出版社，2002：16.

意义上的“行政权”，这是有意义的。其一，突出行政权与立法权、司法权的区别，意在划清行政机关的国家权力边界，以便集中精力研究和监督它；其二，明确国家与公司的区别，尤其是明确国家与国企的区别，以预防国企对国家权力的越俎代庖，或者说避免混淆国家与国企的治理精神；其三，明确两类权力的不同性质及其法律后果，即国家行政权以国家强制力为后盾，必须严格依法限定，行政的前提是法律明文规定，行政双方均需依法行事；而公司内部管理的基础是民事法律，私法自治是主要精神，虽然依托公司章程，但管理的前提是尊重对方的自由意志，贯彻的是契约精神。（3）误解公行政的行政权。有学者指出，公行政“包括国家行政和社会行政”。[①] 所谓社会行政，就是指第二次世界大战以后的公共管理社会化现象，一些非政府组织（NGO）分享了传统国家事务的管理，其中行业协会就是典型代表。行业协会是社会某一行业的自律规范与管理，第二次世界大战以前大多数由国家管理，第二次世界大战后逐渐改由行业协会管理。这种管理一方面是国家简政放权，使得国家管理权力部分地回归社会；另一方面行业协会通过行家管理行家使得管理更趋于合理化和精细化，有助于行业健康稳定和长久的发展。这些非政府组织虽然分享了部分国家管理权力，然而一旦是简政放权的，就不应该再返回去强调它的行政权，而应当进一步淡化它的官方色彩，并运用“行业约定”契约模式等更好的方法提升和培养社会诚信。

2. 行政权与行政法的概念。行政法的概念是简洁、直观认识和了解行政法的文字或语言表达，不过，有学者注意到，“这是一个迄今为止尚无统一认识的问题”，而“我国关于行政法的定义多达数十种”。[②] 有些行政法的相关论著甚至为了避免概念的纷争而干脆就不花精力去探讨行政法的概念。实际上，法律研究并没有这么复杂，法律归根结底就是研究行为，正如马克思所言：“对于法律来说，我是不存在的，除了我的行为以外。”因此，就众说纷纭的行政法概念而言，主要有两个研究路径：其一是由研究行政行为的表象引申出概念；其二是研究行政行为的内核即行政权而引申出概念。对此，笔者赞同第二种研究路径，认为它把握事物的本质，就是说概念或定义不可停留在事物的皮相，而应当从其内核、本质着眼。行政法依托行政行为，其表象是行政，其内核是行政权。行政权是行政行为的原动力，是观察或界定行政法的原点。对此，有学者认为，“行政权是行政法的理论基础”，

① 孟昭阳，高文英．行政法与行政诉讼法学［M］．北京：中国人民公安大学出版社，2012：5.

② 孟昭阳，高文英．行政法与行政诉讼法学［M］．北京：中国人民公安大学出版社，2012：11.

应当“从行政权的角度界定行政法”，并将行政法定义为“关于行政权的授予、行使、监控和对其后果予以补救的法律规范总称”。① 笔者对此深表赞同。

从行政权来界定行政法，而不是停留在行政的表象，乃是通过行政法律关系视角研究行政法的主要内容和重要成果。作为“罗马法之锁”的法律关系，它不仅揭示了行政法与行政权的内在联系，同时也要表明行政权源自宪法的属性，以及它与其他相关部门法内核之间的联系与区别。这就是说，如果行政法的研究路径依旧延续既往的“行政—行政法”模式，即便创造了“行政权”，将其更新为“行政—（行政权）—行政法”模式，实际上仍说不清行政权问题。（1）从行政权源自宪法的属性来探讨行政法与行政权的内在联系。应松年、薛刚凌等认为，我国学者对于行政权的理解“大同小异”，仅“阐释略有差别”，并进而提出自己的理解，即“行政权是对行政事务实施主动、直接、连续、具体管理的权力”，行政权具体表现为八种形式，即“从实践来看，行政权的形式主要有行政立法权、行政计划权、行政调查权、行政处理权、行政处罚权、行政强制权、行政合同权、行政指导权等”。② 孟昭阳、高文英等认为，“行政权是国家行政机关或者国家授权的社会组织对一定范围内的公共事务进行直接组织、管理或主动为社会成员提供公共服务的权力”，并进而提出了它的四维内涵，即行政权的享有者（国家行政机关和国家授权的社会组织）、行政权的内容（管理公共事务和提供公共服务）、行政权的显著特征（直接性和主动性）、行政权与行政职权的差别。③ 王学辉则认为，“行政权是国家权力系统的组成部分……是由宪法、法律赋予的国家机关及其授权组织执行法律规范，实现行政目的所享有的各种权力的总称”。④ 综上，笔者将在下文中综合上述学者和前辈的研究来表述行政法的概念。（2）从比较行政权与其他相关部门法内核之间的联系与区别来探讨行政法与行政权的内在联系。实际上，很少有学者这样比较，因为他们的研究大多都是建立在“行政—行政法”模式上的，然而意图依托行政法律关系视角则不可忽视这些相关部门法之间的相互关系。行政权是不是行政法律关系特有的？与行政法的行政权相比较，刑法有没有它的

---

① 孟昭阳，高文英．行政法与行政诉讼法学［M］．北京：中国人民公安大学出版社，2012：12.

② 应松年，薛刚凌．论行政权［J］．政法论坛，2001（4）：54－58.

③ 孟昭阳，高文英．行政法与行政诉讼法学［M］．北京：中国人民公安大学出版社，2012：10.

④ 王学辉．行政法与行政诉讼法学（第二版）［M］．北京：法律出版社，2015：10.

刑事权？民法有没有它的民事权？对此，笔者查阅了“中国知网”，运用主体搜索“刑事权”，没有发现学者研究这个独立的称谓。学者们所研究的是刑事权力、刑事权利、刑事管辖权、刑事侦查权、刑事执行权等。尽管偶尔在一些文章的“摘要”部分出现了“刑事权”一词，通常仅是指刑事权力或者其中的刑事侦查权等。由此可见，刑事权不如行政权那么普及，它甚至还只是一个含混的、有待进一步界定的概念。用同样的方法搜索“民事权”，也难发现这个单独的称谓，学者多用“民事权利（益）”来表述。这意味着，行政权是行政法的特有概念，反映行政法的特性，即特别强调国家机关依据宪法和法律的单方的行政行为。有鉴于此，笔者将行政法定义为：依据宪法和法律，围绕行政权的授予、行使、监控及救济之行政行为的法律规范总称。

三、行政法的本质是控权论

1. 控权是行政法的基本属性。要认识行政法的基本属性，还要从行政法的基本理论说起。行政法的基本理论是什么？就内容而言，经过学者多年的思考和梳理，目前我国行政法的基本理论主要有三种观点，即管理论、控权论和平衡论。就性质而言，有些行政法学论著将此理解为行政法的“任务”,① 或者是“作用”,② 还有的回避这个问题，或者语焉不详地一笔带过。鉴于行政法的理论基础是“旨在解析行政机关与相对一方的现实矛盾关系及其在法律上表现的权利义务关系”,③ 笔者认为，对行政法基本理论的研究和探索，具有学科的基础性研究意义，是行政法学本体论研究指导思想的重要组成部分，是想揭示行政法的本质是什么，而非直接谈论行政法的作用或任务。行政法基本理论中的“管理论—控权论—平衡论”，它们分别对应的是“表象—本质—目标（理想）”。在笔者看来，“平衡论”作为行政法的基本理论，是揭示行政法的终极价值目标。④ “平衡轮”探讨的是一个法哲学的命题，揭示行政法学中最深层的内涵，它宣示的是行政法学最理

---

① 林鸿潮．行政法与行政诉讼法［M］．北京：北京大学出版社，2015：8.

② 孟昭阳，高文英．行政法与行政诉讼法学［M］．北京：中国人民公安大学出版社，2012：23.

③ 罗豪才，沈岿．平衡论：对现代行政法的一种本质思考——再谈现代行政法的理论基础［J］．中外法学，1996（4）：1.

④ 罗豪才认为，在一定意义上讲，平衡和平等、和谐、统一相一致，而后者正是人类追求的一般的价值目标。参见罗豪才，甘雯．行政法的“平衡”及“平衡论”范畴［J］．中国法学，1996（4）.

想的状态，并不是通过一些执法实践的表象就能够简单直接地证明的。这意味着，行政法的本质仍然是控权。（1）英美法系国家行政法学者直接强调行政法的控权属性。英国法学家威廉·韦德在定义行政法时指出："行政法定义的第一个含义就是它是关于控制政府权力的法。"① 美国法学家埃·弗雷德认为："行政法——这是监督行政机关的法律，而不是建立行政机关的法律。"②（2）大陆法系国家的行政法学者结合"行政法院"或"行政组织"等间接强调行政法的控权属性。法国学者古斯塔夫·佩泽尔指出，"行政法是确定行政组织和功能的全部规则"，或者狭义地说，"在法国，行政法是由独立于私法的上（前）述全部规则构成的。适用该法律而引起的争端由独立于司法官的行政法官管辖"。③ 法国学者莫里斯·奥里乌甚至认为，"只有存在足够发达的行政制度时，才能有真正的行政法……这里的行政法应该理解为一套特殊的规则"。④ 不过，德国行政法学者与法国学者却略有不同，尽管毛雷尔在界定行政法时也从"行政"出发，但他同时强调"现代意义行政法的条件在19世纪立法约束行政时才得以成就，动因是需要权限规则的分权，以及要求按照法律规定干涉公民自由和财产的基本权利的确认"。⑤（3）我国行政法学基本理论在目标追求上指向的也是"控权"。"有权就任性"，这是行政权与生俱来的天性，权利与权利是以相对均势为目标、以斗争求团结的，要让权力戴着镣铐跳舞，把权力关进制度的笼子里。因此，归根结底，行政法的本质是控权，行政法是控权法。

2. 古代没有行政法。当前，我国行政法学研究存在一个难以盖棺定论的问题，那就是古代究竟有没有行政法？针对此问题，笔者持"古代没有行政法"的观点。从法制史的角度来看，古代行政性法律法规存在且有盛况，如《唐六典》就是我国现有的最早最完整的、较系统的行政性法典，共三十卷，近三十万字（文言文）。显然，古代社会存在行政管理现象，也存在行政管理的法律（律法），如果仅将行政法的基本属性视为"管理"，那么古代因有行政管理而存在行政法；如果将行政法的基本属性视为"控

---

① ［英］威廉·韦德．行政法［M］．徐炳，等译．北京：中国大百科出版社，1997：5.

② ［美］埃·弗雷德．行政判例。转引自张正钊，胡锦光．行政法与行政诉讼法学（第六版）［M］．北京：中国人民大学出版社，2015：8.

③ ［法］古斯塔夫·佩泽尔．法国行政法（第十九版）［M］．廖坤明，周洁译．北京：国家行政学院出版社，2002：1.

④ ［法］莫里斯·奥里乌．行政法与公法精要［M］．龚觅，等译．沈阳：辽海出版社，1996：3.

⑤ ［德］哈特穆特·毛雷尔．行政法学总论［M］．高家伟译．北京：法律出版社，2000：18.

权”，那么古代并不因为有行政管理现象而断定存在行政法。古代用于行政管理的法律，乃是专制君权的表现，“法自君出”，“诸法合体，以刑为主”，法律只是工具，毫无“控权”之意。因此，古代社会的行政管理及其法律制定，既不是行政法现象，也不是行政法本身。行政法是资产阶级革命的产物，是产生在宪法之后——这里所说的宪法，既包括成文宪法的诞生，也包括较为成熟的宪法理论（如法国孟德斯鸠“三权分立”学说）的普及。[①]因此，笔者认为，古代没有行政法，行政法只是近三百年来的事情，最早产生在法国——法国是行政法的“母国”，它是近代资产阶级革命的重大成果，是宪法规范的具体行动和落实。

四、行政法控权的主要内容

笔者从宪法和行政法等的法律关系探讨行政法，意在揭示行政法的控权本质。通过对行政法基本理论的分析，笔者将国内流行的三种理论，即管理论、控权论、平衡论，对应为行政法的外在表现、内在本质、哲学理想。行政法无论是表现为一般的管理还是追求高尚的平衡，都以孜孜不倦地控权为基础。要深刻了解这个控权的基础，就要在内容上从表及里地分析行政法的典型表现形式及一般解决方法。在此，笔者拟以“警察权”[②] 及其相关比较为例来加以观察。

1. 控制行政权的“热暴力”（乱作为）。这里所说的行政权的“热暴力”（乱作为），主要表现为行政机关或者法律授权组织超越法律规定行使职权，积极主动地侵害行政相对人合法权益。笔者通过“中国知网”主题搜索“暴力执法”，共有 2589 项结果，其中反映城管暴力执法的研究成果占据绝大多数，其次是分析行政相对人暴力抗法的研究成果；尽管关于警察暴力执法的研究成果也有，但数量并不多，学界主要是从“袭警”视角来分析的。不过，从警察权“热暴力”（乱作为）的视角来看，通过“中国知网”主题搜索“非警务活动”，共有 7369 项结果，远高于“暴力执法”相关成果的数量。[③] 从学界研究的数量分析来看，在我国，涉及“暴力执法”的群体主要是城管，但“非警务活动”则是警察权滥用的主要表现。实践中，暴力执法虽然是个别现象，但其危害却不容小觑，主要表现为：（1）对执法

① 这就是说，尽管美国制定了世界上第一部成文宪法，但行政法的“母国”还是法国。

② 我国学界对警察权的认识意见不一，大体呈现两种主流观点：一是认为警察权是治安管理的行政权和刑事侦查的司法权；二是认为基于警察机关的性质，警察权就是行政权的表现。笔者认同第二种观点。

③ 笔者针对此主题在“中国知网”的最后访问时间为 2017 年 3 月 7 日。

者的危害，如“暴力冲突，势必两败俱伤，客观上会造成执法人员的身体伤害或其他财产损失”，或者“施暴者的职权行为损害政府形象和公权力权威”，甚至“配备先进装备，增加执法成本，推进恶性循环”；（2）对被执法者的危害，如“身体受到伤害，影响劳动力生产和再生产”，“被执法者的财物受到损害”，“被执法者家人的生活受到影响”；（3）对社会公共利益的危害，“暴力执法容易造成社会恐慌气氛”，“让人缺乏（公权力的）安全感”，“担心被暴力执法的人随机报复社会”。① “非警务活动”在我国有两种类型：其一是基于传统认识所提供的服务活动，其二是超越法律规定行使职权。这里主要是指第二类非警务活动。这类非警务活动主要表现为直接参与征地拆迁、征粮讨款、计划生育、农田基本建设，以及插手经济纠纷等。“非警务活动”的危害主要表现为：（1）增加基层民警的工作量；（2）耗费执法办案经费；（3）损害公安机关形象；（4）影响正常警务活动的开展；② （5）阻碍社会的法治化进程；（6）有违警务改革绩效原则；（7）不利于建立新型警察公共关系；（8）民警正当执法容易受到侵害。③ 在国外，暴力执法的典型是警察。美国警察的暴力执法全球著名，主要表现为“行为野蛮、动辄开枪”。据媒体报道，美国警察每年枪杀的人数远远超过其他西方国家。尽管使用枪支是警察的一项基本权力，但在美国，平均每天就有一人被警察射杀。而相比之下，在 2011 年，澳大利亚警察只射杀 6 人，英国为 2 人，德国为 6 人。④ 美国警察开枪的原因也是五花八门，如与警察对视、表现不正常等，造成美国警察滥用暴力的原因，有媒体分析，既有种族歧视的因素，也有法律问题，如美国很多州的法律规定，警察在执法过程中如有合理理由认为自身安全面临威胁便可开枪，这使得警察在过度使用暴力造成严重后果后很难被问责。⑤ 在我国，导致行政执法中的暴力执法或乱作为现象发生的原因，既有法律规定不完善的地方，也有个别权力部门负责人权力寻租、以权谋私的原因。⑥ 正如孟德斯鸠所言：“一切有权力的人都容易滥用权力，这是万古不易的一条经验。”当前，我国在法律层面制定了

---

① 具体情况还可以参阅陈雪林．城管暴力执法原因探析［J］．现代商贸工业，2012（18）：129－130.

② 王南江．关于基层民警参与非警务活动情况的调查与研究［J］．公安研究，2012（8）．

③ 龚海燕．非警务活动现状梳理与探究［J］．上海公安高等专科学校学报，2004（3）．

④ 联合国吁美调查警察暴力执法乱象．http：//legal. people. com. cn/n/2014/1209/c188502－26171705. html.

⑤ 美国政府低估警察暴力执法统计数字．http：//news. 163. com/15/0602/04/AR3078GC00014AED. html.

⑥ 相关论述见储国强．行政“乱作为”危害［J］．瞭望，2007（12）：45.

《监察法》，在国家机关层面组建监察部，目的就在于将权力关进制度的笼子里，就行政法而言，这正是行政法控权属性的现实表现。

2. 控制行政权的“冷暴力”（不作为）。这里所说的行政权的“冷暴力”（不作为），主要表现为行政机关或者法律授权组织不按法律规定行使职权，消极被动地侵害行政相对人的合法权益。行政不作为已经是一个老问题了，将行政不作为视为“冷暴力”虽然也不是新意，但可以肯定的是，这种“暴力”常常被人忽视。“冷暴力”一词来自心理学，主要来自家庭、教育以及职场领域，有专家将它归结为“精神虐待”，其表现为“施虐者通过拒绝直接沟通、言语歪曲、讽刺、嘲笑、轻蔑、否定人格等常用手段来欺凌、控制受虐者，摧毁其自尊，改变其思维方式，使这种关系持续下去，让受虐者无法逃脱”，其本质是一种“权力展现”，“施虐者通过控制与摧毁受虐者的生活，满足他们自恋的欲望”。[①] 2015 年最高人民法院针对“行政不作为”现象就以公开发布案例的方式指出：(1)“行政机关之间……不能互相推诿，甚至和老百姓‘捉迷藏’”，“一个明显违反法定期限的行政行为，即使实体内容完全合法，也会因为姗姗来迟而被贴上违法的标签”。这其中包含了行政不作为的表现。(2)“行政不作为案件往往是因行政机关及其工作人员存在‘懒政’‘惰政’等主观因素或某些客观原因而引发”。这其中包含了行政不作为的原因。(3)“任何一个环节怠于履行职责，都会形成‘肠梗阻’”，“不仅违法实施行政处罚、行政强制等侵权行为可能承担赔偿责任，因不依法履行职责、不及时救助群众，造成人身、财产损害的，同样可能承担赔偿责任”。这其中指出了行政不作为的后果。(4)“（行政执法）虽难，但不能成为行政机关怠于履行法定职责的借口……不能一推了之”，“有权必有责，用权受监督，失职要问责，侵权要赔偿，是把权力关进制度笼子的基本要求”。这其中包含了对行政执法人员的要求。[②] 鉴于行政机关不作为对社会具有危害性，对公民生命、健康、财产具有危害性，因此行政法作为控权法，也应当将这类“冷暴力”关进制度的笼子里。

---

① ［法］玛丽－弗朗斯·伊里戈扬．冷暴力［M］．顾淑馨译．南昌：江西人民出版社，2017.

② 最高人民法院发布人民法院关于行政不作为十大案例．http：//www. court. gov. cn/zixun－xiangqing－13066. html.

第三节　行政法的渊源、体系和特点

一、行政法的渊源

我国法学界关于法律渊源的认识，并不统一。虽然法理学对法律渊源有所探讨，但落实到具体的部门法，其表现形式则多种多样。法理学探讨了法律渊源的相关知识，主要表现为以下几个方面：（1）界定概念，认为它是指“法的来源或法的栖身之所”，或者指“法之产生的原因或途径”，可简称为“法源”；（2）多样表现形式，即法的实质渊源、法的效力渊源、法的材料渊源、法的形式渊源，以及法的历史渊源等；（3）申明意义，即强调它是国法的“预备库或半成品”，展示“法之背后的法”，显示国法的“法律文化”，甚至是其“整个历史文化”，以及文明状态和特征；（4）阐述作用，即“从渊源中提取规则上升为法”，“从渊源中提取规则弥补现行法的不足”，“有助于从深层面解读国法的形式与制度”，“有助于借鉴他国的法治先进经验”。①

笔者认为，行政法学研究必须始终扣住它作为控权法的本质特征，对行政法法律渊源的研究，也是如此——只有突出“控权”，才能很好地理解作为法律渊源的各种形式对行政法学研究的意义。法律渊源重点在于阐明“法的栖身之所”，民法明显早于国家，其渊源不证自明；刑法几乎与国家同在，其渊源有目共睹，但是行政法是宪法体制下的新事物，研究其渊源意在阐明它的“控权”新本质，即探讨行政法那些“控权的栖身之所”。这意味着，如果我们回到法理学的视角去探讨行政法的本质渊源，则其重心在于区分分权事实的客观表现而非乱贴主观标签；探讨行政法的历史渊源，则其重心在于拾遗古代“王法时代”约束行政管理权力的一点微弱星光而非对古代形式宏大而内容单调之法制文明的歌功颂德；探讨行政法的效力渊源，则其重心在于展示法律的位阶以解决法律冲突问题而非简单地罗列各个立法主体的立法表现；探讨行政法的形式渊源，其重心在于展示围绕控权主题揭示宪法时代行政法的“预备库或半成品”及“法之背后的法”。这才是行政法学研究其法律渊源的重要载体，正展现在上述第三类研究倾向之教科书中对它们详细解读的丰硕成果。以公安机关对娱乐场所治安管理的相关事权为例，笔者认为，行政法的法律渊源关系体现如下表所示：

---

① 张文显．法理学（第二版）［M］．北京：高等教育出版社，2003：66－67.

行政法名称	颁布机关	年份	位置	内容
行政处罚法	全国人大	1996	第一章第一条	为了规范……维护……保护……根据宪法，制定本法。
人民警察法	全国人大常委会	1995	第一章第一条	为了维护……保护……加强……保障……根据宪法，制定本法。
治安管理处罚法	全国人大常委会	2005	——	——
娱乐场所管理条例	国务院	2006	——	——
娱乐场所治安管理办法	公安部	2008	第一章第一条	为加强……维护……根据《中华人民共和国治安管理处罚法》、《娱乐场所管理条例》等法律、法规的规定，制定本办法。

从上表我们可以得到如下信息：（1）行政法规定公安机关关于娱乐场所治安管理的相关事权，包括法律、法规、规章等规范的内容。（2）全国人大或全国人大常委会制定的行政法称为法律，以“某某法”命名；国务院等制定的行政法称为法规，多以“某某条例”命名；公安部等制定的行政法称为规章，多以“某某办法”命名。（3）就其法律渊源而言，多出现在醒目位置，即第一章第一条。（4）就其内容而言，通常的表达方式是“为了……根据某某法律（法规），制定本（办）法”。其中，法律通常是“根据宪法”，法规通常是“根据某某法”，规章通常是“根据某某和某某等法律、法规”。（5）有少数行政法不明示自己的法律渊源，而是直接表达立法目的。基于上述信息分析，不难看出，行政法渊源这一知识点展示了法律的位阶问题及其法律冲突的规则（此两问题笔者在后面将详述），而其重点则是要强调行政执法权力的合法性来源，即法理学所言的“法源”问题。如果行政法不阐明自己的法源，容易让人怀疑这个法律法规的合法性基础。为此，行政法法律渊源问题就紧扣行政法的控权属性。就国内法情况而言，表现在两个方面。（1）静态（纸面）的行政法渊源。这是指一些学者所言的“成文法源”①，强调的是立法层面，它主要包括宪法、法律、法规、规

① 相关论述见章志远．行政法学总论［M］．北京：北京大学出版社，2014：38－57；余凌云．行政法讲义（第二版）［M］．北京：清华大学出版社，2014：17－21．

章，以及民族地区的自治或单行条例。这些效力渊源之间有森严的上下等级，并且下位法往往是通过“根据某上位法，制定本（办）法”的模式体现其存在的合法性和最终的合宪性。鉴于行政法“法无明文规定即禁止”的要求，这种立法模式恰当地体现了上位法对下位法的“控权”精神。（2）动态（运行）的行政法渊源。这是指一些学者所言的“不成文法源”①，强调的是法律的运行层面，它主要包括其他行政规范性文件、国家机关的法律解释、行政判例、习俗和习惯法。它们的存在，表明一个国家仅有法律还不够，还需要这些法律的实施细则或具体指导。它们是动态的行政法，展现动态的行政法渊源。

此外，国际条约和协议也是重要的行政法渊源，并且它们也指向行政法的控权精神。一方面，国际条约和协议对于我国行政法治化进程有非常大的推动作用；另一方面，当代中国积极主动地与世界接轨，加入了很多国际条约与协定。但是，中国作为发展中国家，必须防范西方话语体系对我国的凌驾与操控，因此我们建立了自己的“防火墙”体系。一方面，我国并没有直接将国际条约纳入国内法，而是在全国人大常委会决定批准或加入后，由全国人大常委会公报公布；另一方面，采取“申明保留的除外”的制度，对批准或加入的国际条约或协定的某些条款不予执行。②

综上，笔者认为，我国行政法渊源包括三类：（1）静态的行政法渊源，包括宪法、法律、法规、规章；（2）动态的行政法渊源，包括其他行政规范性文件、有权的法律解释、行政判例、习俗和习惯法；（3）国际条约与协定。

二、行政法的体系

一直以来，行政法被认为是最费神的法学学科，美国行政法学者西德尼等认为“行政法始终被认为是最为烦闷的课程，而学生也是对这门课程的目的是最为缺乏头绪的……行政法课程常常对教授和学生们一样都是绝望的

---

① 相关论述见章志远．行政法学总论［M］．北京：北京大学出版社，2014：38－57；余凌云．行政法讲义（第二版）［M］．北京：清华大学出版社，2014：17－21.

② 具体来说，我国落实国际条约或协定表现为四种方式：在国内法中通过专门条款规定直接适用国际条约或当国内法与国际法发生冲突时优先适用国际条约；为执行国际条约的规定，另行制定国内法；法律的制定提前参照国际条约，或对现行立法提前作出符合国际法规则的修改，使我国法律体系从整体上符合国际条约的规定；司法机关执行国际条约的实践。详情可参阅钟飞燕．浅谈国际条约在我国国内法中的适用问题．http：//www.chinacourt.org/article/detail/2010/12/id/438917.shtml.

泥潭”，甚至还因此总结出“法科学生不喜欢《行政法》的十大原因”。[①]我国一些司法考试的书籍对行政法的定位是“难啃的硬骨头”，原因在于“一是该领域的知识与日常生活离得有点远，理解起来费点时间；二是该领域法律条文，内容庞杂，头绪太多，记完就忘；三是该领域的法律条文还容易与其他学科的知识点混淆起来，即很容易缠绕在一起，变成一堆线”。[②]如何解决行政法所面临的这种问题？我国行政法学者对此研究较少，而西德尼提出的对策是“将行政法看作一门两学期的课程”，若仅仅是扩张课时，似乎是将问题留在了原地踏步的状态。笔者学习行政法的感触是感觉到自己学到了一些东西，比如了解了行政主体、行政行为、行政程序的概念，却也感觉没学到东西，因为如果亲朋好友咨询具体的行政执法问题，笔者提供的答案总不能令人满意。实际上，行政法学就是行政法基本理论，就其性质而言总体上属于法理学范畴，与刑法学、民法学、刑事/民事诉讼法等部门法学有很大的区别，但是我们平常所言的行政法，即在大众眼中的行政法应该也是部门法。很多学生之所以选择行政法，就是冲着行政执法的直接目的而来的。这意味着行政法学学科的内在属性与学生/大众的外在要求存在巨大张力，如何缓解这个张力？笔者认为，借助法理学的相关内容构建行政法的体系知识能在一定程度上取得效果。

法理学上的法律体系是指“由一个国家现行的全部法律规范按照不同的法律部门分类组合而成的一个呈体系化的有机联系的统一整体”。其特点是：（1）“是一个国家的全部现行法律构成的整体”；（2）“是一个由法律部门分类组合而形成的呈体系化的有机整体”；（3）“理想化要求是门类齐全、结构严密、内在协调”；（4）“是客观法则和主观属性的有机统一”。[③]

1. 行政法体系的结构内容。在法理学视角中，行政法仅仅就是一个法律部门，因而与法理学按照法律部门构建法律体系不同，行政法体系构建的内容是行政法法律部门内的各种“呈体系化的有机联系的”法律规范性文件，其对象是国家各类立法主体的行政性立法事项。这一点也使得行政法体系与行政体系区别开来，后者的基础是国家行政机关及其行政部门。这一点也使得后文将述的抽象行政行为与行政立法在行政法体系中鲜明地区别开来，即行政立法包括立法机关（全国人大及其常委会）的立法成果，也包

① ［美］西德尼·A. 夏皮罗：法科学生不喜欢《行政法》的十大原因及其对策. http://mp. weixin. qq. com/s? _ _ biz = MzA4MTEwNTIxOA = = &mid = 400227864&idx = 3&sn = 97f25c285836f2938ce83f433c1910dd#rd.

② 北京万国学校教研中心. 行政法与行政诉讼法［M］. 北京：中国法制出版社，2016：前言.

③ 张文显. 法理学（第二版）［M］. 北京：高等教育出版社，2003：126 – 127.

括其他行政主体的立法成果（抽象行政行为）。这意味着，行政法体系就其内容而言，应该包括六个层面：其一是由国家立法机关制定的各个行政机关组织法律，以解决行政主体资格和职权框架问题；其二是由国家立法机关制定的各个行政机关均需依据的共有的行政法律，以解决行政机关具体职权问题；其三是由具有立法权的行政机关或地方立法机关制定的法规，具体落实宪法和法律规定的各项行政事权，进一步规范行政执法；其四是其他综合性法律当中与行政执法密切相关的规定，以解决行政机关与其他国家机关职能交叉的问题；其五是由具有规章制定权的行政机关制定规章，细化法律、法规的相关事权；其六是一般行政机关制定的规范性文件，进一步细化法律、法规、规章的相关事权。行政法体系中的一小部分内容可通过列表列举如下：

名称	类别	制定主体	表现
行政性法律	行政机关组织法律	全国人大或者全国人大常委会	国务院组织法；地方各级人民代表大会和地方各级人民政府组织法（第四章）；公安派出所组织条例等
	行政机关共享法律	全国人大	行政许可法；行政处罚法；行政强制法
	行政机关单有法律	全国人大或者全国人大常委会	人民警察法；税收征管法（税务机关）；产品质量法（工商部门）；行政监察法（行政监察机关）；行政复议法（行政复议机关）；治安管理处罚法（公安机关）；动物防疫法（兽医主管部门）；红十字会法（红十字会）等
	综合法律行政事项	全国人大或者全国人大常委会	突发事件应急法；食品卫生安全法；国防法（此类法律较少）
行政性法规	全国性行政法规	国务院	公安机关组织管理条例；国家工商行政管理总局主要职责、内设机构和人员编制规定；收费公路管理条例；地震监测管理条例；军人抚恤优待条例等
	地方性行政法规	地方省级人大	北京市控制吸烟条例；江苏省城乡生活垃圾处理条例；江西省大气污染防治条例；广东省工伤保险条例等

（续表）

名称	类别	制定主体	表现
行政性规章	国务院部委规章	国务院部委	商业银行服务价格管理办法（银监会）；公安机关办理行政案件程序规定（公安部）；国内水路运输管理规定（交通部）等
	省市政府规章	省市政府	北京市行政调解办法；四川省婚姻登记管理实施细则；云南省公园管理办法等
	较大城市规章	较大城市政府	深圳市电力设施和电能保护办法；珠海市动物防疫管理办法；厦门市限制养犬管理办法；邯郸市人民政府制定规章和拟定法规草案规定等
其他行政规范性文件	厅级行政机关文件	厅局机关	贵州省公安机关爆破作业单位资质行政许可实施细则（贵州省公安厅）；福建省商务厅关于下放加油船零售经营资格审批有关事项的通知（福建省商务厅）等
	县级行政机关文件	县市机关	玉环县人民政府关于发布林区禁火令的通告；凤冈县规范操办酒席管理办法（试行）①；兴安县人民政府关于加大教育投入的实施意见等
	乡级行政机关文件	乡局机关	庄浪县工商行政管理局关于做好特种设备安全工作的紧急通知；铁边城镇做好当前禁牧工作的意见等

从上表中各种法律的分类可以看出，行政性法律体系的“有机联系的统一整体”表象，同时它还显示了行政法法律体系的法律位阶内涵。所谓法律位阶，是指每一部规范性法律文本在法律体系中的上下适用顺序及其效力等级，其中下位阶的法律必须服从上位阶的法律，而所有的法律必须服从最高位阶的法律（在我国是指宪法）。根据上表所示，行政法的法律位阶从上位法向下位法的排序大致是：基本法律（全国人大制定）、普通法律（全国人大常委会制定）、全国性法规（国务院制定）和地方性法规（地方人大

① 这类文件均在县政府网站中的“政务公开·政府文件”栏目中。该文件的发文单位为中共凤冈县委办公室、凤冈县人民政府办公室，参见 http：//news. sohu. com/20160128/n436157222. shtml。

制定）、全国性规章（国务院部委制定）和地方性规章（地方省级政府或较大城市政府制定）、其他行政规范性文件。其中，全国人大及其常委会所制定的行政法通常以“某某法”命名，法规通常以“某某条例”命名，规章及其他规范性文件则通常以“某某办法/规定/实施细则/通知/意见”等多种方式命名。

2. 行政法法律位阶冲突规则。法律位阶理论要求下位法服从上位法，这是很明了的。然而，实践中有时会遇到一些问题，比如，以交警甲执法时对违法车辆的车主乙进行处罚为例，通常而言，交警甲在依法行政的过程中参照的法律法规是：《行政处罚法》《道路交通安全法》《道路交通安全违法行为处理程序规定》。当他参照《道路交通安全法》与《道路交通安全违法行为处理程序规定》时就是纵向维度，下位法服从上位法；当他参照《行政处罚法》和《道路交通安全法》时就是横向维度，即处于同一个位阶的法律该怎么用，有没有优先？若有，优先听谁的？对此就需要参考《立法法》《最高人民法院审理行政案件座谈会纪要》《最高人民法院关于裁判文书引用法律、法规等规范性法律文件的规定》的相关规定。（1）我国法律效力等级从上位法向下位法的一般排序是：法律、国务院制定的法规、地方人大制定的法规、规章。[①]（2）规章，无论是国务院部委规章还是地方规章，效力等同，只不过在各自权限范围内实施。（3）同一机关制定的法律、法规、规章，“特别规定与一般规定不一致的，适用特别规定；新的规定与旧的规定不一致的，适用新的规定”。如前文提及的甲交警适用的《行政处罚法》是特别法，《道路交通安全法》为一般法。（4）法律之间对同一事项的新的一般规定与旧的特别规定不一致，不能确定如何适用时，由全国人民代表大会常务委员会裁决；行政法规如果遇见相似的情况，则由国务院裁决。（5）地方性法规、规章之间不一致时，则分三种情形：一是同一机关制定的新的一般规定与旧的特别规定不一致时，由制定机关裁决；二是地方性法规与部门规章之间对同一事项的规定不一致，不能确定如何适用时，由国务院提出意见，国务院认为应当适用地方性法规的，应当决定在该地方适用地方性法规的规定；认为应当适用部门规章的，应当提请全国人民代表大会常务委员会裁决；三是部门规章之间、部门规章与地方政府规章之间对同一事项的规定不一致时，由国务院裁决。[②] 不难看出，与刑法、民法情况不

---

① 为了方便理解，这里暂时没有列举自治条例和单行条例的相关情况。

② 根据授权制定的法规与法律规定不一致，不能确定如何适用时，由全国人民代表大会常务委员会裁决。

同，行政法之间的关系非常复杂，而只有通过构建行政法体系，才能在一定程度上缓解这种复杂程度。

3. 行政法体系的实践运行。我们常说“依法行政”，这里所言的“法”并不是某个单独的或孤立的法律、法规，而是一系列呈体系化内容有机联系的表现，行政法体系思维是准确把握依法行政内涵的重要途径。如果我们以行政法某一专项内容为例，考察民众对于该行政法体系之分支中各类行政法的实际需求，行政法体系思维似乎为依法行政的导向提供了更深层的参考信息。在此，笔者根据某网页所载的“道路交通安全法全文·法律法规大全”页面编制交通相关法规在实践中的应用情况统计表①（见下表），并以此为例予以分析。

道路交通安全违法行为处理程序规定		
颁布时间：2008-12-20	颁布部门：公安部	已阅：23130 次
中华人民共和国道路交通安全法实施条例		
颁布时间：2004-04-30	颁布部门：国务院	已阅：107289 次
机动车交通事故责任强制保险条例		
颁布时间：2013-03-01	颁布部门：国务院	已阅：241 次
中华人民共和国道路交通安全法		
颁布时间：2011-04-22	颁布部门：全国人大常委会	已阅：2414 次
最高人民法院关于审理道路交通事故损害赔偿案件适用法律若干问题的解释		
颁布时间：2012-11-27	颁布部门：最高人民法院	已阅：3993 次
最高人民法院关于审理交通肇事刑事案件具体应用法律若干问题的解释		
颁布时间：2000-11-15	颁布部门：最高人民法院	已阅：508 次

上表针对交通警察行政执法列举了交通相关法规，显示了丰富的信息。(1) 交警执法所依据的行政法不仅仅是法律《道路交通安全法》，也包括法规《道路交通安全法实施条例》和《机动车交通事故责任强制保险条例》，还包括规章《道路交通安全违法行为处理程序规定》。(2) 交警不仅要依据上述行政法，还要参考最高人民法院等发布的司法解释，即《关于审理道路交通事故损害赔偿案件适用法律若干问题的解释》和《关于审理交通肇

① 此表格数据是 2014 年 2 月 21 日制作上课 PPT 时留下的资料。后用国内各种搜索引擎，皆出处不详。

事刑事案件具体应用法律若干问题的解释》。这是一个值得注意的重要信息，即我们探讨的行政法体系还存在一个外围结构，那就是司法解释。(3)从“已阅”信息次数排序来看，《道路交通安全法实施条例》是民众最为关心的对象，其点击量达107289次；其次是《道路交通安全违法行为处理程序规定》，达23130次；《道路交通安全法》点击量仅2414次，是《道路交通安全法实施条例》点击量的2.2%，是《道路交通安全违法行为处理程序规定》点击量的10.4%，甚至低于司法解释《关于审理道路交通事故损害赔偿案件适用法律若干问题的解释》的点击量（3993次）。这表明，尽管法律具有较高的位阶，但它们基本上不是民众最关注的对象，民众似乎更关注法规、落实法律的细则规定、落实法律细则的程序性规章的内容，以及司法解释。(4)从“已阅”信息较少项来看，民众最不关心的是《机动车交通事故责任强制保险条例》，其次是《关于审理交通肇事刑事案件具体应用法律若干问题的解释》，毕竟开车造成交通肇事刑事案件的数量还是不多，大家都知道刑事处罚后果严重，没有谁愿意被刑法处罚。由此，笔者认为，行政法在实践中的“热”度，并不与其位阶对等，不是位阶高的更受关注，而是与其实用性相关。由此可见，我们构建的行政法体系，展现了从上往下的金字塔状的体系结构，鲜明地体现了法律位阶关系，但要真正理解行政法体系，了解它的功能作用，还需要从实践用途来看，其有用性却呈现倒三角状态，即位阶高的用得少，位阶低的反而用得多。因此，对行政法的研究，其重心不是高高在上的法律，而是位阶较低的、经常被实务界使用却长期被学界忽视的行政法构成部分。

三、行政法的特征

对于行政法的特征，笔者对学界既有成果有不同看法。首先，在研究路径上，笔者主要依据上文构建的行政法体系，通过对行政法体系的分析，获得行政法的特征信息。其次，关于行政法特征的内容，笔者赞同学界通说的内容特征和形式特征，但不认同学界最新的研究成果“性质特征”，因为就性质而言，我国宪法和刑法也属于国内公法，这不独是行政法的特征。最后，笔者认为，之所以存在内容、形式含糊的结果，在于缺乏行政法体系的构建，即在行政法体系中一眼就能看出的就是形式，而需要从行政法体系框架中再细看某个行政法具体文本的就是内容，这进一步说明了研究行政法体系的重要性。有鉴于此，笔者将参阅学界的通说（在形式上继承），并结合行政法体系中的一些情况（在内容上充实），来分析我国行政法的特征。

1. 我国行政法的形式特征。所谓形式，是指事物的外形。行政法的形式是指行政法在行政法体系中展现的外形。特征是微观视角中一个或一组事物特性的抽象结果，表现为宏观视角中一事物异于其他同类事物的特点。描述行政法的形式特征，既需要在整个法律体系的类别上区别宪法、刑法、民法等部门法特点，又需要结合行政法体系来展现自身特性的抽象结果。综合这些因素，行政法的形式特征表现在三个方面。（1）没有统一的“法典”。从行政法体系的构成来看，行政法没有统帅全局的基本法典。相比之下，我国刑法体系有《刑法》为统帅，民法体系虽然还没有《民法》，但目前《民法通则》《民法总则》这两部“亚法典”能够起着暂行统帅的作用。尽管有很多学者建议我国可仿照美国等西方国家制定行政程序作为“亚法典”来统帅行政法，但仍然无助于解决问题。如果说我国民法目前的“亚法典”仅是为了制定统一的《民法》的过渡形式而存在的话，那么未来的行政程序法却永远只是“亚法典”，因为行政法除了《宪法》为其统帅之外，别无其他统帅，但《宪法》本身并不是行政法。因此，行政法现在或将来都没有作为行政法性质的统帅式的“法典”。（2）行政法表现形式多样。从行政法体系构成来看，行政法可以表现为法律、法规、规章、其他行政规范性文件，还包括外围的发挥作用的相关司法解释。相比刑法而言，刑法的表现形式主要是刑法典、单行法律，也包括发挥作用的相关司法解释。不过，刑法不能由行政机关制定，因此没有法规和规章的形式，更没有其他诸如行政规范性文件的形式。行政法在形式上比较接近民法。民法的表现形式除了行政法没有的“亚法典”之外，还包括相关法规、规章、司法解释，以及少量行政法也没有的习惯法，但民法一般没有其他诸如行政规范性文件的形式。（3）行政法数量繁多。从行政法体系来看，行政法的制定主体非常多，而这些行政法的制定主体在制定行政法时也非常活跃。一方面，从理想主义的视角来看，如果把行政法仅仅圈在法律、法规、规章三个层面，这些高位阶的行政法也为数不少。行政法是依法行政的法律依据，在全面依法治国的时代，每个行政机关都要有自己存在和行为的法律依据。从大的行政机关来看，历经多次机构改革，国务院组成部门，除国务院办公厅外，已由 1982 年的 100 个削减到 2013 年的 25 个。目前这 25 个部门需要自己存在和行为的法律依据，因此全国人大及其常委会或者国务院就要制定超过 25 部法律，从数量上来看，显然大于刑法和民法的“法典”、“亚法典”和单行法律。而这些部委一旦成立后，出于落实法律规定的事权和规范执法的需要，它们各自需要制定和发布大量的规章。与国务院部委相似，我国有 34 个省级行政区，这些省级人大和政府可以制定行政法规和规章，此外还有 13 个较大城市可以制定规章，在数量上会更加庞大。另一方面，从实践主义的视角来看，其他行政规范性文件是行政执法真正发挥作用的行政法群体，这里主要考察县乡二级单位发布的位阶较低的其他行政规范性文件。截至 2015 年，我国具有直接发布命令进行行政管理的县级单位为 2850 个，[①] 具有直接发布命令进行行政管理的乡级单位为 39789 个，[②] 它们在各自管辖事权范围内发布行政规范性文件，其数量也非常之大。（4）行政法在各自区域内发挥作用。尽管行政法在数量上规模宏大，但很多行政法文本的前面冠有诸如“某某省（市、区、县、乡）”的字眼，这表明了行政法的区域性。通常，除了全国人大及其常委会制定的行政法律、国务院制定的法规在全国发挥作用外，其他行政法在各自行政区域内发挥作用。行政法的这个特点给行政法的研究带来现实矛盾。面对行政法浩如烟海的规范，无论是时间还是精力都不可能遵循行政法的原貌去研究，只能采取重点和抽样的方式，这就容易忽视对县乡其他行政性规范文件的研究，因此学界应注意这些低位阶的行政法也是行政法研究的重要内容。（5）位阶低的行政法使用频率更高。与其他部门法相比，实践中使用得更频繁的不是高位阶的行政法律，而是县乡二级单位发布的位阶较低的其他行政规范性文件。尽管高位阶的行政法律具有骨骼框架性的作用，但低位阶的其他行政规范性文件更是勃勃生机之依法治国、依法行政过程中真正的血肉和鲜活的生命个体。

2. 我国行政法的内容特征。所谓内容，是指事物的构成材料。行政法的内容是指行政法在行政法体系中各自的构成材料。结合特征的内涵，行政法的内容特征主要是从法律文本的微观视角考察一个或一组行政性规范特性的抽象结果。在此，笔者结合行政法体系及具体法律文本内容，抽象出其中紧密围绕“控权法”为主题的内容特点。（1）紧扣行政管理或服务职能。民法强调平等主体之间的法律权利行为；刑法虽然依托国家公权力（司法权），却注重对犯罪行为人的认定与制裁；行政法则紧扣行政职能，突出行政机关的国家权力行为（即行政权）。[③] 行政法自始至终都是围绕行政权展开的，体现对行政权授予、行使、监控和补救的整个过程。我国的行政法，以行政性法律文本的规定为例，大都在第一条一开始就表述为“为了规范……”该规范的对象通常指向行政机关的行政权。这表明，行政权基于相关组织法，在现实生活中已经存在，依法行政需要规范具体的行政管理或

① 中国统计年鉴 2016. http：//www. stats. gov. cn/tjsj/ndsj/2016/indexch. htm.

② 中国统计年鉴 2016. http：//www. stats. gov. cn/tjsj/ndsj/2016/indexch. htm.

③ 极少数行政法，如《治安管理处罚法》，是仿照刑法的模式的，因此该行政法也被称为“小刑法”。

服务职能。(2) 规范表述带有很强的命令性。一些学者已经注意到行政法的这个特征，但认为该特征是基于“行政主体的优益地位”的。[①] 笔者对此有不同观点。行政法的文本中有很多命令型的言辞表达，如应当、不得、严禁等，其中“应当”一词的使用频率最高。这些命令型的规范，就法律对象而言，管理型的命令主要是针对行政相对人，似乎展现了“行政主体的优益地位”，但是服务型的命令则主要是针对行政机关及其公务员的，似乎展现了“行政相对人的优益地位”。现代行政法不是管理法，而是控权法，因此行政法中的命令式表达不是为了突出处于管理地位的行政主体的优益地位，而是突出“控权”功能。此外，尽管这些法律文本中也小范围地使用“可以”一词，体现一种自由意志和自由裁量性，但总体上并不改变行政法的“命令”属性。(3) 逐级细化上位法的相关规范。从行政法体系来看，行政法层次分明，多而不乱，这与行政法的逐级细化功能有关。中国幅员辽阔，人口众多，形势复杂多样，这就决定了我国行政法从法律、法规层面来说，宜粗不宜细，除了规定一些原则性的东西，必须给地方行政管理的“因地制宜”留有空间。这意味着，我国行政法律法规的“粗”不是立法技术落后，而是行政法立法技术与行政实际之间的妥协，是一种明智的做法。不过，鉴于行政法的“控权”属性，地方行政管理不能借口“因地制宜”而随心所欲，规章及其他行政规范性文件必须符合法律、法规的精神并在其框架内展开，通常就是将上位的法律、法规内容具体细化。(4) 行政法规范的具体内容易变动。有学者注意到行政法的这个特点，认为由于行政法调整的社会关系处于易变动状态，行政活动必须顺应客观形势的变化而变化，行政法调整的社会关系也必然要随之变化，因此行政法的内容易变动，尤其体现在社会动荡和转型时期。[②] 笔者认为，这个判断基本正确。政府机构改革是党和国家机构改革的重要组成部分。我国政府机构已经经历了 1982 年、1988 年、1993 年、1998 年、2003 年、2008 年、2013 年和 2018 年八轮改革。这些改革是我国行政机关出于“精兵简政”的要求，从上至下撤销或合并或新成立一些机构，比如，2018 年国务院部委机构改革后，除国务院办公厅外，国务院设置组成部门 26 个，其中有撤销有合并，如在组建自然

---

① 张正钊，胡锦光．行政法与行政诉讼法学（第六版）［M］．北京：中国人民大学出版社，2015：10.

② 张正钊，胡锦光．行政法与行政诉讼法学（第六版）［M］．北京：中国人民大学出版社，2015：9.

资源部后，就不再保留国土资源部、国家海洋局、国家测绘地理信息局。[①]这次改革，国务院正部级机构减少8个，副部级机构减少7个。这就意味着能够发布规章的主体减少了15个，而先前这15个主体发布的规章就需要废除和重新整合。同时，基层行政机关也存在撤并的情况，因而更大数量的下位行政法也因此需要废除和重新整合。这无疑展现了行政法容易变动的特点，不过这些行政法的变动并非随心所欲，而是以行政法的“控权”思想为指导，在经过讨论和严格审批基础上的改革成果。（5）行政法规范的实体规定和程序规定合一。很多学者已经认识到该特点，只不过对它的归类存在学术上的争议，有的认为这是行政法形式特征的表现，[②]有的认为这是行政法内容特征的表现，[③]笔者赞同后者的观点。造成这种学术争议的根源是评判标准不一致，从单个的法律文本来看，行政法规定实体和程序的相关内容，似乎摇摆在内容与形式之间，或许可理解为形式，但从行政法体系来看，单个法律文件的内容毫无疑问是行政法的内容。这再一次证明，构建行政法体系是行政法学术研究的重要内容，不容忽视。我国行政法文本有自己较为成熟的模式，通常一个行政法内容由“总则、职权、程序、责任”四个基本部分组成，其中“职权”是行政机关主要的实体性权力规定，而“程序”则是落实行政机关实体性权力的步骤要求。通过程序落实实体权力，深刻体现了行政法的控权精神。（6）特别强调行政机关的法律责任。行政法强调行政机关的法律责任，这是行政法作为控权法的重要部分。刑法在其分则部分，几乎每条都是针对犯罪行为人的法律责任，但它的特点是主要针对国家司法机关的相对人，即犯罪行为人，尽管有时司法机关的司法人员也会因自己渎职、贪污等行为而成为犯罪行为人，但国家司法机关本身并不是法律责任的主体。行政法则不同，不仅公务员等执法者是法律责任的承担者，国家行政机关更是法律责任的承担者，通常被要求“责令改正”。与此同时，民法的两个“亚法典”虽然也有其单独的“民事责任”部分，但它的责任形式主要是平等主体之间的侵权或约定处分，[④]虽然也需要国家强

---

① 图表：图解国务院机构改革方案的说明．http：//www. gov. cn/xinwen/2018－03/13/content_5273832. htm.

② 张正钊，胡锦光．行政法与行政诉讼法学（第六版）［M］．北京：中国人民大学出版社，2015：10.

③ 孟昭阳，高文英．行政法与行政诉讼法学［M］．北京：中国人民公安大学出版社，2012：15.

④ 我国《民法总则》第179条规定，承担民事责任的方式主要有：（1）停止侵害；（2）排除妨碍；（3）消除危险；（4）返还财产；（5）恢复原状；（6）修理、重作、更换；（7）继续履行；（8）赔偿损失；（9）支付违约金；（10）消除影响、恢复名誉；（11）赔礼道歉。

制力做保障，但主要还是经济或道义问题。行政法则不同，行政机关虽然主要承担“责令改正”的后果，但对负有直接责任的主管人员和其他直接责任人员要给予行政处分，而构成犯罪的还要追究其刑事责任。在我国，受到刑事处罚的行政执法者不仅会直接丧失既有的单位关系及相关福利保障，而且将被剥夺一些参与公共事业的资格。因此，追究行政执法者的刑事责任，是行政法“控权”的制高点。行政法上的刑事责任包括三大类，即贪污贿赂犯罪（12 个罪名）、渎职罪（34 个罪名）及侵犯公民人身权利和民主权利的犯罪（7 个罪名）。[①] 这其中，“滥用职权”和“玩忽职守”是最困惑行政执法群体的内容，详情将在后文分析。此外，还需要注意的是，“法律责任”通常只是行政法位阶较高的法律、法规文本的内容，低位阶的行政法通常不涉及这块内容，但后者有时会列举一些行政处分的内容，究其原因在于低位阶的行政法无权自己设定法律责任，而管理行政执法者又是行政机关分内的事情。不过，低位阶的行政法不越俎代庖，这恰恰又是行政法“控权”的重要表现。

第四节　行政法的基本原则

一、行政法基本原则的研究现状

行政法的基本原则，是我国行政法学研究的重要内容，然而对于什么是行政法的基本原则，却莫衷一是。有学者指出，当代中国行政法学界就行政法基本原则内容已经提出了三十余种，泛滥现象即可例证。造成这种现象的表层原因有三：一是对原则本身的内涵缺乏正确的理解；二是混淆行政法基本原则和行政管理基本原则；三是将宪法原则、政治原则等同于行政法基本原则。[②] 对此，我们先来回顾一下学界前辈对于行政法基本原则的相关研究成果。为了方便了解我国行政法基本原则研究的发展脉络并进行比较，笔者特编制表格如下：

---

① 2010 年 11 月 18 日最高人民检察院印发《关于加强对职务犯罪案件第一审判决法律监督的若干规定（试行）》，参见 http：//www. law - lib. com/fzdt/newshtml/21/20101119094203. htm。

② 孟昭阳，高文英．行政法与行政诉讼法学［M］．北京：中国人民公安大学出版社，2012：26.

我国学界对行政法基本原则的部分研究成果的归纳①

时间	编著者	出处	内容
1983	王珉灿	行政法概要	共7项。在党的统一领导下实行党政分工和党企分工；广泛吸收人民群众参加国家行政管理；贯彻民主集中制；实行精简；坚持各民族一律平等；按照客观规律办事，实行有效的行政管理；维护社会主义法制的统一和尊严，坚持依法办事
1985	应松年 朱维究	行政法学总论	共3项。贯彻党的方针政策原则、社会主义民主原则、社会主义法制原则
1985	龚祥瑞	比较宪法与行政法	共3项。行政合法性原则、行政合理性原则、行政应急性原则
1989	罗豪才	行政法学	共1类2项。行政法治原则，包括行政合法性原则、行政合理性原则
1994	王连昌	行政法学	共2项。行政合法性原则、行政合理性原则
1998	胡建淼	行政法学	共2项。行政合法性原则、行政合理性原则
1999	孙笑侠	法律对行政的控制	共3项。有限权力原则、正当程序原则、行政效率原则
2000	熊文钊	现代行政法原理	共4项。依法行政原则、以法行政原则、适当行政原则、参与行政原则
2002	张树义	行政法与行政诉讼法学	共3项。责任行政原则、行政合法性原则、行政合理性原则
2004	杨海坤 章志远	中国行政法基本理论研究	共3项。行政法定原则、正当程序原则、行政效率原则
2005	周佑勇	行政法基本原则研究	共3项。行政法定原则、行政均衡原则、行政正当原则

① 该表格的相关数据可参见姜明安．行政法与行政诉讼法［M］．北京：北京大学出版社，高等教育出版社，1999：43－44；孟昭阳，高文英．行政法与行政诉讼法学［M］．北京：中国人民公安大学出版社，2012：26－28；周佑勇．行政法基本原则的反思与重构［J］．中国法学，2003（4）；章志远．行政法学总论［M］．北京：北京大学出版社，2014：82－84.

（续表）

时间	编著者	出处	内容
2007	姜明安	行政法与行政诉讼法	共2类9项。实体性原则，包括依法行政原则、尊重和保障人权原则、越权无效原则、信赖保护原则、比例原则；程序性原则，包括正当法律程序原则、行政公开原则、行政公正原则、行政公平原则
2008	章剑生	现代行政法基本理论	共2类6项。行政权的效率原则，包括行政效力推定原则、行政裁量合理原则、司法审查有限原则；行政权的有限原则，包括行政职权法定原则、行政程序正当原则、司法审查必要原则
2009	应松年	行政法与行政诉讼法	共1类6项。依法行政原则，包括合法行政原则、合理行政原则、程序正当原则、诚实守信原则、高效便民原则、权责统一原则
2010	余凌云	行政法讲义	共3项。依法行政原则、比例原则、合法预期保护原则、正当程序原则
2012	孟昭阳 高文英	行政法与行政诉讼法学	共3项。行政合法性原则（法律优位、法律保留、越权无效）、行政合理性原则（比例原则）、正当程序原则
2014	章志远	行政法学总论	共3类5项。行政法定原则，包括法律优位原则、法律保留原则；行政正当原则，包括合乎比例原则、正当程序原则；行政诚信原则
……	……	……	……

由上表可以看出，我国行政法学研究成果对行政法学基本原则在内容上的表述非常多。不过，有学者认为它们“没有实质性的差异，只是有简洁、笼统和较为详细、全面之分”，① 但行政法治原则（主要是行政合法性原则、行政合理性原则）则构成了行政法学论著的学术通说，并且还大致呈现出“行政管理—实体法律—程序法律”的发展趋势。这表明，我国行政法学界对行政法基本原则的认识已经逐渐深入和日渐成熟。

纵观我国行政法学研究成果，其对行政法基本原则的阐述，笔者认为，

① 孟昭阳，高文英．行政法与行政诉讼法学［M］．北京：中国人民公安大学出版社，2012：28.

可以从如下几个方面来展示和分析：（1）从衡量标准入手框定行政法基本原则。有学者将该标准概括为“二性”，即效力是否贯穿始终的“普遍性”和内容是否具有根本性的“根本性”。[①] 有学者将该标准概括为“三性”，即“法律性”（以区别于政治学和行政管理学等其他学科）、“抽象性”（以区别于具体的行为准则）、“特殊性”（以区别于刑法和民法等其他法学）。[②] 有学者将该标准概括为四个特点，即普遍性、根本性、法律性、概括性。[③] 也有学者将该标准归纳为五个特点，即特殊性、普遍适用性、统帅性、规范性、时代性。[④]（2）从功能或意义着手描述行政法基本原则。有学者指出，首先是由于行政法“没有一部统一的法典”，需要行政法基本原则树立统一的立法精神，以免不同形式的行政法互相矛盾或冲突；其次是补充行政法的遗漏事项；最后是规范和判断行政机关的自由裁量权。[⑤] 有学者指出，行政法基本原则“是行政法的灵魂，是行政法构建运行的基本原理，是行政法实践的基本准则，体现了行政法的基本价值观念”，具体作用乃是统领具体规范和避免规范欠缺与僵化。[⑥] 还有学者表述为立法准则功能、行为准则功能、解释准则功能、补缺功能等。[⑦]（3）从概念定义着手界定行政法基本原则。最为典型的定义是“指导和规范行政法的立法、执法以及指导规制行政行为的实施和行政争议的处理的基础性规范……贯穿于行政法具体规范之中，同时又高于行政法具体规范，体现行政法的基本价值观念”。[⑧] 或者表述为“是为行政法部门所特有的，统率、指导一切行政法律规范的制定与实施的法律原则或准则”。[⑨] 或者表述为“是行政权运行过程的指导思想，它贯穿于法律规范之中，用以规范和指导行政活动的基本准则……是具体的行政法律规范制定、实施的根本准则……是行政法区别于其他法律部门的主要标志”。[⑩]（4）从产生路径着手展示行政法基本原则。有学者认为，由于

---

① 章志远．行政法学总论［M］．北京：北京大学出版社，2014：91.

② 周佑勇．行政法基本原则研究［M］．汉口：武汉大学出版社，2005：123－128.

③ 孟昭阳，高文英．行政法与行政诉讼法学［M］．北京：中国人民公安大学出版社，2012：28.

④ 王学辉．行政法与行政诉讼法学（第二版）［M］．北京：法律出版社，2015：60－61.

⑤ 张树义．行政法与行政诉讼法学［M］．北京：高等教育出版社，2002：17.

⑥ 余凌云．行政法讲义（第二版）［M］．北京：清华大学出版社，2014：69.

⑦ 姜明安．行政法与行政诉讼法［M］．北京：北京大学出版社，高等教育出版社，1999：29－30.

⑧ 姜明安．行政法与行政诉讼法［M］．北京：北京大学出版社，高等教育出版社，1999：38；张树义．行政法与行政诉讼法学［M］．北京：高等教育出版社，2002：17.

⑨ 张正钊，胡锦光．行政法与行政诉讼法学（第六版）［M］．北京：中国人民大学出版社，2015：17.

⑩ 王学辉．行政法与行政诉讼法学（第二版）［M］．北京：法律出版社，2015：59－60.

行政法没有统一的法典却又数量繁多，为了避免它们杂乱无章，就有必要利用人的理性预先创造出某种理论，以统一和协调行政法。① 有学者认为，行政法基本原则是“在行政法调控行政权的长期过程中形成的，由行政法学者高度概括出的调整行政关系的普遍性规范”。② 还有学者认为，行政法基本原则是“依附于学说、判例等基础上发展起来的，因而常与判例法或习惯法呈现相互交错的现象，有些原则也可能会直接规定在法律之中”。③（5）从司法实践着手宣示行政法基本原则。有学者注意到，在我国行政审判实践中，法院在引用行政法基本原则解释行政法律规范漏洞方面已经迈开了坚实的步伐。④ 在1999年公报的“田永诉北京科技大学拒绝颁发毕业证、学位证行政诉讼案”中，法官对正当程序原则的大胆援用开启了以法律原则作为行政审判直接依据的先河。⑤ 在2004年公报的“何文良诉成都市武侯区劳动局工伤认定行政行为案”⑥ 中，对工作期间上厕所中发生的事故，认为“上厕所”是合理的生理需求，与工作密不可分，应结合劳动法保护劳动者合法权益立法宗旨考虑。这种情形在2008年还引申或拓展为“上下班途中也认定工伤”的做法。⑦ 在2005年公报的“益民公司诉河南省周口市政府等行政行为违法案”⑧ 中，法官指出，政府应当遵循诚信原则采取相应的补救措施予以处理。在2008年公报的“杨庆峰诉无锡市劳动和社会保障局工伤认定行政纠纷案”⑨ 中，二审法院还阐述了法律基本原则的内涵，认为它是法律的基本原则或准则，有助于解决普遍规则的例外情形，从而追求法律的公正精神，由此结合《工伤保险条例》第1条的立法宗旨进行阐述，得出判决结果。

二、国外行政法基本原则的借鉴

在此，我们再来回顾一下西方国家学界对于行政法基本原则的相关研究成果。为了方便了解这些国家的行政法基本原则的研究成果并进行比较，笔

---

① 持这种观点的有：张树义的《行政法与行政诉讼法学》第17页；张正钊、胡锦光的《行政法与行政诉讼法学》（第六版）第17页。

② 姜明安．行政法与行政诉讼法［M］．北京：北京大学出版社，高等教育出版社，1999：38.

③ 余凌云．行政法讲义（第二版）［M］．北京：清华大学出版社，2014：69.

④ 章志远．行政法学总论［M］．北京：北京大学出版社，2014：92－95.

⑤ 参见《中华人民共和国最高人民法院公报》1999年第4期。

⑥ 参见《中华人民共和国最高人民法院公报》2004年第9期。

⑦ 参见《人民法院案例选》2008年第3辑第481页。

⑧ 参见《中华人民共和国最高人民法院公报》2005年第8期。

⑨ 参见《中华人民共和国最高人民法院公报》2008年第1期。

者特编制表格如下：

西方国家学界对行政法基本原则的部分研究成果的归纳①

国家	主要特点	主要内容	学界代表人物
法国	行政法治	(1) 行政法治原则、行政均衡原则；(2) 行政行为有法律依据、符合法律规定的行政要求、行政主体保证法律实施	莫里斯·奥利乌、佛德尔
德国	合乎立法目的	(1) 合法性原则（法律至上）、合理性原则（适当原则、必要原则、比例原则）；(2) 依法行政原则（法律优位和法律保留）、基本权利保障原则、信赖保护原则、比例原则等	奥托·麦耶、毛雷尔、弗莱纳
日本	法治行政	法律保留原则、法律优先原则、司法救济原则	美浓布达吉、室井力
英国	动态宪法	以宪法原则为基础，议会主权和法治，越权无效和自然公正	威廉·韦德、福赛
美国	法治	(1) 基本权利原则、正当程序原则；(2) 正当程序原则、行政公开原则；(3) 公正性原则、准确性原则、效率原则、可接受性原则	道格拉斯、盖尔霍恩、博耶
……	……	……	……

由上表可以看出，西方国家学界对行政法基本原则在内容上的表述也非常多，大致呈现出大陆法系和海洋法系两个类型，并且它们不仅具有自身的内在特点，而且对中国行政法学发展的影响也各有特色。

1. 两法系关于行政法基本原则的内在特点鲜明。这可以表现在三个方面：(1) 英国行政法有自己鲜明的特点，那就是传统与变革相结合。英国的传统是“自然公正”信念，经久不息。英国的变革是资产阶级革命，产生了一系列宪法性法律文件，它们塑造了英国行政法的本质特征，那就是行政法的宪法属性。与之相对比，大陆法系国家原本特别强调成文宪法的作

① 该表格的相关数据可参见张正钊、胡锦光的《行政法与行政诉讼法学》第18页；姜明安的《行政法与行政诉讼法》第39－434页；余凌云的《行政法讲义》（第二版）第70页；周佑勇的《行政法基本原则研究》第23－96页。

用，但法国行政法并不特别强调宪法，其原因在于法国大革命时期颁布了多部宪法，革命政权如走马灯，革命宪法也如走马灯，但是行政法院却相对稳定，因此法国行政法是依托行政法院及其判例而不是依托宪法及其文本。英国之所以注重宪法在其行政法体系中的作用，乃是因为“议会至上”法治实践的结果，同时通过强调“越权无效”的内容以平衡国家权力，彰显了行政权合法性基础。（2）美国行政法虽然继承了英国的传统，却基于法治实践有非常大的创新：首先是将英国的“自然公正”信念转化成更具有可操作性的“正当程序原则”；其次是第二次世界大战后开创和突出了“政府信息公开”的内容与地位。美国法治实践的创新促使美国经济社会发展在新世纪取得了更加辉煌的成果。（3）日本是东西方文化交汇点，并整合了西方大陆法系和海洋法系的优点，形成自己的成果。为此，日本行政法既具有德国的哲学理性模式的基本原则（法律保留原则、法律优先原则），也注重法国和英美国家法院等司法行为对行政法的影响。由此可见，西方行政法学研究，就其行政法基本原则的内容而言，不仅内涵丰富，呈现百花齐放之状，而且与其历史密切相关，各具民族特色。

2. 我国借鉴两法系行政法学的成果时存在差异。这重点表现在三个方面：（1）大陆法系以法国和德国为代表，虽然法国是行政法的“母国”，但德国的行政法研究成果似乎对中国学界的影响更大。当代中国行政法学形成的行政法基本原则通识——“行政法治”，似乎就是来自德国的“合法性原则”和“合理性原则”。我国很多学者所关注的“法律优位、保留原则”“比例原则”“信赖保护原则”等，似乎就来源于德国。（2）尽管我国学界似乎借鉴了很多国外尤其是德国行政法学的成果，但我国行政法学界对它的研究却并不深入，具体表现为：一是国内各类行政法的相关论著很少有单独论述国外行政基本原则的内容，通常是在论述编著者自己的“原则”时才拿外国学者的观点加以佐证，而非深入研究外国学者的这些观点；二是研究国外行政法基本原则的专著非常少。（3）忽视行政法的历史发展背景，缺乏对外国行政法基本原则产生路径的研究。法国行政法是基于行政判例的发展而形成的，由此造成的后果是法国行政法基本原则不明显，因此在参阅法国行政法学论著时，很难找到行政法基本原则的单独内容，与我国相关论著的编写体例有所差异。[①] 德国行政法更多是基于哲学思辨的理性构建，即先

① 在莫里斯·奥里乌编著的《行政法与公法精要》一书中，没有行政法基本原则的单独内容。在古斯塔夫·佩泽尔编著的《法国行政法》一书中，我们熟悉的“合法性原则”置放在“行政权力机关的权能”部分。

有理论再有实践，尤其是对第二次世界大战的反思，确定了德国行政法的基本人权核心，因此德国行政法相关论著均有单独的“基本原则”部分。[①] 注重各国行政法产生的路径，有助于解决的疑惑是，我国行政法的构建不是参照法国的判例经验模式，而是德国的思辨理性模式。值得注意的是，当前我国行政法学界在立足大陆法系相关研究的基础上，有向海洋法系靠拢的倾向——先是对美国法兴趣浓厚，而今又似乎更被英国法所吸引。

三、我国行政性法律的基本原则概况

尽管法律科学与其他科学一样，需要理性精神的内涵，因而不可避免地会有很多定性分析的“思辨顿悟”内容，但是法律科学有非常强的实用性，因此结合具体的法律文本规范加以实证研究，对行政法的基本原则进行定量分析，用数据说话，在定量分析中寻找实实在在的规律，乃是非常必要的。在此，笔者拟对《行政处罚法》《行政许可法》《行政强制法》加以考察，为了方便了解这些法律中的行政法基本原则并加以比较，笔者特编制表格如下：

我国行政性法律的基本原则概况

法律名称	行政处罚法	行政许可法	行政强制法
法律类型	管理类	服务类	管理类
原则在法律条文中所处的位置	第1章总则（例外：第1章第24条“一事不再罚”）	第1章总则	第1章总则
法条中有“原则”二字的	第4条行政处罚遵循公正、公开原则	第5条设定和实施行政许可，应当遵循公开、公平、公正的原则； 第6条实施行政许可，应当遵循便民的原则，提高办事效率等	无

① 在毛雷尔编著的《德国行政法总论》一书中，第六章就是“依法行政原则（法律优先和法律保留）”。

（续表）

法条中无“原则”二字但仍是原则的	第2款依法处罚；第4条第2款过罚相当； 第5条结合教育与处罚； 第6条陈述、申辩与维权； 第7条法律责任	第4条依法设定与实施； 第7条陈述、申辩与维权； 第8条诚实守信； 第9条限制转让； 第10条监督与责任	第4条强制法定； 第5条强制适当； 第6条结合教育与强制； 第7条不得牟利； 第8条陈述、申辩与维权

由上表可以看出，我国行政性法律所表述的行政法基本原则，在不同的法律之间，既有个性，也有共性；与学界所归纳出来的基本原则，既保持着联系，也保持着距离。（1）行政法基本原则在行政性法律中所处的位置，主要是第1章的“总则”部分。该部分的一般立法模式是第1条为立法目的与立法渊源；第2条是该法律的相关概念界定；从第3条或第4条开始，规定该行政法的基本原则或者例外情况。（2）作为原则的例外部分，其所处的位置不在法律的总则部分，而是散落在其他章节中。这些原则在立法时并未设定为原则，乃是因为在执法实践中该法条所规范的内容是现实中存在的顽疾，并引起了社会广泛的关注，由此上升为该法的法律原则。比如，《行政处罚法》所列举的“一事不再罚”原则，这原本不是一项原则，但因行政处罚执行中存在该顽疾现象，学者及相关部门由此抽象出该原则，以原则的方式达到口号的效果，着力解决时事重点和难点。（3）具有行政性法律共同原则的内容主要表现为三方面：一是依法行使行政权；二是保障当事人合法权益，如保障陈述、申辩权及复议、诉讼权等；三是强调了法律责任，即法律大多会明示法律责任，但《行政强制法》表现为“不得牟利”，是暗示法律责任。(4）每部行政性法律也有各自独有的特点，如《行政处罚法》强调“过罚相当”、《行政许可法》强调“限制转让”、《行政强制法》强调“强制适当”。(5）行政法从性质上大致可以区分为以管理为主的“管理类行政法”和以服务为主的“服务类行政法”。这两类行政法的原则有所不同。管理类行政法有自己的特殊原则，即“教育与处罚（强制）相结合”；服务类行政法也有自己的特殊原则，即“高效便民、诚实守信”。（6）尽管强调公正和公开是大多数法律的原则，但《行政强制法》似乎并没有这样的规定。(7）尽管法条中没有“原则”字眼，但相关规定仍然被视为是原则，其中《行政处罚法》明示一条原则，《行政许可法》明示两条

原则，《行政强制法》则没有明示的原则。笔者认为，从立法时间来看，这反映了我国的立法经验积累——无须明示“原则”字眼，而在“位置”（总则）上体现原则更为妥当。

四、我国行政法基本原则的构建路径

如何构建我国的行政法基本原则，这既是一个老问题，也是一个新问题。的确，我国学界研究成果中的行政法基本原则说法不一，呈现“公说公有理，婆说婆有理”的现状。要妥善解决该问题，笔者认为，这需要在构建路径上进行深入思考。综观目前行政法学界关于行政法基本原则的研究，有学者指出，主要有三种研究进路：（1）“首先确立行政法的基本理念，然后通过法理分析、价值分析、比较分析、功能分析、历史考察、哲学解释等研究方法，研究确立行政法的基本原则”；（2）“借鉴国外的某个行政法基本原则，要么移植法国行政法的某个原则，要么移植英国行政法的某个原则，要么移植德国行政法的某个原则等”；（3）“研究确定行政法基本原则的确立标准，然后通过考察目前行政法的基本原则，并用涵摄的方法进行甄别”。① 这个学术总结和判断，笔者深为赞同，尤其是二分了行政法基本理念与基本原则，很有指导意义。其他学者也就此强调，切忌混淆行政法基本理念和基本原则。② 这就是说，要想了解我国行政法的基本原则，首先就要厘清其基本理念和基本原则之间的关系。

我国行政法基本理念和基本原则之间的关系，主要表现在六个方面。（1）基本原则与基本理念有区别。基本理念重在“理念”，是做事的思维方式；基本原则重在“原则”，是做事的准则依据。思维方式不宜在法律文书中展现，而准则依据则是法律文书天然的内容。思维方式主要是指依法治国的法治思维，按照“依法治国首先是依宪治国”的要求，宪法规范（精神）是法治思维的重要内容，但在实践中，我国的法律文书中不宜直接引用宪法条文的某个具体规定，宪法更多的是指向一种思维。毋庸置疑，行政法不是孤立的，而是与宪法密切相关的，同时也与国家大政方针密切相关。因此，有学者断定，“将宪法和行政法基本原则机械地割裂开来是错误的”，并且建议“根据宪法的制度要求来确立行政法基本原则”。③ 笔者认为，这是独

---

① 门中敬．行政法基本原则的研究进路与反思——兼谈宪法规范分析方法的运用［J］．求索，2015（2）．

② 章志远．行政法学总论［M］．北京：北京大学出版社，2014：87．

③ 门中敬．行政法基本原则的研究进路与反思——兼谈宪法规范分析方法的运用［J］．求索，2015（2）

到的见解。与之相比较，原则的准则依据是可以直接运用的，如一些法院在特殊情形下直接运用行政法基本原则判案，能够获得良好的社会效果。(2) 基本理念与基本原则关系密切。理念产生原则，理念约束原则；原则是理念的具体表现，原则既不游离理念，也不遗漏理念。理念是民族文化的表现，具有民族性，这意味着原则也具有民族性，各个国家的行政法基本原则既有共性，也有个性，不可能只有一个模子。此外，与理念的民族性相适应，国家在不同的历史时期和历史阶段的历史任务各不相同，理念需要反映的时事重点和难点也不相同，因此行政法基本原则也在不同时期有独特的内容，不可能一成不变。(3) 基本理念指导基本原则。在我国，行政法基本理念最重要的是“三统一”，即党的领导、人民当家做主、依法治国三者的有机统一，由此具体落实为“依宪治国（依据宪法精神）”，“有法可依、有法必依、执法必严、违法必究（依据法律规定）”，“急人民之所急、想人民之所想（依据时事重点）”。换而言之，行政法基本原则就是坚持党的领导，以基本人权为试金石，在行政执法过程中创造一个公正的社会。(4) 基本理念深化基本原则。鉴于一些行政性法律中明确了“应当遵循公开、公平、公正的原则”（如《行政许可法》第5条），长期以来，一些学者将“公平、公正、公开”视为一个原则，笔者认为这值得商榷。“公正”是行政法基本理念，表示“大多数人（能够感受到）的正义（社会）”，是目标；“公平”是实现实体行政法中自由裁量的方法；“公开”也是实现程序行政法中的程序性原则的方法。三者性质不一样，因此不能将三者混为一谈。由此带来的思考是，法律的具体规定与基本原则的提炼，既有联系，也应该有区别。这就是说，行政法基本原则的产生路径，既要体现法律的文本规定，也要紧扣基本理念而有所超越，依据词句内容的性质进行区别。简而言之，法律文本包含的原则可能是好几项差异较大的内容。(5) 基本理念拓展基本原则。行政管理（或服务）及其执法是一个全球普遍现象，各国既有个性，也有共性。西方发达国家的行政法研究是我们的重要参考和借鉴对象，德国的行政法基本原则所包含的内容诸如合法性原则、合理性原则，以及借鉴美国的程序正当原则，这三者构成了我国行政法基本原则的基石。它们不仅是一种原则，还是行政诉讼法的具体要求，由理念化作了具体的规范。[①] 然而国家的文化个性也促进了行政法基本原则的发展，在我国，受到行政法基本理念的深刻影响，高效便民、责权统一等也成为行政法的基本原则整体的不可或缺的组成部分。(6) 基本理念匡正基本原则。研究实践中还有一种普遍的

① 参见《行政诉讼法》的相关内容。

错误倾向，那就是把程序正当原则的内容与程序具体规范的内容等同起来。实际上，程序具体规范的内容很多是“合法性原则”的内容，或者说，程序正当原则是在程序具体规范中与合法性内容相分离且独特体现程序价值的内容。比如，“说明理由”是执法程序中的重要环节，但它只是“合法性原则”的体现，因为“说明理由”是对行政相对人违法行为的证据表示，这些证据客观存在，并不反映行政程序自身独特的价值。“听取意见”则不同，它是对合法性原则的确认或否定，它独立于合法性，具有行政程序的自身独特价值。因此，如果我们将行政程序的内容与程序正当内容一一对应，必然会误导研究。

基于行政法基本理念与基本原则之间既有明显差异又有密切关系的现状，我们在理解行政法基本原则时，首先要区别两者；其次在各自的范围内深入阐述；最后需要比较两者。为了增强该抽象理论的直观感，笔者特制图如下：

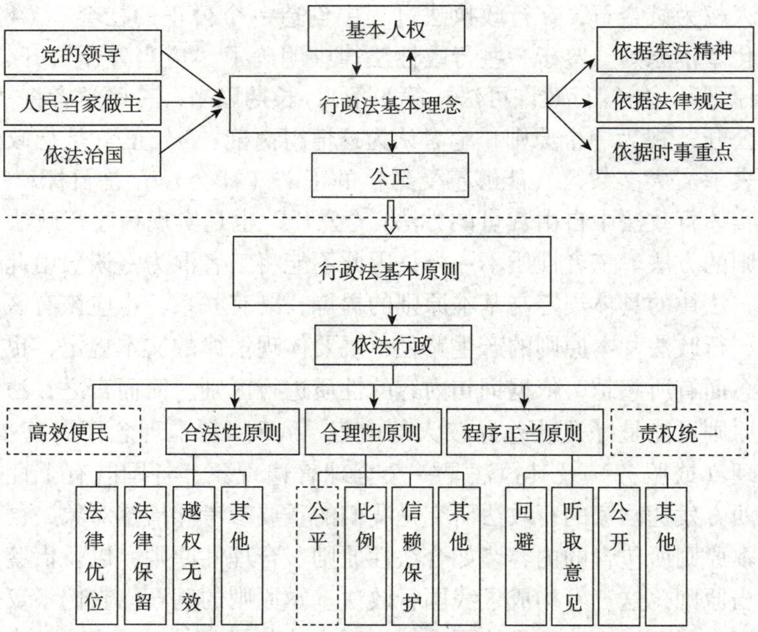

我国行政法的基本理念和基本原则结构图

五、我国行政法基本原则的内容构成

尽管我国学界研究的行政法基本原则色彩纷呈、琳琅满目，但实用性却受到怀疑。确立行政法基本原则，不是为了摆设，装洋气，最终的目的还是为了应用。这个应用，不仅要符合行政法的基本理念，关键还在于有权威文本的确认。由于行政法缺乏一部统一的法典，因此也就没有法定的基本原则，可以任由学者模仿、想象的诠释。能够确认行政法基本原则的权威文本是什么呢？笔者认为，它应该是国务院于2004年通过的《全面推进依法行政实施纲要》（国发〔2004〕10号）（以下简称《实施纲要》）。在《实施纲要》中提出了依法行政的六个要求，即合法行政、合理行政、程序正当、高效便民、诚实守信、权责统一。笔者认为这就是受我国行政法基本理念影响的我国行政法的基本原则。

（1）合法行政原则。按照《实施纲要》的表述，它是指“行政机关实施行政管理，应当依照法律、法规、规章的规定进行；没有法律、法规、规章的规定，行政机关不得作出影响公民、法人和其他组织合法权益或者增加公民、法人和其他组织义务的决定”。对此，我们需要借助学界的诠释，将它分解为法律优位、法律保留和越权无效。其一，法律优位是指在行政法体系中，法律的位阶及效力高于行政法规、规章及其他规范性文件。《实施纲要》提及的“应当依照法律、法规、规章的规定进行”，就包含了“法律优位”的意思，下位法要服从上位法。其二，法律保留一是指事关人身自由等公民基本权利事项的立法，只能由立法机关立法，有权立法的行政机关无权规定这些事项，即行政立法有边界约束；二是指行政机关实施的权力必须有法律的依据或授权，“法无明文规定即禁止”。[①]《实施纲要》提及的“没有法律、法规、规章的规定”的含义中，就包含了“法律优位”的意思，一方面不能侵害公民法内权益，另一方面不可增加公民法外义务。其三，越权无效是指逾越行政权边界的行政行为都是无效的，它是对法律优位和法律保留的强化，一方面下位法越权上位法是无效的，另一方面同位阶法律事权也不可僭越。

（2）合理行政原则。按照《实施纲要》的表述，它是指“行政机关实施行政管理，应当遵循公平、公正的原则。要平等对待行政管理相对人，不偏私、不歧视。行使自由裁量权应当符合法律目的，排除不相关因素的干扰；所采取的措施和手段应当必要、适当；行政机关实施行政管理可以采用多种方式实现行政目的的，应当避免采用损害当事人权益的方式”。对此，我们需要借助学界的诠释，将它分解为公平、比例。其一，“公平”在此与“公正”是近义词（甚至是同义词），不是指目标上的“公众的正义”（社

---

① 对此，有人困惑：“行政机关在法律没有规定的情况下做好人好事，难道不对吗？”假设一个公安派出所出于好心，收留了非常可怜的流浪儿童10名，这是好人好事，但长期供养，谁来具体照顾？各种花销的费用何来？民警如何集中精力做好本职工作？

会理念)，其内涵正如《实施纲要》所言“平等对待”和“不偏私、不歧视”。其二，“比例”即“比例原则”，它被视为行政法的“黄金原则”。该原则主要是针对行政自由裁量权的，来自德国行政法理论与实践，由必要性、妥当性、均衡性三部分组成。行政自由裁量权的大前提是合法，是在合法幅度内的合理裁量。“妥当性”是指实现行政目的过程中，行政行为的措施和手段是适当的。[①]“必要性”即“最小武力原则”，这是指实现行政目的存在多种行政手段时，必须从中选择最温和、侵害最小的手段，如《实施纲要》所言的“应当避免采用损害当事人权益的方式”。“均衡性”主要是指行政执法过程中，损害与目的要均衡，即如果要依法剥夺或侵害当事人的个人权益，应当综合考量这种行政行为是否会超越行政法所保护的公共利益，或者使得公共利益受损。

(3) 程序正当原则。按照《实施纲要》的表述，它是指“行政机关实施行政管理，除涉及国家秘密和依法受到保护的商业秘密、个人隐私的外，应当公开，注意听取公民、法人和其他组织的意见；要严格遵循法定程序，依法保障行政管理相对人、利害关系人的知情权、参与权和救济权。行政机关工作人员履行职责，与行政管理相对人存在利害关系时，应当回避”。对此，我们需要借助学界的诠释，将它分解为公开、听取意见和回避。英国法中的“自然公正”是行政法基本理念，包含两个初级内容：一是自己不做自己的法官，即“回避”；二是要听取他人的意见，即“听取意见”。美国法在此基础上有所推进，认为要达到“自然公正”的目的，最高级的内容就是“公开”。初级内容还是将社会公正寄托在长官身上，而作为高级内容的“公开”，其特性源自事物的本身，展现事物的真相，人人都可以成为推动社会公正的力量，具有重要意义。

(4) 高效便民原则。按照《实施纲要》的表述，它是指“行政机关实施行政管理，应当遵守法定时限，积极履行法定职责，提高办事效率，提供优质服务，方便公民、法人和其他组织”。对此，外国学界似乎没有相关诠释，或许认为这可以是行政原则，但不能是行政法原则。笔者认为，我国将行政管理的基本原则上升为行政法法律原则，是强化“执法为民”的具体要求，是行政法基本理念的切实表现，有助于提升行政执法的管理和服务水平，从而更好地实现行政法的目的。

(5) 诚实守信原则。按照《实施纲要》的表述，它是指“行政机关公布的信息应当全面、准确、真实。非因法定事由并经法定程序，行政机关不

---

① 参见余凌云所著《行政法讲义》(第二版) 第85页列举的五种情形。

得撤销、变更已经生效的行政决定；因国家利益、公共利益或者其他法定事由需要撤回或者变更行政决定的，应当依照法定权限和程序进行，并对行政管理相对人因此而受到的财产损失依法予以补偿”。对此，我们需要借助学界的诠释，将它理解为信赖保护原则。该原则在德国行政法理论中属于“合理性原则”的组成部分，我国则将它独立出来，反映了行政法基本理念的时事重点内容。在我国，对政府的信赖不仅是政府行为合理性的表现，更体现了一种民族文化心理，是对政府的一种认同感。不过，政府作为一种组织，具有客观的权力性，也就具有不以人的主观意志为转移的客观的腐败堕落性，有鉴于此，政府诚信问题不仅仅是行政合理的简单问题，乃是行政法基本理念的重要内容，因而是独立的行政法基本原则。

（6）权责统一原则。按照《实施纲要》的表述，它是指“行政机关依法履行经济、社会和文化事务管理职责，要由法律、法规赋予其相应的执法手段。行政机关违法或者不当行使职权，应当依法承担法律责任，实现权力和责任的统一。依法做到执法有保障、有权必有责、用权受监督、违法受追究、侵权须赔偿”。这主要是针对行政执法的具体环节，其内容既不是西方行政法学研究的内容，也没有引起我国更多学者的注意，但它们却在每一部具体的行政法文本中客观地存在着。在具体的行政法文本中，它们存在于第一章的“总则”部分，表述为“（行政相对人）有权提起行政复议……有权依法提出赔偿要求”。与此同时，它们通常还存在于法律文本的倒数第二章的“法律责任部分”，规定了对行政主体（及其公务员）违纪违法行为的处分和处罚。笔者认为，这项原则的确立，其依据仍然是行政法基本理念，是建设法治政府的重要保障，是警醒行政机关及其工作人员努力做好本职工作的重要提示，也是对执法者的真心关爱。①

① 笔者在给新警讲授《人民警察使用警械和武器条例》时发现，倒着讲课，即先讲法条后面部分的“法律责任”，再讲法条前面的使用警械和武器的具体要求，授课效果比顺着讲要好得多。

第三章　行政主体

第一节　行政主体的构成

当前，我国行政法学界研究该问题的路径主要有三种：一是从行政法律关系着手，引出行政法主体，再从中分离出行政主体及其理论；① 二是从行政组织（法）着手，从法学之必不可少的主体视角来探析行政主体理论；② 三是单刀直入地直达行政主体理论。③ 尽管这些研究各有优点，但其缺陷均是绕过行政主体的历史发展脉络，读者因此难以自我把握行政主体的本质。实际上，该理论的精髓来源于民法，它的出现是古代行政认知与现代行政认知的分水岭。从民法视角内在地理解行政主体问题，体现了法律的“自在性价值”，按照康德的“客体公式”原理，展现的是行政法“主体”特征。有鉴于此，笔者将参阅民法精深的“民事主体”理论，结合行政法自身的特点，探讨对行政主体的相关认知。④

一、行政主体的法人形式

民法将民事（法律）主体区分为自然人主体和法人主体，目的在于厘清责任主体。行政主体是法人主体的一个分类，尽管以法人的形式存在（这是行政主体的内在属性），但是行政主体这个法人并没有自己独立的意思，归根结底，它是拟人的，还是自然人意志的反映，并且它还需要自然人

---

① 姜明安．行政法与行政诉讼法［M］．北京：北京大学出版社，高等教育出版社，1999：84－87；孟昭阳，高文英．行政法与行政诉讼法学［M］．北京：中国人民公安大学出版社，2012：45－48.

② 比如张树义．行政法与行政诉讼法学［M］．北京：高等教育出版社，2002：34－35.

③ 比如王学辉．行政法与行政诉讼法学（第二版）［M］．北京：法律出版社，2015：75；张正钊，胡锦光．行政法与行政诉讼法学（第六版）［M］．北京：中国人民大学出版社，2015：31.

④ 我国学界也有反对引入民事主体理论的观点，并通过民事诉讼和行政诉讼（司法解释）的相关内容做比较。

去执行、落实，因此就表现形式而言，行政主体又可以区分为行政主体的法人形式（内在属性）和行政主体的自然人形式（外在表现）。行政主体理论也是为了落实行政法责任，我国学界通常是大同小异地将其定义为“依法享有国家行政权力，能以自己的名义实施国家行政管理活动，并对由此产生的行为后果独立承担法律责任的组织”。① 由此可以表现为法律“职权”行政主体和法律“授权”行政主体两个基本类型。此外，倘若想深入了解行政主体，还需了解行政委托主体。

1. 法律职权组织。行政法上的法律职权主体是指具备一定条件的国家行政机关。这就是说，作为法律职权主体的行政主体，与国家行政机关既有联系也有区别。(1) 这里所言的“具备一定条件”是指依据相关组织法等设立的、依法行使法律所规定的相关管理/服务职权、能够独立承担法律后果的国家行政机关。(2) 作为法律职权主体的行政主体必然是国家行政机关的一部分，并且数量较大，约占我国行政主体总量的80%以上。(3) 并不是所有的行政机关都是行政主体，行政机关可以分为对外管理/服务和对内管理/服务两类，只有具有对外管理/服务职能的行政机关才是行政主体。(4) 即使是具有对外管理/服务职能的行政机关也只有在行使法律所规定的行政权时才成为真正的行政主体，如它们在购买办公用品时就是民事主体。(5) 行政主体是组织，不包括自然人，在行政机关工作的公务员群体不是行政主体（后文将详述）。(6) 行政主体也不限于“具备一定条件”行政机关，还包括一些法律授权的其他组织（如公司等，后文将详述）。

作为行政主体的行政机关必须由组织法等法律确认，这意味着，除了法律之外，法规、规章及其他行政规范性文件无权设立以行政机关为载体的行政主体。这就是说，此处的法律是指“狭义”的法律，仅指国家立法机关制定的位阶较高的法律。实践中，国务院设立或撤并行政机关，是依据《宪法》和《国务院组织法》；各级地方政府设立或撤并行政机关，主要依据《地方组织法》。在此，还有几个相关概念需要厘清，那就是行政组织、行政机关、行政机构和行政部门。行政部门是一个广义的概念，包括所有国家机关组织（如人大、政府、法院等）和非国家机关组织（如公司、企业、社会团体）中从事管理和服务工作的单位。行政组织一般是指一切行政机关与行政机构的综合体，包括各机关和机构相互间的横向联系和纵向结构。行政机关是指依据宪法或行政组织法的规定而设置的国家行政机关，用以行

① 孟昭阳，高文英．行政法与行政诉讼法学［M］．北京：中国人民公安大学出版社，2012：48.

使国家行政职权。① 行政机构是指国家行政机关内的工作部门，它为行政机关行使行政权服务，对外不能以自己的名义发布决定和命令，其行为的一切法律后果皆归属于其所属行政机关。②

在上述这组概念中，只有行政机关具有法定的行政主体资格，可以成为行政法律关系中的一方特定主体。行政机构虽可作为行政相对方而成为行政法律关系的一方主体，③ 但只有在法律明确授权的情况下，才能成为行政主体，独立行使行政权和独立承担责任。行政部门和行政组织则没有独立成为行政法律关系主体的任何可能性。按照学者的研究，行政机关可以分为四类：（1）中央国家行政机关（如国务院、公安部、海关总署等）和地方国家行政机关（如北京市政府、南京市公安局等）；（2）一般权限机关（如各级政府等）和部门权限机关（如各级政府的组成部门等）；（3）外部管理行政机关（如公安局、工商局等）和内部管理行政机关（如办公厅、档案馆等）；（4）派出机关（如省级行政公署、县级的区公所、区级的街道办等）与派出机构（公安派出所、工商派出所等）。④ 对此，我们需要区分学理概念的行政主体与法律规定中的行政机关之间的关系。总体上说，两者是一致的，即行政机关就是行政主体；其区别主要是第（3）项，法律文本很少会作出如此明确的规定，需要读者自己领会；此外需要注意的是第（4）项，派出机关依据《地方组织法》设立，因而就是行政主体，但派出机构通常不是行政主体，只有在有法律明确规定（授权）的情况下，才能成为行政主体。

2. 法律授权组织。行政法上的法律授权主体是我国行政主体的另一类，指法律、法规、规章授权的非国家机关组织。（1）就性质而言，授权的行政主体本身并不是国家行政机关，但可以是其内部的行政机构，通常是指符合一定条件的非政府的社会组织。（2）作为法律授权的组织，能否成为行

---

① 比如，我国《宪法》第 85 条明确规定，国务院是最高国家行政机关；第 105 条也明确规定，地方各级人民政府是地方各级国家行政机关。另，《行政强制法》第 2 条明确行政强制措施是主体是“行政机关”；《行政处罚法》第 3 条明确由“行政机关”执行处罚；《行政许可法》第 2 条也有此类规定。

② 比如，我国《宪法》第 108 条明确规定，县级以上的地方各级人民政府领导所属各工作部门和下级人民政府的工作。《行政许可法》第 26 条规定，行政许可需要行政机关内设的多个机构办理的，该行政机关应当确定一个机构统一受理行政许可申请，统一送达行政许可决定。

③ 比如，公安派出所民警在巡逻时抓获杀人凶手，存在行政法律关系，但派出所不是刑事案件的责任主体。

④ 该观点主要参阅了张树义的《行政法与行政诉讼法》第 38 - 40 页。另，通过比较，王学辉的表述为（1）和（3），孟昭阳、高文英的表述为（1）和（2），姜明安的表述为（2）和（4）及其他内容。

政主体，关键在于法律、法规或规章的授权。这类行政主体是指依据相关法律、法规或规章的规定而授予的、依法行使法律所授予的相关管理/服务职权、能够独立承担法律后果的非国家机关组织。（3）这里所言的法律是指广义的法律，包括国家立法机关制定的法律，也包括法规和规章。规章以下的其他行政规范性文件不能“授权”成立行政主体，如根据《社会团体登记管理条例》第6条第2款的规定，虽然县级以上地方各级人民政府可以授权一些组织进行行政管理，但是这种授权仍然来自法规，而非县政府的规范性文件。[①]（4）被授权的组织需要具备一定的条件，主要表现为三个方面：其一，该组织与所授权事项无直接利害关系；其二，该组织应有具备资质的工作人员，了解和掌握有关的行政法知识和行政技能；其三，该组织应具备相应的基本设备和条件，能承担执法任务。不具备这些条件的组织一般不能成为授权的行政主体。（5）就法律性质或地位而言，这些被授权的组织需要严格区分两种不同性质行为的三种情况。其一，当它们行使行政法所授予的行政管理职权时，是独立的行政主体，也因此需要独立承担法律责任。其二，当它们的行为是与行政法授权无关的行政管理行为时，不仅越权无效，而且还会作为假行政主体受到刑事等处罚（后文有详述）。其三，当它们的行为仅仅是依据成立的相关法律规定时，就不是行政主体，而是其他行政主体的管理对象，是行政相对人或者是一般的民事主体。

被授权组织的范围非常广泛，根据我国现行法律、法规、规章授权的情况，可大致归纳为六类。（1）行政机构。如前所述，行政机构不是行政主体，只有通过法律明确授权才能成为行政主体。以公安派出所为例，按照行政机关组织法，它通常不是行政主体，其行政执法行为均是以县级公安机关的名义做出，但依据《治安管理处罚法》第91条的规定，它对违法人做出的警告处罚和500元以下的罚款，则是行政主体行为，独立拥有决定权，并要独立承担自己行政执法行为的法律责任。[②] 不过，能够授权成为行政主体的行政机构数量不多，它们通常只是补充或细化行政机关的某些具体职能。（2）社会团体。在我国，传统的社会团体主要是指工会、共青团、妇联等。这些组织曾被视为政府的组成部门，目前其工作人员大多也是参照公务员管理。当前，根据法律、法规及规章的授权，它们在某些方面获得了行政主体

---

① 《社会团体登记管理条例》第6条第2款规定：“国务院有关部门和县级以上地方各级人民政府有关部门、国务院或者县级以上地方各级人民政府授权的组织，是有关行业、学科或者业务范围内社会团体的业务主管单位。”

② 《治安管理处罚法》第91条规定：“治安管理处罚由县级以上人民政府公安机关决定；其中警告、五百元以下的罚款可以由公安派出所决定。”

资格。以《妇女权益保障法》为例，其第 7 条的规定就授予妇联、工会、团组织展开“代表和维护各族各界妇女的利益，做好维护妇女权益的工作”的权力。① 据此，任何阻扰该相关工作的行为就不仅是道德问题，而且是违法的，将受到法律制裁。（3）基层群众自治组织。这是宪法规定的我国公民的基本权利，在实践中主要表现为居民自治组织（居委会）和村民自治组织（村委会）。它们不是国家行政机关序列，是“自我管理、自我教育、自我服务的基层群众性自治组织”，不过，根据《居民委员会组织法》《村民委员会组织法》的授权，它们获得了多种行政职能，如在本辖区内，“办理本居住地区居民的公共事务和公益事业”“调解民间纠纷”“协助维护社会治安”等。② 2000 年全国人大常委会通过的《关于〈中华人民共和国刑法〉第九十三条第二款的解释》规定，村民委员会等村基层组织成员协助人民政府从事 7 项行政管理工作，属于刑法规定的“其他依照法律从事公务的人员”，可构成贪污罪、受贿罪、挪用公款罪的主体。③ 这表明，基层群众自治组织可通过法律的授权获得行政管理权，成为行政主体。（4）事业单位。当前，依据法律、法规授权获得行政主体资格行使特定行政职能的事业组织，数量较大。截至 2011 年，我国共有事业单位 130 万个，从业人员约 3000 万人。无论是机构数还是从业人员数，都是仅次于企业的第二大法人组织。在这些事业单位中，人数最多的是教育、卫生、文化、科研系统。④ 这些单位具有较强的专业性，同时也具有较强的组织性，通过行政法授权方式有助于提升这些领域的行政管理水平。以教育管理为例，《教育法》第 29 条授予学校及其他教育机构相关权利（就学生而言，是权力），包括“对受教育者进行学籍管理，实施奖励或者处分”，“对受教育者颁发相应的学业证书”等。此外，《学位条例》第 8 条规定，国务院授权的高等学校和科学研究机构可以授予相应的学位。⑤ 如果学生对此不满，可以提起

---

① 《妇女权益保障法》第 7 条第 1 款规定：“中华全国妇女联合会和地方各级妇女联合会依照法律和中华全国妇女联合会章程，代表和维护各族各界妇女的利益，做好维护妇女权益的工作。”第 2 款规定：“工会、共产主义青年团，应当在各自的工作范围内，做好维护妇女权益的工作。”

② 参见《居民委员会组织法》第 3 条“居民委员会的任务”，《村民委员会组织法》第 2 条第 2 款。

③ 即从事下列事项的管理：救灾、抢险、防汛、优抚、扶贫、移民、救济款物；社会捐助公益事业款物；国有土地的经营和管理；土地征用补偿费用；代征、代缴税款；有关计划生育、户籍、征兵工作；协助人民政府从事的其他行政管理工作。

④ 我国事业单位改革历史进程. http://news. xinhuanet. com/politics/2011 -11/26/c_ 122337295. htm.

⑤ 《学位条例》第 8 条规定：“学士学位，由国务院授权的高等学校授予；硕士学位、博士学位，由国务院授权的高等学校和科学研究机构授予。”

行政诉讼。[①]（5）企业组织。通常而言，作为追逐利润的企业不能成为行政主体，但鉴于我国"政企分开"的历史和现状，目前一些国有大公司和国有行业性企业，通过行政法的授权，还少量地承担着行政管理的职能，成为行政主体。以国家电力管理为例，《电力法》第32条第2款规定，供电企业有权制止"危害供电、用电安全和扰乱供电、用电秩序"的行为。[②]《电力设施保护条例实施细则》第4条授权电力企业行政管理职权，即"对危害电力设施安全的行为，电力企业有权制止并可以劝其改正、责其恢复原状、强行排除妨害，责令赔偿损失、请求有关行政主管部门和司法机关处理，以及采取法律、法规或政府授权的其他必要手段"。（6）行业协会。尽管行业协会是社会团体的一支，但与传统的社会团体有所区别，由法律明确授权行业协会对该行业队伍进行管理。以律师协会为例，《律师法》第五章规定它是"律师的自律性组织"，可以"制定行业规范和惩戒规则"，也可以"对律师的执业活动进行考核"，"对律师、律师事务所实施奖励和惩戒"等。[③] 此外，中国足球协会依据《体育法》获得了管理足球有关事项的行政权力，成为行政主体。[④] 笔者认为，顺应经济社会的发展，行业协会是未来中国授权行政主体的主要载体，而当前需要加强行业协会自身的自律建设，以便更好地迎接未来的新任务。

3. 行政委托组织。在我国，行政主体只有上述两种类型，行政委托组织不是行政主体。行政委托是指行政主体在其法定职责范围内，出于行政管理的需要，依法将其行政管理或服务事权委托给其他无此权的组织。（1）行政委托组织是基于行政主体（职权主体或授权主体）行政委托的法律事实，以该行政主体的名义行使行政职权，但自己不承担执法的法律责任，而由该行政主体承担。（2）行政委托的事项有三种类型：其一，需要法律明确规定的行政委托事项，如税收、行政处罚、行政许可等事项，需要法律的明确规定；其二，法律没有明确禁止，且符合法律精神和行政管理实际情况的事项，可以经过法规或规章的统一规定予以委托，或者制定其他行政规范性文

---

① 坚德慧．由大学生状告学校案引发的法律思考［J］．科技信息，2010（30）．

②《电力法》第32条第1款规定："用户用电不得危害供电、用电安全和扰乱供电、用电秩序"；第2款规定："对危害供电、用电安全和扰乱供电、用电秩序的，供电企业有权制止。"

③《律师法》第43条规定，律师协会是社会团体法人，是律师的自律性组织。第46条规定："律师协会应当履行下列职责：……（三）制定行业规范和惩戒规则；（四）……对律师的执业活动进行考核……（六）对律师、律师事务所实施奖励和惩戒……"

④《体育法》第40条规定："全国性的单项体育协会管理该项运动的普及与提高工作，代表中国参加相应的国际单项体育组织。"

件进行委托，如卫生检查、治安巡逻等；其三，绝对禁止委托的事项，如针对人身自由处罚的权力，只能由公安机关（或国家安全机关）行使，不能委托。（3）行政委托组织包括三种类型，即行政组织、社会组织和个人。有些委托事项对委托组织有特别的条件限制，如《行政处罚法》第19条规定，行政处罚的受委托组织必须符合三个条件：其一，依法成立的管理公共事务的事业组织；其二，具有熟悉有关法律、法规、规章和业务的工作人员；其三，对违法行为需要进行技术检查或者技术鉴定的，应当有条件组织进行相应的技术检查或者技术鉴定。个人是特殊情况下的委托对象，如原铁道部曾规定，列车员可对在列车上随地吐痰、乱扔脏物的旅客予以批评教育和罚款。[①]（4）行政委托组织只能在委托行政主体的委托权限（需要书面载明）内执法，超越委托权限的执法无效，由此带来的法律责任由该委托组织自己承担。若在委托权限内执法，法律责任均由委托行政主体承担，但行政委托组织有主观过错的，需要承担连带责任。

二、行政主体的自然人形式

1. 公务员。我国《公务员法》第2条规定："本法所称公务员，是指依法履行公职、纳入国家行政编制、由国家财政负担工资福利的工作人员。"公务员是自然人，不是行政主体，但因"依法履行公职"而作为行政主体的行政机关之执法行为的具体承担人员。由于作为行政主体的行政机关具有典型性，以及当前在我国这种行政主体的数量还较大，并且在民众看来，公务员群体的工作代表了行政机关的意思（处理结果），因此公务员常常被民众视同行政主体，或者说，公务员成为实践中行政主体的代表。实际上，公务员与行政机关有三种关系：其一是公务员与依据组织法设立的作为职权行政主体的关系；其二是公务员与依据法律、法规、规章对行政机构授权而成为授权行政主体的关系；其三是公务员与依据组织法处理但不具有行政主体资格行政机构之间的关系。在此，结合行政主体理论，我们主要探讨前两种关系。公务员与职权行政主体的行政机关、授权行政主体的行政机构之间是公职关系，具体表现在四个方面：（1）公职关系的性质。在对外行政管理过程中，公务员与作为行政主体的行政机关之间是职权委托关系，公务员代

① 《关于禁止在旅客列车上随地吐痰、乱扔脏物和在不吸烟车厢内吸烟的规定》第3条第2款规定："各次列车的列车员同时是卫生监督员。卫生监督员要认真执法，对违反本规定者予以批评教育和罚款。"相关分析可参阅王学辉．行政法与行政诉讼法学（第二版）［M］．北京：法律出版社，2015：93.

表行政机关的意思、以行政机关的名义进行行政执法，其行为结果归行政机关。除非公务员本身有故意的过错，否则不承担连带责任。当然，若是公务员纯粹的个人原因导致的危害后果，行政机关也不承担责任。与此同时，公务员与行政机关还存在特殊的关系，即内部录用、教育、保障和管理等关系，这通常是基于我国《公务员法》的有关规定进行。与前一种关系的纠纷可以通过行政复议和行政诉讼等方式加以解决相比，这种内部关系的纠纷通常只能通过申诉等方式来解决。（2）公职关系的产生。西方国家因政党轮流执政，公务员通常分为政务类和业务类两种，前者因当选政党而获得，在行政机关中具有决策权（领导层）；后者与选举无关，主要负责行政决策的业务执行。在我国，依据《公务员法》及有关规定，我国公务员非领导职务主任科员以下，采用考录的方式；录用特殊职位的公务员，允许采用其他测评办法。[①] 但何谓"特殊职位的公务员"，"其他测评办法"是什么，该法并没有明确规定。除了考录方式，按照该法关于"交流"等的规定，一定级别公务员的产生还可以是"调任"和"选任"。[②] 自然人通过法定程序成为公务员之后，与行政机关就产生了"特别关系"，其中供职于具有对外管理职能和行政主体资格的行政机关的公务员因此就可以代表该行政主体开展执法活动。（3）公职关系的内容。依据《公务员法》的概念界定，公务员与行政机关有两种关系。一是"特别关系"，即"纳入国家行政编制"（特别身份关系）和"依法履行公职"（职权委托关系）。公务员是一种特别身份关系，通常需要通过严格的公开选拔、选调等方式择优录用，得到国家"编制"[③] 等制度的保障，并接受行政机关的组织管理。以此为前提，公务员与作为行政主体的行政机关形成法定的职权委托关系，公务员在依法执法的过程中，对外虽不承担法律责任，但却受到行政机关内部的严格管理。《公务员法》规定了考核、奖励、惩戒和晋升等具体内容，其中常见的考核类型分为不称职、基本称职、称职、优秀四个等次；常见的惩戒分为警告、记过、记大过、降级、撤职、开除等类型及等次。[④] 该法还特别强调了公务

---

① 《公务员法》第21条规定："录用担任主任科员以下及其他相当职务层次的非领导职务公务员，采取公开考试、严格考察、平等竞争、择优录取的办法。"第31条规定："录用特殊职位的公务员，经省级以上公务员主管部门批准，可以简化程序或者采用其他测评办法。"

② 《公务员法》第45条第2款规定："厅局级正职以下领导职务或者副调研员以上及其他相当职务层次的非领导职务出现空缺，可以面向社会公开选拔，产生任职人选。"第63条规定："国家实行公务员交流制度。公务员可以在公务员队伍内部交流，也可以与国有企业事业单位、人民团体和群众团体中从事公务的人员交流。交流的方式包括调任、转任和挂职锻炼。"

③ 编制是我国对国家机关工作人员进行身份管理的一种制度。

④ 参见《公务员法》第36、56条。

员的职权关系中的执法义务，如“按照规定的权限和程序认真履行职责，努力提高工作效率”，“忠于职守，勤勉尽责，服从和执行上级依法作出的决定和命令”等。[①] 二是普通关系，即“由国家财政负担工资福利”。这表现为公务员的权利，即“获得工资报酬，享受福利、保险待遇”等。[②]（4）公职关系的消灭。按照《公务员法》的规定，公职关系消灭的法定情况有辞职、辞退、退休、调出公务员队伍等情形。但实际上还存在调离岗位或者交流到其他公务员队伍中去，此时原有的公职关系也就消灭了。随着公职关系的消灭，行政主体的职权委托关系也随之消灭。此时尽管行政主体还存在，但人已经换成新的公务员了，这就是我们常言所说的“铁打的营盘流水的兵”。

2. 行政法的其他执法者。在我国，除了按照组织法设立的作为行政主体的行政机关，还有一些基于法律授权的行政主体。由于法律授权的行政主体是构成多元化的组织（在此不复述上文提及的法律授权的行政机构），在这些行政主体中代表其执法的人员，即行政法的其他执法者，也具有多重身份。其一，他们与公务员一样，也具有普通公民身份，可以以自己的名义从事正常的民事活动，自己承担因此带来的民事责任。其二，他们作为组织（单位）的一员，按照其所在单位的要求招聘录用，从事其单位设置岗位的工作，接受其单位的人事组织管理，并有权获得其单位的工资福利等待遇。其三，他们作为组织（单位）的一员，在行政法授权该单位为行政主体之后，按照单位的岗位设置和工作要求，从事授权范围内的行政执法活动。鉴于授权的行政主体，除了行政机构，还包括社会团体、基层群众自治组织、事业单位、企业组织、行业协会等，它们的人员招聘大致呈现四种模式，即参照公务员公开招录（如县级以上各级工会的社会团体）、事业单位公开招聘（如高等院校等事业单位）、民主选举产生（基层自治组织、行业协会）、其他招聘方式（企业）等。这些授权行政主体的行政执法者与该行政主体之间是职权委托关系，他们以授权行政主体的名义行使行政管理/服务职权，除非自己有主观过错，其执法的法律后果皆由授权行政主体承担。但是，如果他们在履职过程中具有主观过错并造成了法定的后果，他们将以国家机关工作人员的身份承担较为严格的法律责任。[③] 与此同时，尽管他们从事了国家行政执法活动，国家并不因此单独支付费用，他们的工资收入及其他福

① 参见《公务员法》第12条。

② 参见《公务员法》第13条。

③ 比如村委会的人员不是国家机关工作人员，但在国家救灾过程中私藏救济物资与钱款，应按照“其他依照法律从事公务的人员”的规定，以贪污罪、挪用公款罪等予以处罚。参见2000年全国人民代表大会常务委员会《关于〈中华人民共和国刑法〉第九十三条第二款的解释》。

利，由所在单位按照相关规定解决。

三、行政主体的法律保护

行政主体理论贯彻和落实了“有权必有责，用权受监督”的指导思想，较好地反映了行政法“控权”的基本属性，正因为如此，在实践中难以寻找到可以替代行政主体的其他名词。行政主体与行政权交织在一起，基于权力之强制力（为后盾）的属性，行政主体长期以来是以“强者”姿态存在的，我们对它的关注更多地聚焦在“控权”视角。不过，行政主体也需要法律保护，尽管这个问题还没有引起过多注意，但在法律实践中已经崭露头角。（1）就侵害主体而言，对行政主体的不法侵害通常要求是适格（有行为能力）的自然人、组织或法人实施的；（2）就侵害的主观方面而言，对行政主体的不法侵害应当是故意的；（3）就侵害客体而言，对行政主体的不法侵害归根结底是对国家行政权的侵害，具体表现为对作为法人和自然人形式的行政主体的侵害；（4）就侵害的客观方面而言，对行政主体的不法侵害通常不要求有危害结果发生，只要有行为，就要承担法律责任，所要承担的法律责任主要是行政法责任和刑法责任等。

1. 对行政主体之法人形式的侵害与法律保护。这主要有三种形式。（1）冒充行政主体行使行政职权。比如，《刑法》第 280 条规定了“伪造、变造、买卖国家机关公文、证件、印章罪；盗窃、抢夺、毁灭国家机关公文、证件、印章罪；伪造公司、企业事业单位、人民团体印章罪”。《治安管理处罚法》第 52 条对此也有处罚规定。为此，法律不仅对法律职权行政主体的相关权益有特别的保护，也为法律授权行政主体的权益保护提供了法律依据。（2）以非法暴力的方式危害行政主体。比如，《刑法》第 290 条规定了“聚众扰乱社会秩序罪，聚众冲击国家机关罪，扰乱国家机关工作秩序罪，组织、资助非法聚集罪”。《治安管理处罚法》第 23 条对此也有处罚规定。需要注意的是，其中对法律职权行政主体的保护与法律授权行政主体的保护在罪名表述上有所差异。（3）以造谣、诽谤等方式诋毁行政主体。比如，《刑法》第 105 条规定的“颠覆国家政权罪、煽动颠覆国家政权罪”就特别指出了“以造谣、诽谤或者其他方式煽动颠覆国家政权、推翻社会主义制度”的行为表现。《刑法》第 246 条规定的“侮辱罪、诽谤罪”，对“严重危害社会秩序和国家利益的”有特别规定。按照 2013 年发布的《最高人民法院、最高人民检察院关于办理利用信息网络实施诽谤等刑事案件适用法律若干问题的解释》第 3 条的规定，“利用信息网络诽谤他人”，“损害国家形象的”，或者“造成恶劣国际影响的”，要受到刑法制裁。

不过，对法律授权的行政主体来说，可能还存在民法上的侵犯名誉权的问题。

值得注意的是，上述违法或犯罪，其侵害的客体是国家行政权，因此如果行为人不是以此为目的而实施了上述行为，除非法律有特别的规定（如盗窃印章），一般不宜按上述违法行为或罪名处罚，如民众合法上访，聚众表达冤情等。

2. 对行政主体之自然人形式的侵害与法律保护。这主要有两种形式。（1）冒充行政主体的执法人员行使行政职权。《刑法》第 279 条规定了“招摇撞骗罪”，禁止“冒充国家机关工作人员招摇撞骗”，其中对“冒充人民警察招摇撞骗”的，法律还规定要“从重处罚”。《治安管理处罚法》第 51 条对此也有处罚规定。不过，对冒充法律授权主体的执法人员该如何处罚，《刑法》没有明确规定。（2）以非法暴力的方式危害行政主体执法人员的身心健康。《刑法》第 277 条规定了“妨害公务罪”，禁止“以暴力、威胁方法阻碍国家机关工作人员依法执行职务”，同时特别指出对故意阻碍国家安全机关、公安机关依法执行国家安全工作任务，即使未使用暴力、威胁方法，但造成严重后果的，也可按此罪处罚。在此，对于妨碍法律授权主体的执法人员执法的该如何处罚，《刑法》目前并没有明确规定。不过，《治安管理处罚法》第 50 条对“阻碍依法执行职务”也有具体的处罚规定，较好地衔接了行政法与刑法。

第二节　行政主体的职权

一、行政职权研究现状概述

行政职权是国家行政权的直接表现，是基于法律、法规或规章的明文规定或授权而具体产生的行政管理或服务的权力与义务，是抽象的国家行政权的具体表现形式。与此同时，行政职权既是行政主体的内容载体，也是行政主体的行为依据，是深入研究行政主体问题的核心所在。不过，在我国行政法学界，行政职权并不是一个主流的研究对象。这种研究现状并不是说这个内容不重要，诚如有学者所言：“行政职权是行政法的核心内容之一，离开了行政职权，行政法将无从谈起。”[①] 忽视和忽略它的原因有五个。（1）漠

① 张正钊，胡锦光．行政法与行政诉讼法学（第六版）［M］．北京：中国人民大学出版社，2015：57.

视行政法与宪法的关系。行政法被称为“小宪法”“行动中的宪法”，但研究实践中行政法与宪法的关系越来越疏远。在一些行政法学论著中，已经不再特别强调行政法与宪法的关系了。（2）混淆行政职权与行政权。这原本是一个很明晰的具体和抽象的关系，但在实践中由于它们大量附着在国家行政机关身上，以至于容易忽略它们的差别。[①]（3）主观上为避免重复却弄巧成拙。有人认为行政职权与行政主体和行政行为的一些内容重复，常常散见在这两部分，尤其是编织在行政行为理论中。（4）对行政法基本理论的认识存在偏差。忽视行政法作为“控权法”的基本属性，因而无意从“权属”方面重点研究行政法。（5）实践中我国行政法学研究的创新性不足，对行政法学问题缺乏拓展性探讨。不过，随着我国改革开放的深入推进，发端于我国行政管理体制改革的“政府权力清单制度”，为行政法的深入发展提供了最强劲的动力，它不仅昭示着行政法的宪法属性，而且回归了行政法的“控权”本质。

二、行政改革与政府权力清单制度

2015 年 3 月，中共中央办公厅、国务院办公厅印发了《关于推行地方各级政府工作部门权力清单制度的指导意见》（中办发〔2015〕21 号，以下简称《指导意见》），要求各地区各部门结合实际认真贯彻执行。[②]《指导意见》指出，其工作目标在于“通过建立权力清单和相应责任清单制度，进一步明确地方各级政府工作部门职责权限”，其主要任务是“全面梳理现有行政职权”，“大力清理调整行政职权”，“依法律法规审核确认”，“优化权力运行流程”，“公布权力清单”，“建立健全权力清单动态管理机制”，“积极推进责任清单工作”，“强化权力监督和问责”。学界对此展开了深入而广泛的阐述，其中有学者对此还阐述了它的行政法价值和意义，笔者将此综述为五个方面：（1）权力清单是行政权的文本形式，使行政权概念变得明确。相比较立法权、司法权，行政权似乎是明确的，但行政权具体是什么，却又是模糊的。权力清单则力图通过文本列举的方式，使行政权的具体内容明确化。（2）权力清单虽是发端于行政管理的非法律用语，却成为适用于行政法实践的法律用语；虽然它的出发点是内部文本，但目标上却成为运用于执法依据的外部文本。（3）广义上的权力清单应当包括所有公权力

---

① 王重高，贾金香．行政法总论［M］．北京：中国政法大学出版社，1992：67－116.

② 参见中共中央办公厅、国务院办公厅印发《关于推行地方各级政府工作部门权力清单制度的指导意见》。

主体所行使的权力，狭义上的权力清单是对行政主体的行政权作出的专门规范，强调在行政系统内部，（暂时）不包括国家机关之外的社会团体或者其他组织的权力清单。（4）权力清单理论的一个重大贡献就是“使行政主体与职权相对应”。行政职权使得行政主体从抽象概念走向具体的“影响”关系，而行政主体也只有通过行政职权与行政相对人联系起来，才具有行政主体的属性，“抽象理解行政主体的概念是没有多大价值的”。（5）权力清单理论的目标在于落实行政法的“控权”功能。在传统行政法治理论中，行政法的“控权”是针对行政系统的，这就决定了控权对象的模糊性，进而难以操作，通过明晰行政职权，“权力清单将每一个控权主体作了具体化的处理”，由此实现了“控权对象明确化”。①

三、行政职权的法律分类

在王权时代，“溥天之下，莫非王土；率土之滨，莫非王臣”（《诗经·小雅》）。行政权杂糅在王权中，行政职权因而也是模糊的。近代中国虽结束了王权，建立了宪法模式下的民主政权，但行政法学在研究行政职权时，多以惯性思维观察行政权，即参考从王权传统中流传下来的行政职权来解读宪法时代的行政权，实际上是颠倒了本末。只有当代中国基于国家治理过程中因“简政放权”而设计的“权力清单制度”出现后，行政法学才在理论上开创了行政法研究新路径，使得行政权、行政职权及行政主体的轮廓逐渐清晰起来。

行政职权使得抽象的行政权变得具体，从法律源头上来说，依据我国《宪法》，区别于立法权和司法权的行政权主要体现在《宪法》对国务院及地方政府相关行政职权的具体规定中。《宪法》第89条规定了国务院行使的职权，描述了国务院的18类（领域）行政职权，而每个种类又可以区分为多个具体的内容。《宪法》第107条规定了县级以上地方各级人民政府所管理的本行政区域内的行政工作，具体描述了10余个行政领域，每个行政领域又可包含多个具体的行政职权。为了使行政职权形象化，这些行政职权可以做多个方面的分类。（1）从行政职权的横向分配来看，它以行政“领导和管理”为对象，可具体分列为“一般对象”，即以经济工作和城乡建设、教育、科学、文化、卫生、体育、计划生育、民政、公安、司法行政和监察、国防建设事业等工作；“特殊对象”，即以中央国家行政机关特有的“领导和管理”为对象，包括对外事务、民族事务等。（2）从行政职权的纵

① 关保英．权力清单的行政法价值研究［J］．江汉论坛，2015（1）．

向分配来看，包括行政立法与监督权，即规定行政措施，制定行政法规，发布决定和命令，改变或者撤销地方各级国家行政机关的不适当的决定和命令；提出议案权，向人民代表大会或者全国人民代表大会常务委员会提出；编制和执行权，国民经济和社会发展计划及国家预算，具体职权划分权（中央和省、自治区、直辖市的国家行政机关）、批准建置和区域划分权、决定紧急状态权（省、自治区、直辖市的范围内部分地区）、行政人员人事权等。

针对上述法定行政职权的分类，学界进行了梳理。有学者还就行政职权内容的学术分类具体列举了 16 种表现，即制定行政规范权、行政调查权、行政检查权、行政决定权、行政许可权、行政确认权、行政奖励权、行政处罚权、行政强制权、行政委托权、行政合同权、行政经营权（国有资产）、行政物质帮助权、行政裁决权、行政复议权、行政申诉处理权。① 这些权力在行政执法实践中均可转化为具体的行政行为，后文将详细探讨，此不赘述。这些职权“是定位到具体的组织机构和职位上的行政权力，是通过立法将行政权力与一定的行政主体、行政事务联系起来加以规范的结果”，由此具有八个特点，即法定性、公益性、专属性、国家意志性、单方性、强制性、不可处分性、优益性。② 通过这些学术梳理，行政职权作为行政权的具体表现就更加形象了，从而有助于加深对行政主体、行政行为等现象的深入理解，因而成为行政法学的重要内容。

四、行政执法的裁量基准

学界在探讨行政职权问题时，绕不过行政职权的设定与授予，但长期以来这个内容与行政主体理论有着较多重复的情况，以至于不少学者被迫放弃对行政职权这一知识点的论述。随着“权力清单制度”落实的不断深入，行政执法的裁量基准制度在整个行政机关全面推行，成为“全面深化改革”新时期依法行政的最大亮点，也为行政职权理论提供了前所未有的发展契机。裁量基准是行政裁量权基准的俗称，是指行政机关依职权对法定裁量权予以具体化的控制规则。实际上，它并不是一个新名词，而是长期以来针对行政权中的自由裁量部分所作的约束性要求。行政通常可以划分为羁束行政和裁量行政两类。羁束行政要求按章明确行事，没有自由发挥的空间，但鉴于现实生活的丰富多彩，要达到更好的行政效果，便对裁量行政有了更多的需求，因此从立法和执法角度均存在大量的裁量行政，而行政自由裁量权是

① 胡建淼．行政法学（第 2 版）［M］．北京：法律出版社，2003：74－75.

② 胡建淼．行政法学（第 2 版）［M］．北京：法律出版社，2003：72－73.

裁量行政的具体表现，是行政权的一个重要内容。① 不过，犹如一个硬币的两面，行政自由裁量权在实践中会导致“同案不同罚”的现象。2005 年，国务院办公厅发布了《关于推行行政执法责任制的若干意见》（国办发〔2005〕37 号）的通知，要求各级政府及其行政机关梳理执法依据、分解执法职权、确定执法责任。以此为出发点，各级政府及其行政机关开始逐步梳理执法依据，由此形成了行政执法的裁量基准制度，并促进了“政府权力清单”理论与实践的形成。不过，“政府权力清单”认识一旦形成并为民众所接受，它就颠覆了以往行政法学的一些惯性认识，回归了宪法模式下的“依法行政”原点。在“政府权力清单”时代，裁量基准就不局限于裁量行政，也列举了羁束行政，它实际上成为行政机关行政执法合法权力的公示榜，彰显和宣示着行政执法的合法性来源。

我国行政执法的裁量基准制度在行政执法实践中推动了行政法学基本理论的新发展。(1) 深化了对行政法作为控权法的本质认识。裁量基准制度以行政职权的具体表现形式，深化了人们对行政权的认识，切实强化了行政法的“控权”功能，有助于行政公平的实现。面对公示的裁量基准，行政执法者和行政相对方的权力（权利）和义务都是相对明确的，恣意行政和权力寻租的空间都因此非常小，有助于保护当事人，进而有助于实现行政目的。(2) 将抽象的行政主体理论具体化。裁量基准制度明示了行政机关的执法依据，这就形象地描述了行政主体理论中的职权行政主体和授权行政主体。实际上，在裁量基准制度之前，这两类行政主体不仅是抽象含糊的，而且给人造成了错觉，以为前者是数量上的主体，实际却相反，很多行政机关的执法权并不是基于它们的组织法，而是基于法律、法规、规章的授权。(3) 照射出一些行政立法的不足。执法实践中，裁量基准制度不仅需要明示执法的法律依据，还需要考虑法律的实效，由此就可反映出法律的立法质量，为进一步完善立法提供了明鉴。当前，在城市迅速发展的时代，城市各类问题该由谁来管理，这可不是一件容易的事情。以城市噪声管理为例，产生噪声的原因很多，由此归口不同的行政机关管理，包括环保部门、城市管理综合执法部门、公安部门等。② 裁量基准制度对这些复杂的行政执法进行

---

① 行政裁量是指行政机关根据法律规范设定的范围、限度、标准或者原则，按照其自身的理解，针对一定的事项作出处理的方式。

② 比如，《北京市环境噪声污染防治办法》第 40 条规定，城市管理综合执法部门管理夜间施工噪声；第 42 条规定，环保部门管理加工、维修、餐饮、娱乐、健身、超市等生产经营活动产生的噪声；第 43 条规定，公安部门管理街道、广场、公园等公共场所组织娱乐、集会等活动所使用音响器材噪声等。

了梳理，这有助于今后对问题进行细致解决。不过，法律不是万能的，尽管裁量基准细化了执法依据，但执法的综合因素还需考虑。比如，对于浪费水资源的行政处罚，针对居民生活用水需要慎重行事。[①] 这类处罚权并不是在裁量基准栏中公示即可，还需在行政立法源头把好关，妥善处理公民消费权与水资源管理权之间的内在矛盾，综合运用民事、行政手段，既要维护社会弱势个体的合法权益，也要加大打击财大气粗者铺张浪费的嚣张气焰。

五、规范行政职权的其他制度

1. 政务公开负面清单制度。这是我国行政机关政务公开工作的具体制度落实。2016年中共中央办公厅、国务院办公厅印发的《关于全面推进政务公开工作的意见》指出，公开透明是法治政府的基本特征。同时，要求要“推进权力清单、责任清单、负面清单公开”，“推进行政决策公开、执行公开、管理公开、服务公开和结果公开，推动简政放权、放管结合、优化服务改革，激发市场活力和社会创造力，打造法治政府、创新政府、廉洁政府和服务型政府”。[②] “负面清单”一词来源于国际通行的外商投资管理办法，即在投资领域明确禁止外资进入的领域外，其余所有领域都对外资开放。就行政法而言，“政务公开负面清单制度”依据政府信息公开的相关规定，明确了政府无须公开事项的内容，由于它与行政执法公示制度相辅相成，这就从反面进一步明确了行政职权的范围。一般来说，行政管理需要明确自己的管理或服务对象，行政立法因此通常会在相关法条中有所明示，并以正、反两种方式加以表达。[③] 与此同时，法条中的一些“但书”通常也是具体落实“负面清单制度”的前提和基础。比如，就政府信息公开而言，“权力清单制度”需要政府尽可能地公开信息，但是涉及国家安全、经济安全、公共安全和社会稳定的事项，以及涉及国家秘密、商业秘密、个人隐私的政府信息，应当不公开，这就是“负面清单制度”。此外，在行政决定作出前行政机关内部或行政机关之间形成的研究、讨论、请示、汇报等过程性信息也可不予公开，但应当告知申请人并说明理由。而内部管理信息，即行政机关之间和行政机关内部不作为行政管理依据的请示、报告、批复、会议

---

① 居民用水定额管理　浪费水将加大处罚力度. http：//news. xinhuanet. com/life/2007 - 01/24/content_ 5644685. htm.

② 参见中共中央办公厅、国务院办公厅印发《关于全面推进政务公开工作的意见》。

③ 如《行政许可法》第12条明示可以设定行政许可的事项，紧接着第13条就从反面提示可以不设行政许可的相关事项。其他行政法的情况大抵均如此。

纪要、抄告单等文件和资料，一般也无须公开。[①] 由此可见，通过“负面清单制度”能够进一步明确行政职权的范围，避免无谓的纠纷缠讼。

2. 行政执法公示制度。2016 年中共中央办公厅、国务院办公厅印发的《关于全面推进政务公开工作的意见》，要求各地行政机关建立“行政执法公示制度”。按照有关规定，行政执法公示制度是指各级行政执法机关采用一定方式，将本地区或本单位的相关执法信息主动公开，使自己的执法权力接受社会监督以保障行政相对人和社会公众的知情权、参与权、隐私权、监督权，促进行政执法公开、公平、公正的制度。一般来说，行政执法公示制度需要主动公示的内容包括：（1）执法主体。这包括公示行政执法机关及其内设机构名称、执法权限、执法区域、执法人员资格、联系方式等信息。（2）执法依据。这包括公示行政执法权力事项所依据的法律、法规、规章，以及行政执法标准、行政执法自由裁量规定等规范性文件。另外，针对行政委托事项，依法接受委托实施行政执法的事业单位要主动公示委托执法的依据、委托执法的事项和权限、委托执法的期限、委托机关等信息。（3）执法权限。这是指行政执法机关要主动、及时公示本部门的权力事项，要主动公示本单位的具体行政执法权。（4）执法程序。这是指行政执法机关要对法律、法规、规章规定的执法步骤、执法顺序、执法时限和执法方式，结合推行政府部门权力清单制度工作的要求，完善行使行政执法权的具体程序，逐项制定行政执法流程图，并主动予以公示。（5）执法结果。这是指除涉及国家秘密、商业秘密和个人隐私外，行政执法决定文书要全文公示，并依法及时送达当事人。（6）救济方式。这是指行政执法机关在实施行政执法时，要及时告知行政相对人依法享有的法定权利和救济途径。（7）监督举报方式。行政执法机关要主动公示接受监督举报的地址、邮编、电话、邮箱及受理反馈程序等信息，以便民众行使监督权。[②] 这项制度实施后，有利于行政机关规范地行使行政执法权力，既保护了公民权益，也因减少了不必要的隔阂与摩擦而增强了行政执法的实际效力。

---

① “政务公开负面清单制度”一般包括：（1）公开后危及国家安全、经济安全、公共安全和社会稳定的事项；（2）涉及国家秘密、商业秘密、个人隐私的政府信息；（3）过程性信息；（4）部分内部管理信息；（5）需汇总、分析、加工或重新制作的政府信息；（6）应当依照有关法律、法规规定查阅的案卷材料；（7）档案信息。参见 http：//www. hhtz. gov. cn/xxgk/jcms_ files/jcms1/web1/site/art/2017/12/13/art_ 1131_ 2137. html。

② 详情参见 http：//www. gxgg. gov. cn/news/2016 – 12/127547. htm。

第四章　行政行为

第一节　行政行为的分类

一、行政行为的概述

1. 行政行为在行政法学研究中的地位与存在问题。行政主体的行为简称行政行为，它是行政法学极为重要的内容。马克思主义法学认为，行为是法律的核心。正如马克思所言："对于法律来说，除了我的行为以外，我是根本不存在的，我根本不是法律的对象。我的行为就是我同法律打交道的唯一领域。"[①] 我国行政法学界的一些专家学者也认为，行政行为是行政法学理论研究的"核心范畴"和"概念性工具"，[②] 是全部行政法学理论的"精髓"和"柱石"，[③] 甚至在传统上，整个行政法就是置放在行政行为"支点上"，而"任何一本行政法教科书都会倾注大量的笔墨来叙述行政行为理论"。[④] 不仅如此，就法律实务而言，行政行为还是行政诉讼法的核心概念，特别是在"受案范围、当事人、证据、起诉受理、审理和判决、执行"等程序性规范中，行政行为成为"基础性概念"。[⑤] 的确，行政行为这一概念自在法国诞生以来，经过德国行政法鼻祖奥托·迈耶提炼成型为"核心概念"之后，它就"超越了国界和法系"。[⑥] 如果我们比较国内行政法学论著的内容，仅从页面数的简单比较就不难发现，"行政行为"是重中之重。

不过，尽管我国相关论著对此问题的阐述很多，但正如这些论著所言，"目前，关于什么是行政行为的认识不统一，行政行为的概念与其理论体系

① 马克思恩格斯全集（第1卷）［M］. 北京：人民出版社，1956：16－17.
② 孟昭阳，高文英. 行政法与行政诉讼法学［M］. 北京：中国人民公安大学出版社，2012：97.
③ 张树义. 行政法与行政诉讼法学［M］. 北京：高等教育出版社，2002：68.
④ 余凌云. 行政法讲义（第二版）［M］. 北京：清华大学出版社，2014：214.
⑤ 梁凤云. 新行政诉讼法逐条注释［M］. 北京：中国法制出版社，2017：11.
⑥ 王学辉. 行政法与行政诉讼法学（第二版）［M］. 北京：法律出版社，2015：128.

中的其他内容（如分类、合法要件、效力等）论述相互矛盾”。[①] 与此同时，一些行政法学的专著也深刻指出，“行政行为已经成为我国行政法学研究中一个极为混乱的基本范畴”。[②] 如果说上述这些批判是针对行政行为的内涵，最终可以汇聚到对其概念和特征的理解，而这种理解通常是“公说公有理，婆说婆有理”，最后莫衷一是。笔者将此称为“内涵矛盾”。实际上，我国行政法学论著还有一个潜在的毛病，那就是在形式上行政行为应该包括哪些内容，哪些内容应该详述，哪些内容应该简略；哪些内容体现理论性，哪些内容体现实践性；要不要列举具体行政行为的具体表现，如何列举具体行政行为的具体表现，这其实也是很混乱的。由此导致的直接后果就是不同的论著对“行政行为”的内容设计多寡不一，而最大的波动地带就是在列举具体行政行为时内容拿捏不准，有学者说得很多，有学者说得很少。笔者将此称为“形式矛盾”。如何解决这两类矛盾呢？笔者认为，“内涵矛盾”是行政法学本体的内在构成，尽管复杂，却不可抛弃，骨头再硬，也得啃；“形式矛盾”则可以革新的方式加以解决。这既可以照顾到行政法学基本内容的框架完整性，又可以充分满足读者对具体行政执法基本知识的了解，有助于双向推动“依法行政”目标生根。

2. 行政行为的概念与特征。从词源发展的角度来考察，行政行为最初来自法国的“行政处理”，在德国演变为“行政处分”，后日本翻译为“行政行为”，并由此被中国学界所接受。尽管国内几乎所有的行政法学论著都相继沿用了这个名词，但它仍是“内涵不确定、呈动态性的学理概念和法律概念”。[③] 就该名词的概念而言，学者们有学术分歧，先后形成了最广义说、广义说、狭义说、最狭义说，尽管各种学说均受到批判，但其中狭义说逐渐成为我国行政法学界的通说。最广义说认为，一切涉及行政管理的行为都是行政行为；广义说认为，行政机关的一切行为均为行政行为；狭义说认为，“行政主体在实施行政管理、行使行政职权过程中作出的具有法律意义的行为”；[④] 最狭义说认为，行政机关所做的具体法律行为才是行政行为。笔者认为，最广义说的问题在于混淆了行政机关之外的主体，如私人公司的行政管理等；广义说的问题在于混淆了行政机关的活动性质，如行政机关的民事行为等；最狭义说的问题在于死抠法律的规定，即 1989 年我国行政诉

---

① 孟昭阳，高文英．行政法与行政诉讼法学［M］．北京：中国人民公安大学出版社，2012：97.

② 章志远．行政法学总论［M］．北京：北京大学出版社，2014：155.

③ 孟昭阳，高文英．行政法与行政诉讼法学［M］．北京：中国人民公安大学出版社，2012：97.

④ 罗豪才．行政法学［M］．北京：北京大学出版社，1996：105－106.

讼法立法时确立了行政诉讼的可诉标准是“具体行政行为”。不过，2014 年新修订的《行政诉讼法》已经将行政诉讼的可诉标准改为“行政行为”，最狭义说也因此消退。

既然行政行为的概念难以确定，不妨从行政行为的特征加以反推。从法律实务来看，行政行为最重要的特征是其“处分性”（又称“处理性”），而非其“外在的表现形式”。[①] 在此，该最重要特征的称呼“行政处分”非常容易与行政法的另外一个内容“行政处分”（即行政机关依据《公务员法》对其公务员的违法违纪行为进行处分）相混淆，有学者采用“行政处理”来称呼行政行为的处分，[②] 笔者对此深表赞同。何为行政行为的“处分性”（或称“处理性”）？我们先从它的反面——外在的表现形式来观察。所谓“外在的表现形式”，是针对 1989 年《行政诉讼法》在立法时将行政行为外在地划分为“具体行政行为”和“抽象行政行为”，并规定只有前者属于行政诉讼立案范围而言的。由此造成的后果就是行政行为特别注重对“具体行政行为”的“控权”，而忽视了“抽象行政行为”对公民权益的侵害。不过，与具体行政行为写入行政诉讼法而成为一个法律名词不同，抽象行政行为从来也没有成为一个法律概念，因此并没有法定的权威界定，其内容也仅仅是学者们各自的见解。根据最高人民法院《关于执行〈中华人民共和国行政诉讼法〉若干问题的解释》第 3 条的规定，“具有普遍约束力的决定、命令”是指行政机关针对不特定对象发布的能反复适用的行政规范性文件。由此可提炼出抽象行政行为的三个特征：（1）针对不特定对象；（2）可以反复适用；（3）行政规范性文件。新修订的行政诉讼法取消了对具体行政行为的规定，其实也就排除了抽象行政行为不可诉的禁区，也就意味着这三个特征就内含在行政行为处分性即行政处理中了。它所传递的信息是，不管行政行为的载体形式是什么，即使是行政规范性文件，只要是行政机关在行使行政权的过程中触动了某个点，就会被纳入行政诉讼的立案范围。那么，这个点是什么呢？它与行政行为的处分性即行政处理又有什么关系呢？

行政行为作为我国行政法学的核心概念，与行政法学一道，都是大陆法系国家的舶来品。“行政行为”是大陆法系国家一个通用的概念，但他们并

---

① 梁凤云．新行政诉讼法逐条注释［M］．北京：中国法制出版社，2017：11.

② 将行政行为的处分简称为“行政处分”，这似乎是从日本学界引进的名称翻译。王明扬先生为了与我国行政人员管理过程中的俗称“行政处分”区别开来，特别采用了“行政处理”的概念。参见王明扬．法国行政法［M］．北京：中国政法大学出版社，1988：153－154.

没有区分“抽象行政行为”和“具体行政行为”，行为就是具体的、实际的，不存在虚化抽象的行为。在法国，行政行为的处分即行政处理，是指变更行政相对人法律地位的行政决定，可以分为创设、废除、变更、确认法律地位等情形。在德国，行政行为的处分主要是指法律权利或义务的设定、变更、解除，或者具有法律约束力的确认。我国台湾地区有学者认为，行政处理是导致权利义务发生、变更、消灭或者确认的行为。① 另外，行政行为的处分性理论在行政诉讼中具有重要地位，它在某种程度上将直接决定行政诉讼的立案范围。在日本，行政处分有时也被称为“行政机关的处分”或者“处分”，它被认为是行政部门所开展的所有活动当中最为典型的行为方式。就行政处分的概念而言，它并不是指行政机关所实施的行为的全部，而是指带有权力性的并且能够使相对人的权利义务发生具体变化的法律行为（如课税处分）。就行政处分性的法律表现而言，它是指行政活动相当于日本《行政案件诉讼法》第3条所说的“公权力的行使”（行政机关的处分以及其他相当于公权力的行使的行为）之意。若某一行政活动被认定为相当于“公权力的行使”，一般我们就说，它具有了“行政处分性”。② 由此可见，行政行为的处分性（行政处理）内含三个层面：（1）行政公权力的行使并处理；（2）处理的后果是变更行政相对人的法律地位，这就是前文所言的“某个点”；（3）处理的行为形式为发生、变更、消灭或者确认。这就是行政行为的最重要的特征所在，是我们界定它的概念的重要依据，也是行政行为构成要件的组成部分。该特征否定了行政行为的外在载体形式，即不论是书面文字型的还是具体动作，只要行政主体的行为后果变更了行政相对人的法律地位，它就是行政行为，倘若由此引发行政争议，它就成为行政诉讼的法定监督对象。因此，行政行为就是指行政主体的处分性行为。

二、行政行为的分类与学理依据

行政行为的分类是我国行政法学的一个重要内容，几乎所有的行政法学论著都展示了这一块内容。有鉴于此，笔者参照诸多论著列举的分类拟展示七个分类。

1. 行政执行行为（具体行政行为）和行政决定行为（抽象行政行为）。将行政行为区分为具体行政行为和抽象行政行为并加以研究，曾是1989年

① 梁凤云．新行政诉讼法讲义［M］．北京：人民法院出版社，2015：11.

② 石龙潭．日本行政诉讼救济范围之拓展——“行政处分性”之理论解析［J］．行政法学研究，2017（3）：114.

行政诉讼法立法之后的“显学”，而国内的行政法学论著也都毫无遗漏地将其作为论述的重点。不过，学者们逐渐对抽象行政行为有了新的认识，这些新的认识主要表现为：（1）大陆法系国家通用“行政行为”的概念，却没有将其区分为“抽象”和“具体”；（2）参考其他部门法的相关内容，如民法的民事行为和刑法的犯罪行为，行为都是具体的，没有“抽象”之说；（3）将“抽象行政行为”等同于“规范性文件”有逻辑上的矛盾，即规范性文件本身并不是“行为”范畴；（4）“抽象行政行为”作为既往中国行政法学的一个概念，只存在于学术界，在司法实务中并不使用。[①] 笔者认为，从行政诉讼法的视角来看，如果抽象行政行为真的存在，并且包括行政立法，其立法成果表现为“行政法规和规章”，那么在行政诉讼中，这些立法成果却是法院“依据”或“参照”的内容。[②] 这就意味着，如果承认抽象行政行为，就等于承认了法院依据或参照行政行为来审理行政行为，这显然与行政诉讼法的立法宗旨“监督行政行为”不符。笔者还认为，这种“二分法”实际上还混淆了行政立法与行政行为的属性，盲目拓展了行政行为的范围。尽管某些高级别的行政机关具有立法（法规、规章）职权，然而立法行为专属于《立法法》规制，《立法法》属于宪法性规范，不是行政性规范，因此行政立法行为不属于行政行为，因而也不是“抽象行政行为”。

在法国，行政法所指向的“行为”Acte（act）一词“被用来说明简单的具体动作，在法律语言中，它是指其本身创造某种法律效力的决定”。[③]“具体动作”在法律语言中可以表述为“具体行为有多种多样：限制性的行为或只有强制执行力的行为，或提供服务的行为”，[④] 而“其本身创造某种法律效力的决定”，笔者认为，是行政机关制定的行政规范性文件（不包括行政立法）。这里强调的是行政决定，不是行政立法。就法国行政法实践而言，尽管行政立法与作为行政行为的行政决定“它们的内容是相同的，因为法律和行政行为既可以具有普遍适用性，也可以具有个别的意义”，但是法国人还是严格区分了行政行为与立法行为，他们认为“法律是议会按照一定程序（立法程序）制定和通过的，是议会行为。行政行为源自行政组

① 梁凤云．新行政诉讼法讲义［M］．北京：人民法院出版社，2015：10－11.

② 参见行政诉讼法及其新修订的行政诉讼法的相关内容。

③ ［法］古斯塔夫·佩泽尔．法国行政法（第十九版）［M］．廖坤明，周洁译．北京：国家行政学院出版社，2002：25.

④ ［法］古斯塔夫·佩泽尔．法国行政法（第十九版）［M］．廖坤明，周洁译．北京：国家行政学院出版社，2002：25.

织……而法律高于行政行为”。[①] 就此而言，笔者认为应当将我国“具体行政行为”和“抽象行政行为”的“二分法”修订为“行政执行行为”和“行政决定行为”，前者包括“限制性的行为或只有强制执行力的行为，或提供服务的行为”，而后者仅仅是指除去行政立法（归属《立法法》管辖）之外的以行政规范性文件为载体的行政决定。这些行政行为都是行政机关行政职能的内在表现，不包括外在的法律（如《立法法》）授权内容，因而均受法院监督。

2. 内部行政行为和外部行政行为。这类划分方法虽然是我国行政法学论著的重要内容和表现，在此外部行政行为即“行政主体基于行政管辖权关系针对外部相对人实施的行政行为”[②] 没有什么学术上的争议，但界定内部行政行为却有待进一步商榷。学界通说的划分标准是“按照行政行为所针对的问题是属于社会管理事务还是行政主体自身内部的管理事务”，[③] 由此得出的结论是“内部行政行为是不可诉（行政诉讼）的”，其纠纷只能通过“申诉”等方式加以解决。不过，笔者认为，这些研究均存在一个隐蔽的错误，那就是在阐述内部行政行为时，常常混淆了行政学的行政（管理）行为和行政法的行政行为。这种划分方法是行政学与行政法的外部比较研究，不是行政法的内部划分。尽管这种划分方法得出的结论也有助于我们理解行政法上的行政行为，但是它却忽略了行政法上内部行政行为的本身，其成果属于本末倒置。行政法上的行政行为，不论是内部还是外部，都是行政机关对行政相对人法律权益的处分（处理），都是可以提起行政诉讼的。按照学者们的理解，内部行政行为主要包括两类，一类是上级行政机关（或其工作人员）与下级行政机关（或其工作人员）的工作关系，如命令、指示、批复；另一类是行政机关与其公务员之间的工作关系和人事管理关系。[④] 笔者认为，这两类“行政主体自身内部的管理事务”是由行政组织法和公务员法管辖，属于组织法系统，这些法律明确规定了行政机关内部的办事方式和纠纷解决方式，因而不再受行政诉讼法监督，但它们也不属于行政行为的范畴。行政行为是行政主体针对行政相对人作出的影响其权益的处分

---

① ［法］古斯塔夫·佩泽尔．法国行政法（第十九版）［M］．廖坤明，周洁译．北京：国家行政学院出版社，2002：27.

② 孟昭阳，高文英．行政法与行政诉讼法学［M］．北京：中国人民公安大学出版社，2012：104.

③ 王学辉．行政法与行政诉讼法学（第二版）［M］．北京：法律出版社，2015：130.

④ 孟昭阳，高文英．行政法与行政诉讼法学［M］．北京：中国人民公安大学出版社，2012：104.

(处理)，如“张三因琐事殴打李四，被甲县公安局拘留5日”一案中，甲县公安局拘留张三的行政处罚是外部行政行为，但是派出所依据出警民警的立案和办案要求，填表上报和县公安局的批准拘留流程则是内部行政行为。该内部行政行为也要受法院“程序合法性审查”监督。不过，如果民警在出警时没有规范执法，被该县公安局通报批评了，这个“通报批评”只是行政学上的内部处分措施，却不是行政法上的内部行政行为。重新认识内部行政行为具有新时期的积极意义，意在提升领导干部的法律责任心，让真正懂业务、有水平的人走向领导岗位。

3. 羁束行政行为和裁量行政行为。这类划分展现了行政行为的权力属性。① 所谓羁束行政行为，是指行政机关没有自由选择（范围、条件、形式、程序、方法等）的余地，只能严格依法实施的行政行为，而行政相对人也能够确切知道自己行为的法律后果。所谓裁量行政行为，是指行政机关依据法律所规定的范围、条件、种类、幅度，根据实际情况决定选择其中的“量”而实施的行政行为。以《治安管理处罚法》为例，第15条第1款规定，醉酒的人违反治安管理的，应当给予处罚。这是羁束行政行为的要求，即公安机关必须处理醉酒闹事的人，不能因为行政相对人喝醉了神志不清而马虎了事。羁束行政行为在法律文本中通常用告知性的“应当”或者肯定性的“为（是）”来表述。第41条规定：“胁迫、诱骗或者利用他人乞讨的，处十日以上十五日以下拘留，可以并处一千元以下罚款。”这是裁量行政行为的要求，即公安机关处理这类人时，在法律规定的幅度和种类之内有选择处分（处理）的余地。裁量行政行为在法律文本中通常用幅度性的“以上”“以下”或者选择性的“可以”来表述。在此需要说明的是，超越幅度或者低于幅度都是违法的，如对“胁迫、诱骗或者利用他人乞讨的”处以7日或21日拘留都是非法执法。将行政行为划分为羁束行政行为和裁量行政行为有着深刻意义。这类划分不仅“直接决定司法审查的程度”，同时“还决定了行政赔偿的范围”。② 由于我国行政诉讼法规定只对行政行为的合法性进行审查，因此羁束行政行为通常属于法院审查的范围，但裁量行政行为仅在“显失公正”的情况下才审查，即法院基本上不审查裁量行政行为，如果行政相对人该对处罚不服，将得不到法院的支持。与此同时，对于羁束行政行为，如果造成损失后果，则必须赔偿；即使没有造成损失后

---

① 孟昭阳，高文英．行政法与行政诉讼法学［M］．北京：中国人民公安大学出版社，2012：103－107．

② 张树义．行政法与行政诉讼法学［M］．北京：高等教育出版社，2002：75．

果，也要处分执法者。对于裁量行政行为，即使造成一些损失后果，也难以对执法者追责；当然，国家也不承担赔偿责任。

4. 依职权行政行为和依申请行政行为。此类划分的依据是行政主体行使职权的前提条件或者启动行政职权运行的法定要求。所谓依职权行政行为，是指依据相关法律的规定，行政机关因负有法定的规划、预防、监管、打击等行政管理职责，这些职责的履行要求行政机关自己想尽办法主动履行其权责，以维护良好的行政秩序。所谓依申请行政行为，是指依据相关法律的规定，行政机关因负有信息与咨询、审批与收费、投诉与监督等行政服务职责，这些职责的履行要求行政机关必须依据行政相对人的申请才能行使行政职权，以体现政府的高效便民等服务职能。区分这两类行政行为具有积极的现实意义。首先，它表明了行政权的不同属性，并规定了行政职权的启动前提。依职权行政行为以行政机关的意思为核心，不需要外在压力而应主动为之，是主动的行政行为；依申请行政行为以行政相对人的意思为核心，切忌行政机关主动作为，是被动的行政行为。如果是依职权行政行为却等待行政相对人的意思就是违法，如警察巡逻时看见某男殴打某女，不需要询问某女是否需要帮助，而应当及时将某男制服。如果是依申请行政行为却主动作为也是违法，如督察部门民警小王强迫行政相对人丙投诉民警小李，就是违法的。其次，它决定了不同行政行为在行政诉讼中的举证责任分配。在依职权行政行为中的举证责任由行政机关承担，如“交警小李查处违章司机丁”一案中，在行政诉讼中交管局需要提供丁的违章证据。而在依申请行政行为中则需要行政相对人提供申请文本等相关证据。最后，它是整治现实生活中行政不作为和乱作为顽疾的理论基础。行政不作为必须以行政主体具有法定义务为前提，同时以行政主体没有履行法定作为义务为必要条件，其表现形式大致有拒绝履行、不予答复、拖延履行。行政乱作为则是超越法律规定的权限履行职责。由于法定义务的存在，行政不作为或者乱作为都是一种违法行为，是法院监督的对象。依职权行政行为的不作为形态为不履行法定职责，如派出所接警不出警；它的乱作为形态为超越法定职权履职，如派出所对违法行为人处以 1000 元罚款。依申请行政行为的不作为形态为不予办理或答复或不一次告知（害得当事人办事跑断腿）；它的乱作为形态为对不符合条件的申请人却审核通过等，这实际上是违法行为。

5. 受益行政行为和负担行政行为。此类划分的依据是以行政主体影响行政相对人的利益为标准。所谓受益行政行为，是指行政主体为相对人创设、确认权利或者法律上的利益或者免除义务的行政行为。所谓负担行政行为，是指行政主体为相对人设定义务或剥夺、限制其权益的行政行为。① 区分这两类行政行为具有积极的现实意义。首先，它提示要获得行政行为的法律实效需要考虑行为人后面的经济动因。按照马克思唯物辩证法，法律是经济基础的上层建筑，而“人们所奋斗的一切，都和他们的利益有关”。② 与此同时，鉴于法律规范的是行为，行为后面是价值和利益驱动的动机，而经济学就是分析利益的最好工具，因此利益法学派的法律的经济（利益）分析方法（波斯纳③）是了解当代中国行政行为内涵的新路径。其次，它启示了法治政府建设的途径与方法。法治政府也是诚信政府。就受益行政行为而言，行政相对人往往会对其产生信赖，为了保护这种信赖关系，就不允许行政机关随意更改，除非出现法定事由，也要因此而补偿该行政相对人。就负担行政行为而言，情况也是如此，如税率在一个时期需要相对稳定，不允许随意调高降低。当然，随着社会生活水平的提高（或者受通货膨胀的影响），一些法定的数额也需要调整，如提高治安管理处罚的罚款金额，但这必须是立法先行，而不允许行政机关自己随意变更。再次，实践中，受益行政行为与负担行政行为也存在互为因果的现象，即一个人的受益就是另一个人的禁止。以行政许可为例，如果许可张三在 A 地挖矿，就得禁止张三之外未获得张三同意的人在 A 地挖矿；若张三发现有人盗采而报警，警察就要出警并努力追捕盗采者。最后，就行政诉讼而言，它有助于“确认行政行为的变更、撤销权的限制”，也便于行政相对人对受益的或负担的行政行为“提起不同类别的行政诉讼，如（要求受益行政行为）撤销之诉或（要求负担行政行为）课以义务之诉”。④

6. 强制行政行为和非强制行政行为。此类划分的依据是以行政行为的实现方式为标准，它在国内行政法学论著中是罕见的一种分类，⑤ 却十足体现了行政行为的内在特征。古人云：徒法不足以自行。行政法也不能靠一纸文书而产生秩序，秩序最终还需要通过执法者执行法律来完成。按照马克思唯物辩证法的观点，国家法律以国家强制力为后盾，因此必然会存在强制行

① 孟昭阳，高文英．行政法与行政诉讼法学［M］．北京：中国人民公安大学出版社，2012：105.

② 马克思恩格斯全集（第1卷）［M］．北京：人民出版社，1956：82.

③ ［美］波斯纳．法律的经济分析（第7版）（中文第2版）［M］．蒋兆康译．北京：法律出版社，2012.

④ 相关论述见孟昭阳，高文英．行政法与行政诉讼法学［M］．北京：中国人民公安大学出版社，2012：106.

⑤ 相关论述见孟昭阳，高文英．行政法与行政诉讼法学［M］．北京：中国人民公安大学出版社，2012：106.

政行为。所谓强制行政行为，是指通过强制性方式（如行政强制措施中的查封场地、扣押财物、人身拘留等）实现的行政行为；所谓非强制行政行为，是指通过非强制性方式（如劝导、建议、指导、激励、契约等）实现的行政行为。区分这两类行政行为具有积极的现实意义。首先，明确了行政机关在依法行政过程中具有的行政强制力。在法治化的过程中，行政机关和执法者被各方监督机构严密监督，权力被锁进制度的笼子里，由此也带来一些消极作用，就是暴力抗法现象有所抬升，行政机关有时成了“软柿子”。行政机关依法行使法定的行政强制权，穷尽法律赋予行政机关的强制手段，是保障行政目标落实的重要途径，而这既是行政机关的权力，也是其责任，更是执法者的依托。其次，提倡行政机关在依法行政过程中更多地使用行政强制力之外的其他手段来实现行政目的，有助于推动和谐社会的建设与发展，有助于更卓有实效地实现行政目标。新时期行政机关的行政行为要学会依托契约精神，融合法律与道德的优势来推动全社会共建。最后，这类划分对行政诉讼也提出了要求。强制行政行为通常是法院的管辖内容，并且需要行政机关承担举证责任。非强制行政行为通常不是法院的管辖内容，更多地体现行政相对人的意思自治。

7. 单方行政行为和双方（多方）行政行为。此类划分的依据是以行政主体能否单方面决定而产生效力，或者以是否需要行政相对人参与而产生效力为标准。所谓单方行政行为，是指在行政执法过程中，依据行政机关单方面的意思表示就能够成立，或者说是不需要行政相对人同意就可单方面成立的行政行为，如行政处罚、行政许可、征税等。所谓双方（多方）行政行为，是指必须经过行政主体和行政相对人意思表示一致才能成立的行为，如行政合同等。这里需要分清单方行政行为中的一些假象，如行政许可，虽然以行政相对人申请和提供相关材料为前提，但是决定权在行政机关，并且这种决定无须征得申请人同意；又如行政处罚，在作出处罚前需要听取被处罚人陈述意见，但是该陈述意见只是起着确认违法证据以防错案的作用，并不是征求相对人是否处罚的意见，只要存在违法事实，执法者就可以作出处罚决定。区分这两类行政行为具有积极的现实意义。首先，行政行为的表现方式多样化，不仅包括单方意志，也包括合意行为，并且随着时代的发展，行政过程中的契约合意行为更成为现代行政的发展趋势。其次，两类行政行为成立的要件不同，就单方行政行为而言，行政主体的意志可以直接决定行政行为的成立，但就双方（多方）行政行为而言，必须有行政相对人的合意才能成立行政行为。最后，在行政诉讼过程中，单方行政行为要求行政机关承担举证责任，这些证据必须是事前合法收集的，并以此作为作出行政行为的依据，而不允许没有证据或事后收集证据单方面作出决定。双方（多方）行政行为要求行政主体和行政相对人各自提供相关证据，以证明相关合意（通常是合同文本）内容及对方违反合意的相关行为。

8. 要式行政行为和非要式行政行为。此类划分的依据是以行政行为的成立是否需要法定的形式为标准。所谓要式行政行为，是指行政行为必须具备某种法定的方式或形式才能产生法律效力，如行政许可最后必须以许可证和执照的方式表达出来，行政处罚最后必须以处罚决定书（并盖章）表现出来。所谓非要式行政行为，是指法律没有明确规定行政行为的具体形式，由行政机关根据实际情况做出各种形式的行政行为，如交通警察实施的交通管制，以及治安警察对醉酒人的临时约束。① 对此，有学者认为这种分类还要考虑其中的程序，要式行政行为需要遵守法定程序，而非要式行政行为不需要法定程序，“只要在合法前提下无论采取何种形式都可以成立的行政行为”。② 笔者认为，这有值得商榷之处。以警察现场处置违法行为为例，必须遵守武力递增原则，即口头警告、徒手制止、警械制止、武器制止，只有出现法定的紧急情形，才可以不按照该递增原则实施行为。③ 这表明，“合法前提”实际上包括了“何种形式”，采取“何种形式”并不能随心所欲。又如，遇有紧急情形时执勤民警进入民宅搜查证据，事后必须按照程序补办搜查手续。另外，无论是要式行政行为还是非要式行政行为都必须遵守程序的规定，不是说非要式行政行为就没有程序，就前文提及的交通管制而言，必须有上级的指令为依据，交通警察并不能随心所欲地实施交通管制。区分这两类行政行为具有积极的现实意义。首先，这表明，行政法学虽然是行政法的一门法理学，但它必须和具体的行政法联系起来具体考察、分析，才能够实现“理论从实践中来又服务实践”的要求，抽象的理论需要具体实践来检验。其次，从要式行政行为来看，法律的仪式或形式在法律实施过程中具有特殊意义，从行政处罚过程中法定的罚款收据要求来看，法律规定了法定的有效形式，即“省级财政部门统一印制的罚款收据”，否则行政相对人

---

① 相关论述见张树义．行政法与行政诉讼法学［M］．北京：高等教育出版社，2002：77；王学辉．行政法与行政诉讼法学（第二版）［M］．北京：法律出版社，2015：131.

② 相关论述见王学辉．行政法与行政诉讼法学（第二版）［M］．北京：法律出版社，2015：131.

③ 《公安机关人民警察现场制止违法犯罪行为操作规程》（公通字〔2010〕9 号）第 14 条规定：“处置措施，是指公安民警为现场制止违法犯罪行为而依照本规程采取的强制手段，由轻到重依次为：口头制止、徒手制止、使用警械制止、使用武器制止。”《人民警察使用警械和武器条例》第 9 条规定的紧急情形之一，即经警告无效的，可以使用武器；来不及警告或者警告后可能导致更为严重危害后果的，可以直接使用武器。

可以不缴纳罚款。再次，非要式行政行为虽然没有强调行政行为的法定形式，一方面是在确保实现法律目标的前提下，赋权行政行为可以有多样性的表达，以求更好地实现行政目标；另一方面，它的内在程序性要求一点也没有放松。最后，就行政诉讼要求而言，要式行政行为必须出具法定的形式证据，而非要式行政行为则主要说明合法依据前提下的合理性，如果不是“显失公正”，法院就不干预。

除了上述一些分类外，学界对行政行为的表现还有其他的一些分类，比如附款行政行为和无附款行政行为、独立行政行为和需要补充行政行为等。[①] 在此，需要提示的是，这些分类并非泾渭分明，在某一个具体的行政行为中，它们可以呈现出多种形态，如负担行政行为通常对应着要式行政行为、依职权行政行为，并伴随着强制行政行为，多为单方行政行为；受益行政行为则通常对应着非要式行政行为、依申请行政行为，并伴随着非强制行政行为，多为双（多）方行政行为。

第二节　行政行为的模型与行政执法

一、行政行为的模型与行政执法

行政行为的模型又称行政行为的模式化、类型化，通常是指在理论或实务上对行政行为的内容和程序都已形成固定的、共同的具有典型特征的“行为体系”[②] 或者“行政行为的归类”[③]。它们是人们运用法学方法逻辑处理行政法实务中大量、反复出现的同类行政行为现象，并通过立法和判例予以确认和制度化、模式化的行政行为现象。研究行政行为的模型，与前文研究行政行为分类的目的不同。研究行政行为的分类，目的在于从理论上认识不同行政行为的“特征、成立与合法要件”，了解行政行为“自身发展变化”，确定各种行政行为的“救济机制和方式”等；研究行政行为的模型，目的在于在实务中便于相关人员“交流沟通”，并“对特定行为进行推理、

---

① 姜明安．行政法与行政诉讼法［M］．北京：北京大学出版社，高等教育出版社，1999：145－147.

② 姜明安．行政法与行政诉讼法（第五版）［M］．北京：北京大学出版社，高等教育出版社，2011：157.

③ 孟昭阳，高文英．行政法与行政诉讼法学［M］．北京：中国人民公安大学出版社，2012：108.

识别和归类，指导相关立法和行政执法，构建不同的行政诉讼类型”。[①] 在此，行政行为模型的功能主要是“交流和沟通”，“推理、识别和归类”，以及“指导和规范”。[②]（1）基于行政法没有统一法典却由诸多法律规范组成的现状，研究不同行政法的专家学者之间需要一套大家都认同的学术概念和语言来交流，面对问题也需要借助它来沟通，以免各说各话。法律实务更需要这套大家都认同的学术概念和语言，以确保执法者和法官说的都是同一个东西。（2）行政模型有助于提升行政法的效率（高效便民）。无论是学者、执法者、法官还是行政相对人，只要他们一接触行政行为模型中的某个概念，就能明晰它的来龙去脉。以“甲殴打他人被拘留 5 日”为例，它在模型中展示了一条思考问题的路径：打人—治安处罚（拘留 5 日—人身罚—公安机关执行）—行政处罚—可以行政复议—可以行政诉讼。上述不同的人群可以在这条思考问题的路径中迅速寻找到自己的关注点，妥善解决问题，或者起警示预防作用，避免危害和纠纷的发生。（3）模型一旦建立，就形成了一种共识，因而有了自身独特的价值，通常会成为立法的资源库，成为行政法律的渊源，并在实践中指导立法、释法和执法。

行政法学界对行政行为模型的认识并不一致。一方面是有和无的对立，即有些行政法学论著撰写了该内容，有些论著却只字不提；另一方面是对其内容的认定各执己见。1989 年以来的行政法学论著均遵从抽象行政行为和具体行政行为的二分法模式，[③] 一些论著开始抛弃上述二分法，采用“行政规范、行政决定、行政合同、行政处分”[④] 等划分方法。2014 年修订的行政诉讼法抛弃了“具体行政行为”的说法，“抽象行政行为”也就失去了最后的学术依托，传统二分法面临着被抛弃（其实是回归国际内涵）或改造的命运。不过，无论新形势如何变化，前二分法时代对“具体行政行为”的研究，即直接服务 1989 年行政诉讼法内容的成果，是行政法学界和实务界集体智慧的结晶，将不会有太大的改变，因而将传承和发扬下去。只不过鉴于这些内容均为行政法律的执行行为，不妨定名为“行政执行行为”。当然，前期研究“抽象行政行为”也并非没有意义，除了行政立法依据《立

① 孟昭阳，高文英．行政法与行政诉讼法学［M］．北京：中国人民公安大学出版社，2012：110.

② 孟昭阳，高文英．行政法与行政诉讼法学［M］．北京：中国人民公安大学出版社，2012：109.

③ 姜明安．行政法与行政诉讼法［M］．北京：北京大学出版社，高等教育出版社，1999：149.

④ 孟昭阳，高文英．行政法与行政诉讼法学［M］．北京：中国人民公安大学出版社，2012：111.

法法》授权所制定的行政法规和规章不应该成为行政行为的内容之外，它们对“其他行政规范性文件”的研究，的确应该是行政行为的内容，只不过结合它的有限范围，定名为“行政决策行为”较为合适。另外，随着服务行政理念的深入推进，“合作行政”也成为我国现代行政法中的一个重要内容（行政合作行为）。有鉴于此，笔者将行政行为模型图示如下：

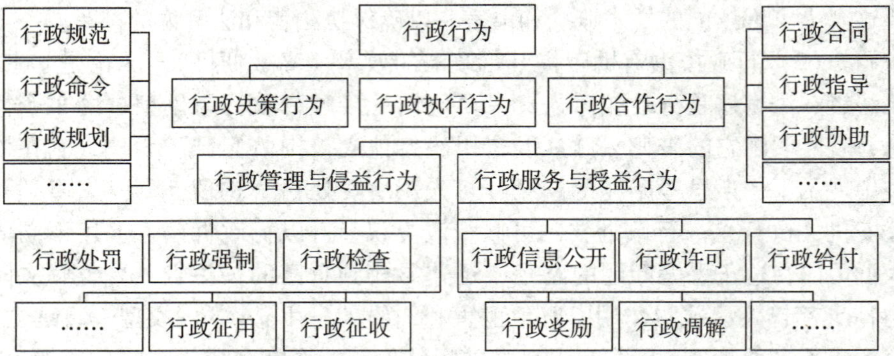

在此，笔者将行政法学的重要内容行政行为划分为行政决策行为、行政执行行为、行政合作行为三个部分。行政执行行为主要是对传统的“具体行政行为”研究成果的继承和发展，后文将有较为详细的抽取和分析。行政合作行为则是对“服务政府”成果的吸收和借鉴。行政合作行为的行政合同、行政指导等虽然强调行政相对人的参与功能，即没有相对人的同意，行政主体无权单方面实施相关行为，但它毕竟是行政行为。一方面，行为的主动方仍然（恒定）是行政主体；另一方面，行政主体享有一定的优先权，双方并非完整意义上的民事平等关系。另外，在行政诉讼时，双方均需提供相关的证据来支持自己的请求，而非一般意义上的“举证责任倒置（被告行政主体负责举证）”。行政决策行为是对学界既往研究“抽象行政行为”成果的扬弃和革新，也是接下来笔者将略微重点分析的相关内容。

二、行政决策行为（抽象行政行为）

行政决策行为是指行政主体（主要是指行政机关）基于行政管理或服务等行政目标，依照法律针对不特定对象制定和发布除行政法规和行政规章之外的其他行政规范性文件的行为（如制定和发布行政命令、行政规划等）。它主要包含四个层面的内容。（1）行政决策行为的主体是行政主体。行政主体包括职权主体和法律授权主体，这里需要注意的是不要混淆了行政主体与行政机关中的领导干部。（2）行政决策行为的对象为不特定对象。法律的对象就是人和物。不特定的人包括不同国籍、民族、性别、年龄、职务的人。不过，这其中对未成年人、精神病人等特殊人群有法律特别规定。对于如何区分不特定与特定的对象的问题，笔者简单化地认为，凡是能够指向具体名字的，就是特定的；不能够指向具体名字的就是不特定的。“物”的特定与不特定也相似，凡是能够指向具体名字的，就是特定的；不能够指向具体名字的就是不特定的。比如，M 品牌 L 型号的小汽车因污染和故障问题被 A 地政府命令禁止在 A 地上路行驶，或许 M 品牌 L 型号的小汽车有 1000 辆，也有可能是 10000 辆，但这是特定的指向。（3）行政决策行为必须经过“制定和发布”程序。这包含三个层面的含义：其一，行政决策行为只有经过发布才具有法律效力，任何不公开的法律规定都不具有法律效力。其二，任何人都不可声称因为不知道法律规定而不接受处罚。法律一旦公开，所有人均有义务自觉了解。不过，法律通常也规定，对于初次违法的人可以从轻、减轻，甚至免予处罚。其三，任何执法机关都有义务宣传与自己执法相关的法律，即“谁执法，谁宣传”。[①]（4）行政决策行为的表现形式（载体）是规范性文件，并且可以针对不同的人和物，法律生效期间可以反复适用。不过，这里容易混淆的是行政命令，如道路坍塌，交警现场发布的禁止车辆通行的命令，这貌似符合行政决策行为的形式要件，如不特定对象、特定时期内反复适用等，但它是口头命令，不是规范性文件。该口头命令转化为“禁止通行”的公告并盖章后，则可以转化为行政决策行为。

行政决策最初是管理学概念，后延伸到行政学和行政法领域。按照行政法学者的理解，行政决策可分为静态的行政决策和动态的行政决策。静态的行政决策是指“国家行政机关执行宪法、法律，发挥行政管理职能作出的处理国家公共事务的决定”（杨海坤等）；动态的行政决策则是指“行政机关在职权范围内为实现行政管理目标，制定方案，选择方案，以及在执行过程中调整方案的行政行为”（皮纯协等）。由于“静态行政决策其实是动态行政决策的结果”，“前者可以被后者吸收”，因此行政决策可以简单地理解为“行政机关运用行政权力确定目标，制定和选择方案，并修正和调整方案的行为过程”。[②] 行政决策涉及的范围非常广泛，包括：（1）行政规范类，如为落实法律、法规、规章而制定的各类实施细则等；（2）行政规划和计划类，如编制行政区域内的经济和社会发展规划，调整产业结构和区域布局、行政区划调整等；（3）行政财政资金安排类，如编制本级政府财政预

① 参见中共中央办公厅、国务院办公厅印发的《关于实行国家机关“谁执法谁普法”普法责任制的意见》（中办发〔2017〕31 号）。

② 夏金莱．作为行政过程的行政决策及其范围界定［J］．中国发展观察，2015（7）：78.

算、决定本级政府重大投资项目、决定本级政府重大合同行为等；（4）行政体制改革及人员管理类，如政府所属部门、重要机构的设立、撤并和职能划分、调整，对行政机关工作人员的奖惩任免等；（5）城市建设和改造类，如城市棚户区改造，决定开挖城市主干道等；（6）行政命令类，如为贯彻或落实上级政府决议、决定和决策而颁布的政府令等。[①] 这些内容就是指剔除了“行政法规与规章”之行政立法后剩余的狭义的“抽象行政行为”部分，可以归类为“其他行政规范性文件”。它们在形式上通常均是履行了行政决策相关程序后的规范性文件，并不针对特定的人和事，并且在一定时期内可以反复适用，但由于它们本身并不是法规或规章，不是行政诉讼法规定的“依据”或“参照”的对象，故而应当受到法院的法律监督。[②] 不过，对于经过司法确认的合法有效的规范性文件，法院可以在裁判文书中引用。[③]

这些规范性文件，依照中共中央办公厅、国务院办公厅印发的《党政机关公文处理工作条例》（中办发〔2012〕14 号）第 8 条的规定，它们（公文种类）在实践中发布的具体名称形式包括决议、决定、命令（令）、公报、公告、通告、意见、通知、通报、报告、请示、批复、议案、函、纪要等。有学者将这些规范性文件区分为行政创制性文件、行政解释性文件和行政指导性文件三类。[④]（1）行政创制性文件，其存在的依据是“在行政法规范或上级行政规范性文件没有作出规定而又需要加以规范的情况下，行政机关为了弥补行政法规范或上级行政规范性文件的空缺”而制定。它可以分为依职权创制性文件和依授权创制性文件，均是依法为不特定相对人设定权利和义务的行为。比如，根据《宪法》第 107 条第 1 款的规定，县级以上地方各级人民政府有发布决定和命令的权力。这意味着，行政机关发布的这类规范性文件是宪法赋予的基本权力，它们可以设定相对人的权利或义务，但从行政法的控权属性来看，这些基本权力也是有边界的，即不得与相关法律、法规、规章冲突，也不能违背相关法律、法规、规章的基本精神。

---

① 相关内容还可参见夏金莱．作为行政过程的行政决策及其范围界定［J］．中国发展观察，2015（7）：80.

② 根据《行政诉讼法》第 53 条的规定，相对人认为行政行为所依据的国务院部门和地方人民政府及其部门制定的规范性文件不合法，在对行政行为提起诉讼时，可以一并请求对该规范性文件进行审查。

③ 参见《最高人民法院关于执行〈中华人民共和国行政诉讼法〉若干问题的解释》第 62 条第 2 款。

④ 姜明安．行政法与行政诉讼法（第五版）［M］．北京：北京大学出版社，高等教育出版社，2011：178－188.

实际上，学者们已经注意到，执法实践中有个别行政机关利用制定行政创制性文件的权力作出了一些违法的文件，主要表现为三方面：其一，行政机关超越自己的事务管辖权和级别管辖权制定行政创制性文件；其二，行政机关的内部机构以自己的名义对外发布行政创制性文件；其三，行政机关旨在实现部门垄断和地方保护而滥用职权制定行政创制性文件。[①]（2）行政解释性文件，是指行政机关对法律、法规和规章进行解释而形成的规范性文件，包括行政法定解释性文件和行政自主解释性文件。按照《立法法》《行政法规制定程序条例》《规章制定程序条例》的相关规定，行政法定解释的主体是指国务院对其行政法规进行解释，以及规章制定主体对其规章进行解释。除此之外的行政机关若有解释成果，均为行政自主解释主体。尽管不是法院依据和参照的对象，但了解行政自主解释性文件在执法实务中具有重要意义。为了确保执法者能够恪守法律，避免自我设立法外之权或者暗度陈仓地设立秘密权力，行政自主解释性文件限定了严格的条件：其一，解释主体对法律、法规或规章规定的内容具有管辖和实施权，不允许越权解释；其二，所解释的内容不得与相关法律、法规和规章相抵触；其三，所解释的内容只是法律、法规或规章的具体化，而不能任意扩大或缩小法律规范的原意。（3）行政指导性文件，是指行政机关在自己权限内不针对特定相对人且事先实施书面行政指导时形成的行政规范性文件。这类规范性文件与前面的两类在性质上有所不同。这些文件强调的是“指导”，并不创设相对人的权利和义务，不具有强制力和拘束力，相对人是否接受，具有自主选择权。尽管实践中行政机关可以通过税收、补贴等方式促使相对人接受这些“指导”的内容，但是否接受这些“指导”，还是由相对人决定。这存在三种情况：其一，相对人决定不接受这些指导，仍然走自己的路，发展生产，生产的盈亏完全由自己承担；其二，相对人决定接受这些“指导”，生产因此获利，并不因为获利而多纳税，这是行政指导，不是市场交易；其三，相对人决定接受这些“指导”，结果生产因此亏损，行政机关并不因为该“指导”而承担连带赔偿责任。但是，如果政府在此指导过程中存在故意或者重大过失，则应承担责任，包括行政责任和一定数额的经济补偿。由此可见，这类规范性文件性质上属于行政合同，是行政合作行为的一项内容。这也意味着，以规范性文件形式存在的行政行为，除了行政决策行为之外，还有行政合作行为。实践中两者的区别主要是前者是依法作出的决策行

---

① 姜明安．行政法与行政诉讼法（第五版）［M］．北京：北京大学出版社，高等教育出版社，2011：179－180.

为，无须征求当事人意见；后者是法无明文规定，但根据行政机关的行政目的而以行政契约方式设定的新型权力（权利）和义务关系。

三、行政执行行为（具体行政行为）

行政执行行为是指行政主体（主要是指行政机关）及其执法人员基于行政管理或服务等行政目标，具体落实法律、行政法规和行政规章，以及其他行政规范性文件（行政命令、行政规划等）规定的行为。笔者在分类的基础上，将行政执行行为划分为管理与侵益类行政行为和服务与授益类行政行为两类。管理与侵益类行政行为中具有代表性的行政行为是行政检查、行政处罚、行政强制、行政征收等相关内容。服务与授益类行政行为中具有代表性的行政行为是行政信息公开、行政许可、行政给付与行政奖励等行政行为。这些具体的内容将在后文进行具体的探讨。此外，值得一提的是，管理与侵益类行政行为是行政法的传统内容，而服务与授益类行政行为却是时代的产物，就中国而言，乃是“服务行政”的产物。“服务行政”是中华人民共和国成立之后行政工作贯彻“为人民服务”精神的总方向。西方于20世纪七八十年代发起的“新公共管理”运动思潮在90年代传入我国之后，对探索市场经济发展道路的中国行政有一定的影响。党的十八大以来，我国行政管理坚定地走中国特色社会主义道路，依托全面依法治国的战略布局，集中表现在“简政放权、放管结合、优化服务”的“放管服”改革举措，在很大程度上为企业“松了绑”、为群众“解了绊”、为市场“腾了位”，也为廉政“强了身”，极大地激发了市场活力和社会创造力。[①] 在行政服务的过程中加强规范授益类行政行为，不仅是服务行政的内在要求，也是着实惠民的方针政策所在。

第三节 行政行为的构成与效力

一、构建行政行为构成模型的意义

人的行为是法律的核心要素，但并不是人的所有行为都是法律所关注的，只有符合一定法定条件的人的行为即法律行为构成，才能成为法律行为。法律行为构成，在刑法学中称为“犯罪构成”，被誉为“刑法理论的基

---

① 《李克强：推进行政体制改革转职能提效能》，参见 http：//politics. gmw. cn/2016 - 05/22/content_ 20210965. htm。

石、核心、灵魂，唯以其为基础，刑法理论体系方得以构筑成型”。① 然而相比较而言，我国行政法学研究行政行为构成的现状，不仅表现为学理认识上“认识不一”，而且国内行政法学论著有的讲述了行政行为构成，有的则没有。实际上，我国学界长期以来忽视行政行为构成理论的表层原因是西方国家行政法学没有这项内容，深层的原因还是将行政法视为“管理法”，当做“管理”的工具，然而这面临了法治实践以及学科建设中急需革新的问题：其一，中国的历史与欧美不同，长期浸淫在封建专制王朝统治之下，为了提升对行政法控权属性的认识，需要比西方国家行政法学研究走得更远。其二，当代中国决心全面推进依法治国，依法治国首先是依宪治国、依法治权，把权力关进制度的笼子里。就行政权而言，这正体现了行政法的控权属性，需要规范行政行为，进而需要构建行政行为构成理论。其三，就目前行政法学论著而言，尽管没有行政行为的构成理论，但仍然散见了行政行为的内容、行政行为的成立、行政行为的生效、行政行为的有效、瑕疵行政行为、行政行为的无效以及行政行为的撤销、变更与消灭等，② 由于缺乏纲领，它们显得零零散散，因而有必要建立行政行为构成理论（模型）来统帅这些知识点。

二、构建行政行为构成模型的参考因素

如何构建我国行政法上的行政行为模型呢？这有四个方面的问题需要注意。(1) 意图照搬刑法学的“犯罪构成”理论有困难。当前，我国法律行为的构成理论翘楚于刑法学的“犯罪（行为）构成”研究领域，并形成了学界的一般通说，如犯罪的主体、犯罪的主观方面、犯罪的客体、犯罪的客观方面。③ 然而，意图将行政行为参照犯罪行为却面临三个问题：其一，研究对象不同。刑法学的犯罪构成理论的研究对象是犯罪嫌疑人，不是研究国家相关权力机关（诸如刑事侦查权行为的构成或者刑事起诉权行为的构成），现在我们要研究的是行政法范畴内的作为国家相关权力机关即行政机关的行政行为。其二，研究目的不同。刑法学的研究目的是打击犯罪并保护无辜的人不受刑法处罚，这都是针对行为人（犯罪嫌疑人）而不是针对国家机关的。行政法的研究目的则不同，基于行政法作为控权法的属性，其研

① 蔡飞，曹礼坤．犯罪构成理论比较研究．http：//old. chinacourt. org/html/article/200906/12/360826. shtml.

② 张树义．行政法与行政诉讼法学［M］．北京：高等教育出版社，2002：72，78－81，87－88.

③ 我国刑法学界对犯罪构成除了四要件说外，还有否定说、二要件说、三要件说、五要件说。

究重点不是行政相对人的行为，而是行政机关的行政行为。其三，主观过错的形式不同。犯罪行为主要是考虑犯罪嫌疑人的主观恶性，即是故意还是过失或者是意外等，但作为公法人的行政主体，若秉承欧洲“国王不为非”的传统，无主观恶性可言，并且尽管有时需要考虑的是其工作人员（如公务员）的主观意识（如执法者故意刁难相对人），但行政行为的主观方面其实并不像犯罪构成那样需要考虑行为人是故意还是过失，而是以结果论。[①]（2）意图照抄民法学的民事行为构成理论也有困难。比如说，民法由“意思自治”造就的“仅以意思表示为法律行为的一般成立要件”，[②] 即以平等主体双方的“意思表示”作为民事行为构成的唯一内容。这在行政法上很难被理解，因为行政管理的过程中大多数情况下并不需要征求相对人的意见，如司机驾车闯红灯了，执勤的交通警察不需要和该司机讨价还价便可以依法扣分罚款。（3）就法律行为构成而言，行政法与民法、刑法还有差异。刑法注重对犯罪嫌疑人单方的行为认定，民法注重对平等主体的双方各自行为的认定，然而行政法则既要注重对行政主体行为的认定，也要注重对行政相对人违法行为的认定。行政法的这种双方性与刑法的单方性显然不同，虽然貌似与民法相同，但行政主体与行政相对人又不是平等主体。因此，行政法上的行为构成理论其实包括两部分：其一，行政主体的行政行为构成；其二，行政相对人的违法行为构成。笔者认为，构建行政主体的行政行为构成模型，应当参考民法上的民事行为构成模型，而构建行政相对人的违法行为构成模型，应当参考刑法上的犯罪构成模型（后面章节将有深入阐述）。民事行为构成模型通常区别为两部分，即“作为事实判断的成立要件”和“作为价值判断的有效要件”，[③] 因此行政主体的行政行为构成模型也二分为成立要件和有效要件，[④] 并由此带出无效或瑕疵行政行为的问题。（4）构建行政行为构成模型，还需参考行政诉讼法的相关规定。我国《行政诉讼法》第6条规定：“人民法院审理行政案件，对行政行为是否合法进行审查。”这意味着，“合法性”是行政行为的核心要素。司法实务界对此有着深刻的阐述，具体内容包括行政主体必须合法、行政权限必须合法、行政内容必须

---

① 对行政执法行为而言，只要是结果违法，无论动机多么高尚，都要赔偿——尽管高尚的动机可以减轻或免除对公务员个人的法律责任。在此，为了避免行政机关以“过失”为借口逃避责任，行政行为的主观方面均参考为“故意”，由此督促行政机关及其工作人员兢兢业业，恪尽职守。

② 董安生．民事法律行为［M］．北京：法律出版社，2002：134.

③ 董安生．民事法律行为［M］．北京：法律出版社，2002：134.

④ 我国一些行政法的学者也这样认为。参见张正钊，胡锦光．行政法与行政诉讼法学（第六版）［M］．北京：中国人民大学出版社，2015：84.

合法、行政程序必须合法、行为形式必须合法。[①] 上述这些阐述应当是构建行政行为模型的重要依据。

此外，就行政执法实务的情况来看，笔者在公安执法基层单位了解到，刑法学的“四要件”模型影响深远。虽然刑法学的犯罪构成在学理上众说纷纭，但刑侦部门的民警几乎都是从传统的“四要件”着手，觉得踏实。至于治安部门的民警，在适用《治安管理处罚法》的过程中也常参照刑法学的犯罪构成理论中的“四要件”来认定行政违法行为。尽管上述要件是用来确定犯罪嫌疑人或违法相对人的，但基于基层单位的普遍认识和实际运用现状，为方便沟通和交流，笔者在构建行政法的行政行为构成模型时，也将参考刑法学的“犯罪四要件”模式加以阐述，同时参考民法学的民事行为构成理论，得出的行政行为构成模型如下：

行政行为构成要件（模型）＝行政行为成立要件＋行政行为有效要件

在此，若结合行政行为的其他相关知识，还可制成如下关系图：

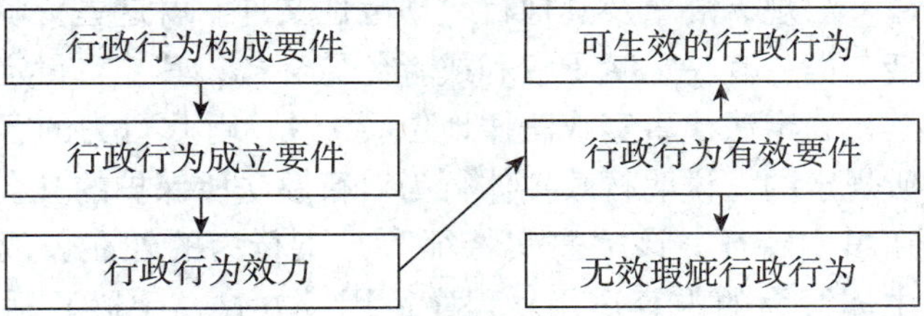

三、行政行为的成立要件

行政行为的成立要件包括行政行为的主体、行政行为的主观方面、行政行为的客体、行政行为的客观方面四个方面。（1）行政行为的主体。这是指行政主体，需要注意三个层面：其一，犯罪构成理论对“人”（自然人或法人）没有异议，只是强调“人”的行为能力。行政行为的主体理论则对“人”是存疑的，它先排除自然人，专指组织或法人；再看该组织或法人是否适格（职权主体、授权主体）；然后再关注行为，即若不是适格主体则无权实施行政行为。其二，犯罪构成主体理论核心关注自然人是否年龄幼小或患有精神疾病等，以确定其是否承担法律责任。行政行为主体理论核心关注是否有法律依据，法定的权限是什么。其三，犯罪构成的主体理论只关注行为人本身，然而行政行为的行政主体理论不仅要确定适格的行政主体，还要

① 钟正飞．具体行政行政行为的合法性审查．http：//www.chinacourt.org/article/detail/2013/06/id/1018039.shtml.

考虑代表行政主体执法的工作人员是否符合法定要求。以公安行政执法为例，执法者群体中谁是警察，谁是辅警，需要厘清身份，以便厘清其法律职权与法律责任。（2）行政行为的主观方面。这是行政法与刑法、民法差异最大的地方。由于考察对象是行政主体，是组织（公法人），因而考察其主观（心理）状态是故意还是过失时因为是以“结果”论，所以均参考为“故意”，以避免行政主体找借口逃避责任，从而实现行政法“控权”的目的。不过，作为行政主体的组织，其主观状态有自己的特殊表现，即它在具体案件中是通过具体执法者的行为表现出来的，因此需要参考具体执法者的个人心理状态，倘若出现侵害行政相对人权益的违法情形，在行政主体担责、赔偿之后，对具体执法者还要视其个人心理状态情形追究责任。（3）行政行为的客体。这是指在具体行政法律关系中行政法所保护的行政法范畴的法益。以治安管理为例，该行政法的法益内容具体包括公共秩序、公共安全、人身权、财产权以及社会管理等范畴。这里所说的行政法，是指一个体系，包括行政性的法律、法规、规章及其他行政规范性文件。就这些行政法的内容而言，具体包括三类：其一，赋予权利或者免除义务；其二，设定义务或者剥夺权益；其三，确定法律事实或法律地位。[①]（4）行政行为的客观方面。这是指行政法所规定的、说明行政主体行为对行政法所保护的社会关系造成影响的客观外在事实特征。该“事实特征”是指行为的外在表现形式，主要表现为行政主体行为的内容适用、程序适用、方式（手段）适用以及影响结果等。这些外在表现形式表达同一个目的，那就是让行政相对人知晓该行政主体的行为，包括告知（命令、宣告、通知、留置等）知晓、受领知晓、附条件（根据既定告知的条件可进行合理的预测）知晓，这在一些论著中被称为行政行为的“生效时间”。[②] 当行政主体的某个执法行为被行政相对人知晓后，行政行为通常就可视为成立（生效）。

四、行政行为的效力

行政行为一经成立，就具有行政法的效力，即行政行为效力。对于行政行为成立的标准，笔者归纳了以下几种观点。（1）四效力说。当前学界通

---

① 张树义．行政法与行政诉讼法学［M］．北京：高等教育出版社，2002：72.

② 学界的通说是告知生效、附条件生效（参阅姜明安的《行政法与行政诉讼法》（第五版）第208－209页；孟昭阳、高文英的《行政法与行政诉讼法学》第142页）。也有学者认为包括即时生效、告知生效、受领生效、附条件生效等（参阅张正钊、胡锦光的《行政法与行政诉讼法学》（第六版）第86页）。

说认为行政行为效力包括四个方面，即公定力、确定力、拘束力、执行力。[①]（2）三效力说。它对学界通说加以修正，认为行政行为效力包括三个方面，即公定力、确定力、执行力。[②]（3）五效力说。这种观点认为行政行为效力包括五个方面，即拘束力、公定力、执行力、不可争力、不可变更力。[③]

面对这些不同的学术见解，笔者认为有两个要素需要考虑：其一，表面上看，这些学术见解有一个“公约数”，那就是都包括了公定力、确定力、执行力；其二，内在地看，“公约数”之间的内在关系是什么？以通说的“四效力说”为例，行政行为效力的内容实际上是两类不同范围的东西：其一，作为行政行为生效前（后）的“公定力”，即国内论著对它均没有使用定语“已生效”；其二，作为行政行为生效后的其他“力”，包括确定力、拘束力、执行力，即国内论著特别强调了它们的定语——“已生效”。这有三个问题需要注意：其一，关键词“行政行为的生效”。这在本文行政行为成立要件的客观方面中已经提及，亦见学界对此有认识不一的现状。不过，若从学界通说来看，以“告知生效”为例，对行政主体（如公安机关）和行政相对人（如违法嫌疑人）的行政行为效力始于何时呢？在民警处置斗殴的治安拘留案件中，民警向甲送达（宣读）治安管理处罚书时该处罚决定生效，随后民警可以将受到处罚的行政相对人带至拘留所执行拘留。在此，送达（宣读）并不是一个孤立的行为，而是深刻融合了行政行为成立要件的综合表现，缺少其中任何一个要件，均难以认定为生效。[④] 这就是说，所谓的行政行为生效学说，只是行政行为成立要件的内在组成部分。其二，行政行为效力的“公定力”是否在行政行为成立之前就已经具有效力了呢？比如，在治安拘留斗殴的违法嫌疑人案件中，[⑤] 民警执勤遇见某甲正

---

① 姜明安．行政法与行政诉讼法［M］．北京：北京大学出版社，高等教育出版社，1999：154－157；王学辉．行政法与行政诉讼法学（第二版）［M］．北京：法律出版社，2015：134－135.

② 孟昭阳，高文英．行政法与行政诉讼法学［M］．北京：中国人民公安大学出版社，2012：141.

③ 张正钊，胡锦光．行政法与行政诉讼法学（第六版）［M］．北京：中国人民大学出版社，2015：85－87.

④ 比如，民警在送达途中意外遗失了该处罚书，而一小学生又意外捡拾了该处罚书，此时如果该小学生向既定的行政相对人宣读该处罚决定，就不具有法定的效力。

⑤ 有这样几种情况：（1）违法嫌疑人甲违法（打架）行为发生时；（2）民警执勤遇见（或接警立案、接警出警）时；（3）民警当场喝令制止时；（4）民警将甲带回派出所调查；（5）民警决定拘留 5 日；（6）公安机关制作治安管理处罚书时（填写、审批、盖章等）；（7）民警向甲送达（宣读）治安管理处罚书时；（8）民警将甲带至拘留所实施拘留处罚。

在殴打他人，民警喝令制止，此时民警的喝令行为是不是治安拘留行政行为“公定力”的前期表现呢？民警的喝令行为是依据《人民警察法》关于“维护社会治安秩序，制止危害社会治安秩序的行为”的规定，是一个单独的行政行为；而治安处罚决定是依据《治安管理处罚法》关于“殴打他人”的规定，是另外一个行政行为。由此可见，“公定力”只发生在行政行为成立（已生效）之后，因此将“确定力”“拘束力”“执行力”特别强调为“已生效”没有意义。其三，从内涵上来说，“确定力”“拘束力”是对“公定力”的直接阐述，而“执行力”是对“公定力”内涵的间接延伸。“执行力”并不具有独立价值，如我国《治安管理处罚法》第 107 条规定，被处罚人不服行政拘留决定，申请行政复议、提起行政诉讼的，可以向公安机关提出暂缓执行行政拘留的申请。这似乎是对“执行力”的一个限制，但实际上并非如此，它不仅是“暂缓”，而且它的决定权还在执行机关手中，其根源乃是行政行为的“公定力”。

有鉴于此，笔者认为，行政行为效力内涵最为经典的就是“公定力”。这甚至是唯一的“力”，因为它最反映行政行为的内在特征，并且其他的“力”乃是它直接或间接派生出来的。所谓“公定力”，是指行政行为一经成立，不论是否合法，即被推定为合法有效，并由此要求所有机关、组织、个人予以承认、尊重和服从的一种行政法效力。[①] 这个概念有几个方面的内容需要注意：（1）它所言的“行政行为一经成立”，这里强调“成立”[②]，而不是指“作出”[③]。这蕴含的问题是，确定行政行为的标准是什么，作出、成立或有效？民法上的自然人通常界定为“始于出生”，胚胎仅在继承遗产等特殊场合中才有特殊考虑。相似的，当行政主体开会决定某一事项，制定行政规范性文件，但在发布之前就改变了主意，废弃了该事项，此时行政主体虽有内部行为却不足以成为行政行为，只有符合行政行为成立要件的行政主体的行为才是行政行为。此外，行政主体还可以作出一些民事行为，如政府采购、委托制定和加工（警服、警用装备）等。这就是说，并非行政主体“作出”的所有行为都是行政行为，只有那些“作出”且符合行政行为

---

① 尽管行政行为的公定力就概念上来说是最大公约数，但是学者们对它的内涵界定也是五花八门。

② 姜明安．行政法与行政诉讼法［M］．北京：北京大学出版社，高等教育出版社，1999：155；王学辉．行政法与行政诉讼法学（第二版）［M］．北京：法律出版社，2015：134.

③ 孟昭阳，高文英．行政法与行政诉讼法学［M］．北京：中国人民公安大学出版社，2012：141；张正钊，胡锦光．行政法与行政诉讼法学（第六版）［M］．北京：中国人民大学出版社，2015：86.

成立要件的行政主体的行为，才能成为行政行为，因此在界定“公定力”的定义时，用“成立”一词体现了行政行为的内在属性。（2）行政行为成立的后果是“要求所有机关、组织、个人予以承认、尊重和服从”。这体现了行政行为理论的目的性，同时也突出了行政行为的意义。行政主体有多种行为，并非其所有的行为均有行政法的约束力，只有符合成立要件的行政行为才具有行政法的约束力，即“予以承认、尊重和服从”。受到这种约束力约束的对象，是“所有机关、组织、个人”，这既包括个案中具体执法的行政主体及其执法的公务员，也包括该个案中的行政相对人（组织和个人），还包括该个案之外的行政机关、权力机关、司法机关，以及其他自然人和法人等。（3）它是被“推定”的“合法有效”。这是行政行为内在属性的焦点表现。行政行为的构成分为成立要件和有效要件，当行政主体做出的行为符合行政行为成立要件时，就构成了行政行为，但此时是否合法有效，还有待考察它是否符合有效要件的内容，倘若不符合有效要件的内容，则构成无效或瑕疵行政行为，将面临撤销和补正的后果（下文将有相关阐述）。基于行政效率的要求，每一项行政活动不可能拖很长的时间，但并不意味着行政效率要践踏人权，基于依法行政的要求，在行政法管控范围内的任何行政活动，在服从行政效率优先原则的同时，也赋予行政法保护公民权益的责任，只不过它强调“事后维权”，而不是提倡行政相对人稍有怀疑就“当面抗法”。至于该行政行为是否真的合法有效、公民权益是否被侵害，行政法已经构建了行政监察、行政复议、行政诉讼、国家赔偿等法律监督制度，可在事后来判断行政行为违法与否，以及是否需要采取追责和赔偿等矫正措施。事后这一系列的矫正措施，其对价的就是行政相对人尊重执法现场行政主体的执法权威性，同时也对价了行政相对人不服从现场行政命令的不利法律后果。但是，如果该行政行为是明显违法的，则无须“推定”为“合法有效”，行政相对人也因此具有一定的抵抗权利。

五、行政行为的有效要件

行政行为一经成立，就具有行政法的效力，但是该行政行为是否有效则还需满足一些法定条件，即需要符合行政行为的有效要件。尽管行政行为的构成要件是一个整体，但实践中更为关注行政行为生效要件的主体是负有法定监督职能的司法机关，而行政机关则将重心置放在行政行为的成立要件上，因此考察行政行为的有效要件内容，将重点参考司法机关的关注点。前文已经提及，法官对具体行政行为合法性的认识，即行政主体必须合法、行政权限必须合法、行政内容必须合法、行政程序必须合法、行为形式必须合法。笔者意图将这些内容衔接成立要件的“四要件”。(1)行政行为主体的有效要件。这包括行政主体必须合法、行政权限必须合法、行政执法者的职权委托合法等内容。如何确定合法的行政主体（职权主体、授权主体），前面章节已经探讨，此不赘述。行政执法的前提是依法执法，然而由于一个合法的行政主体通常有不同的法定职权，在具体的行政执法中，所依据的是什么法，是否符合法律的规定、精神、目的，这都是需要检讨和审查的内容。此外，执法者与行政主体的职权关系是否有法律的相关规定也是审查的重要内容，行政机关的公务员依据公务员法享有法定的执法职权，但是法律授权行政主体的执法者需要满足相关的法定条件才能执法，至于单位的临时工，由于不具备执法的法定条件，因此不能单独执法。比如，公安机关的辅警，目前缺乏法律授权，不能行使警察的法定职权。不过，如果一个不适格的“行政主体”做出了“行政行为”该怎么办？这有两种情况需要注意。其一，假冒行政机关执法的个人或团伙，属于招摇撞骗（罪），[①] 如果在其“执法”过程中还有伪造行政执法依据的规范性文件的行为，则又构成伪造国家公文（罪）。[②] 其二，依法成立的行政主体越俎代庖行使了其他行政机关的职权。这类行政主体是合法的，但没有相关法定权限，即需要参考其他要素综合考虑。(2)行政行为主观方面的有效要件。机关、组织等行政主体虽然不同于自然人，但它们也有自己的意志和内在思维。民法上的法人，其意志和思维表现为董事会等法人内部权力机构以会议的方式表达出来，包括会议的过程和决定。行政主体的意志和思维既可以表现为其他规范性文件的制定与公布，也表现为具体行政执法的动作与示意，归根结底都附着于这两类自然人。行政行为的主观方面需要参考这些自然人的执法活动，包括适用法律的内容、程序、方式、方法等，是否符合法律的规定。比如，对中年人某甲殴打残疾人的治安管理处罚，法律明确规定是拘留 10 日以上 15 日以下，如果办案公安机关作出拘留 10 日以下处罚决定，则是无效行政行为。执法程序是表达行政主体意志和思维的重要过程，程序的违法将导致行政行为无效。此外，行为形式是行政主体意志和思维的外在表现，也需要符合法定的要求，如罚款必须按照法律规定交付法定的罚款收据，否

---

① 《刑法》第 279 条规定，冒充国家机关工作人员招摇撞骗的，处 3 年以下有期徒刑、拘役、管制或者剥夺政治权利；情节严重的，处 3 年以上 10 年以下有期徒刑。冒充人民警察招摇撞骗的，依照前款的规定从重处罚。

② 《刑法》第 280 条规定，伪造、变造、买卖或者盗窃、抢夺、毁灭国家机关的公文、证件、印章的，处 3 年以下有期徒刑、拘役、管制或者剥夺政治权利，并处罚金；情节严重的，处 3 年以上 10 年以下有期徒刑，并处罚金。

则该行政行为无效。（3）行政行为客体的有效要件。这是指行政主体行为所指向的行政法所保护的法益，具体可分为法律关系中的物、人身、精神产品、社会关系（如公共安全问题、父母子女身份影响的赡养问题）等。若行政主体的行为只是单纯的民法或刑法所调整的法益，如民法上的购买办公用品就不构成行政行为，而刑法上的处置杀人放火等严重暴力犯罪，也不是行政行为。（4）行政行为客观方面的有效要件。这主要是指行政主体的行为及其造成的法律后果，以及该行为与其后果之间的因果关系。这些法律后果总体上分为两类：第一类是执法者秉公执法，服务行政相对人，教育或处罚行政违法相对人；第二类是因执法者违法执法而造成相对人的损害或者给予相对人非法、不当的利益。在此，执法者是基于行政主体的职权委托关系展开执法活动的，因此对于第二类情形执法者个人并不直接承担法律责任，而由行政主体承担，但行政主体可以根据具体情况向有过错的执法者个人追究相关行政责任和追偿相关损失；若执法行为涉及犯罪，则该执法者个人还得由司法机关追究刑事责任。

六、行政行为的效力状态

行政行为成立要件重点是要突出行政行为的“公定力”特性，强调行政行为的“生效”，进而强调其“执行力”，但已经生效的行政行为并不一定最终“有效”。行政行为的“生效”主要是强调行政主体将行政权适用于行政相对人，其目标是行政活动；行政行为的“有效”则是强调有权国家机关（通常是法院）将立法权、监督权、司法权等适用于行政主体，其目标是行政法治。行政行为“生效”将直接导致“执行力”的后果，但如果生效的行政行为确实有过错，则需通过有权机关判断行政行为是否“有效”，对有错的行政行为加以纠正，并对受到行政权非法侵害的行政相对人通过国家赔偿等方式来弥补损失。为此，经过国家有关权力机关审查之后的行政行为，其效力有两种状态，即无效的行政行为和有效的行政行为。（1）无效的行政行为。行政行为的无效，是指经过国家有权机关的审查后作出宣告无效的决定，其无效的效力状态可以一直追溯到该行政行为成立之际，由该行政行为“公定力”引发的“执行力”也因此无效，由此造成的行政相对人的损害将引起国家赔偿。按照我国行政法学界的一般理解，产生无效行政行为的原因主要有五种：其一，行政行为具有特别重大或者明显的违法情形；其二，行政主体不明确或明显超越相应行政主体职权；其三，行政主体受到胁迫或欺骗；其四，该行政行为的实施将导致犯罪；其五，该行政行为没有实施的可能性。[①] 不过，实践中情况较为复杂，在同一个行政行为中，可能存在全部无效的情形，也可能存在部分无效的情形，对于后者仅无效部分自始至终不具有行政法的效力。（2）有效的行政行为。这是指行政行为成立后，经过推定或经过国家有权机关的审查后作出确认有效的决定。这有几种情形需要注意：其一，行政行为的消灭。通常情况下，有效的行政行为在依法完成行政任务和目标之后就归于消灭，不复存在。在此，实践中还存在一种常见的现象，即行政行为成立后，行政相对人不寻求法律救济，在经过法定的行政复议时效和诉讼时效之后，除非侵害国家利益、公共利益或者相关第三人的利益（放弃维权除外），该行政行为就被推定为有效。其二，对有瑕疵的行政行为进行补正、撤销或变更。鉴于引起行政行为瑕疵的原因与无效行政行为的原因在形式上相似，如主体瑕疵、权限瑕疵、内容瑕疵、形式瑕疵、程序瑕疵，因而有学者认为行政行为的瑕疵将导致无效行政行为。[②] 但是，笔者认为，尽管两者在引起的原因的形式上相似，但程度上有质的区别。无效行政行为自始至终是无效的，不具有行政法的效力，但瑕疵行政行为本身有效，具有行政法的效力，两者前提不同。同时，对于瑕疵行政行为，可以采取补正的方式使之除却瑕疵，如果无法补正或者补正已经失去意义，则可以撤销，此时宣布撤销的行政行为在效力上如同无效行政行为（可追溯到行政行为成立之际），但它在性质上不是无效行政行为。此外，对于一些瑕疵行政行为，在不侵害国家利益、公共利益、相关第三人利益的前提下，通常也不增加原行政相对人的义务时，还可以采取变更的方式使之成为新的行政行为。其三，行政行为的废止。被推定或确认为有效的行政行为，因客观原因诸如所据法律的修订、新法颁布了新的内容、国家政策的变化或者其他重大合理事由的出现等，行政行为可以由作出行政行为的行政主体或有关国家机关宣布废止。宣布废止的行政行为不再发生法律效力，但如果引发行政相对人的利益损失，相关行政主体还应当适当补偿。

---

① 张正钊，胡锦光．行政法与行政诉讼法学（第六版）［M］．北京：中国人民大学出版社，2015：87.

② 孟昭阳，高文英．行政法与行政诉讼法学［M］．北京：中国人民公安大学出版社，2012：142－143.

第四节 管理与侵益类行政行为

一、行政检查

1. 行政检查的研究现状。行政检查是行政机关收集信息的一个重要手段，它是行政权的“核心部分”，“基本上涵盖了行政管理的各个领域”。①在我国，行政检查涉及公安、工商、海关、税务、环保、质检、卫生防疫、医保等国家行政管理活动的各个领域，是“行政机关频繁采用的执法方式之一”。② 另根据“中国知网”提供的“主题”搜索信息，已经有26663篇论文涉及“行政检查”问题，而其“关键词”搜索也有670篇论文。③ 不过，面对行政执法中最为常见和常用的行政行为，学界却没有给予足够的重视。我国《行政处罚法》第36条就规定了行政机关的行政检查权，并且关联了行政调查权，即“行政机关发现公民、法人或者其他组织有依法应当给予行政处罚的行为的，必须全面、客观、公正地调查，收集有关证据；必要时，依照法律、法规的规定，可以进行检查”。由此可见，行政检查权是行政调查权的递进。我国《治安管理处罚法》第87条明确规定了公安机关行使的行政检查权，即“公安机关对与违反治安管理行为有关的场所、物品、人身可以进行检查”。这里明确了检查的对象，即“场所、物品、人身”。《公安机关办理行政案件程序规定》第68条在此基础上还增加了检查对象，即机关、团体、企业、事业单位或者公共场所；与此同时，该规定第41条还明确规定了行政检查的“应当”义务，即“对查获或者到案的违法嫌疑人应当进行安全检查”。此外，《居民身份证法》第15条还规定了警察查验居民身份证的职责的相关情形。由此可见，行政检查是法律赋予行政主体的一项基本职权。因此，面对执法实践中真实而广泛存在的行政职权，学界应对该类行政行为给予足够的重视。

2. 行政检查的概念界定。在我国，行政检查并没有专门制定的《行政检查法》，而是散见在各类的法律、法规或规章中，以服务具体的行政目的。这意味着，行政检查没有法定的内涵界定，而学界对它的认识也不一

---

① 孟昭阳，高文英．行政法与行政诉讼法学［M］．北京：中国人民公安大学出版社，2012：198.

② 杨雪．行政检查权实体法律控制研究［J］．铁道警察学院学报，2009（1）．

③ 数据来源于“中国知网”，最后访问时间为2017年10月11日。

致。有学者认为，行政检查是“行政主体基于行政职权依法对公民、法人或者其他组织是否遵守法律规范或者是否履行法定义务等情况进行查看、了解和督促的行政行为”。① 笔者认为，这里的“遵守法律规范”应当是包含了“履行法定义务”，对概念进行定义时似措辞重复。还有学者认为，行政检查是“依法享有行政职权的行政主体，为实现行政管理职能，达成行政目的，对行政利害关系人履行法律文本规定的义务或履行行政活动方式确定的义务的情况，所进行的强制检查、了解的行政活动”。② 这里，是否还应该包括行政利害关系人的权利呢？鉴于一般权利可以放权的特点，仅界定为法定义务是恰当的。此外，笔者认为，在这些学界定义的概念中没有指明行政检查的目的。结合《行政处罚法》《治安管理处罚法》《居民身份证法》等相关法律规定可以看出，这些法律在规范行政检查时，通常都有严格的程序规定，而法律对行政检查规定的目的，均意在强调执法过程中核实人员身份及相关物品资料，以便收集违法或守法的证据。有鉴于此，笔者认为，行政检查的概念可以界定为：行政主体对行政相对人是否履行法定义务而依法进行证据收集和查实的行政行为。

3. 行政检查的特征分析。综合散见在各类法律、法规或规章中对行政检查的规定，在学理上分析行政检查的特征，可以表现为七个方面。其一，它是行政主体的职权行为。实践中能够进行行政检查的，只能是行政主体。以“某甲超市盗窃案”为例，某甲被怀疑偷窃超市商品，超市保安某乙能否因此搜查某甲？某乙没有行政搜查权，他只能报警等待民警来搜查某甲。超市的任何人员都无搜查的权力。但此时某乙或超市其他工作人员可以口头表达怀疑，并因此可以报警和暂时滞留某甲。该滞留权是一种民事权利，意在保护当事人的财产权而产生的民法上的紧急权利。如果某甲认为自己是冤枉的，可以自证清白，自己主动将疑点之处翻开，并可以依据民法要求超市及其工作人员赔礼道歉，还可要求赔偿。不过，如果是接到报警的民警赶到现场并对某甲进行搜查，则是行政主体的职权行为。若某甲认为自己是冤枉的，则应按照行政法而不是民法来维权。其二，它必须依据法律的明确规定。哪些行政主体有行政检查权，有什么样的行政检查权，都需要有法的明确规定。行政检查权是行政执法最基本的手段，但作为一种公权力，必须要

---

① 孟昭阳，高文英．行政法与行政诉讼法学［M］．北京：中国人民公安大学出版社，2012：192.

② 朱维究，刘永林．论行政检查与行政法实施——以确保行政规范性文件得到真正落实为视角［J］．政治与法律，2012（7）．

有法律、法规或规章的明确规定。与之相对应，不同的行政主体，其行政检查的内容不一样，要求也不一样。通常情况下，几乎所有拥有行政检查权的行政主体都可以检查物品、场所，如《矿山安全法》第 35 条规定劳动行政管理部门有权进入矿山企业，在现场检查安全状况等，[①] 但只有公安机关、国家安全机关可以直接进行与人身相关的行政检查，如搜身和进行居民身份证的查验等。其三，它需以法定情形为前提。行政检查是一种侵益型行政行为，因而不可滥用这项权力，必须遵循法定情形。一般的法定情形是指有关行政机关接到报案，依据报案线索（初步证据）对有违法行为嫌疑的场所、物品、人身展开行政检查；或者是行政主体依据自身职权的一般工作规划，在日常执法工作中主动发现有违法嫌疑行为而进行的行政检查。特殊的法定情形是由法律明确规定的，《居民身份证法》第 15 条规定了警察查验居民身份证的职责的五种具体情形，[②] 这意味着除了这五种情形之外，警察无权查验居民身份证，而该法第 12 条第 4 项就规定了违反规定查验居民身份证而侵害公民合法权益的行政和刑事责任。其四，它以行政强制力为后盾。如《居民身份证法》第 15 条第 2 款规定："有前款所列情形之一，拒绝人民警察查验居民身份证的，依照有关法律规定，分别不同情形，采取措施予以处理。"这里所言的相关措施就包括强制传唤（依据《人民警察法》第 7 条、第 8 条、第 23 条、第 34 条，《治安管理处罚法》第 82 条，《居民身份证法》第 15 条，《公安机关人民警察证使用管理规定》第 4 条，《公安机关办理行政案件程序规定》第 53 条，《公安机关人民警察现场制止违法犯罪行为操作规程》第 18 条）和带回盘问（依据《公安机关人民警察盘查规范》第 9 条、第 16 条）等。其五，它的目的在于收集证据。我国《行政处罚法》第 36 条列举的行政检查的目的就是"收集有关证据"。实际上，行政检查通常是"为人做嫁衣"的行政行为，表现为一个过程——收集证据，以确认行政相对人有无违法行为，最终为其他行政行为（如行政处罚等）服务。行政检查的"过程性"特质致使一些学者忽视了它作为行政行为的独立性价值，而忽视行政行为的"过程性"将混淆行政主体的各种行政行为。其六，它的表现形式多样。有事前检查、事中检查和事后检查，有书面

---

① 有学者将此"安全检查"理解为"行政强制"。参阅张正钊，胡锦光．行政法与行政诉讼法学（第六版）［M］．北京：中国人民大学出版社，2015：130.

② 这五种具体情形包括："（一）对有违法犯罪嫌疑的人员，需要查明身份的；（二）依法实施现场管制时，需要查明有关人员身份的；（三）发生严重危害社会治安突发事件时，需要查明现场有关人员身份的；（四）在火车站、长途汽车站、港口、码头、机场或者在重大活动期间设区的市级人民政府规定的场所，需要查明有关人员身份的；（五）法律规定需要查明身份的其他情形。"

检查和实地检查，有定期检查和不定期检查，也有一般检查和专项检查，还有联合检查和单独检查，等等。[①] 其七，它特别强调对相对人正当权益的保护。对于物品、场所的检查，通常要求不得有损坏结果，并不得扣押与案件无关的物品。对人身等的检查则有更严格的规定，《公安机关办理行政案件程序规定》第69条规定在检查违法嫌疑人时，应当尊重被检查人的人格尊严，不得以有损人格尊严的方式进行检查。其中，对女性违法嫌疑人的人身检查，法律还特别规定应当由女性工作人员（不一定是女公务员）进行，[②] 而对特定行政相对人（如卖淫、嫖娼人员）进行身体检查（如性病检查），则应当由医生（不是护士）进行。[③] 行政检查通常还会规定保密义务，即行政主体对在行政检查过程中获得的一些信息，必须保密，否则将追究执法者的法律责任。例如，《居民身份证法》第13条第2款就规定了信息保密要求，即"有关单位及其工作人员对履行职责或者提供服务过程中获得的居民身份证记载的公民个人信息，应当予以保密"。该法第19条还规定了泄露因查验居民身份证而知悉的公民个人信息而侵害公民合法权益的行政和刑事法律责任。

4. 行政检查的法律原则。由于我国没有专门的行政检查法，对行政检查之法律原则的探讨，可以依托行政法的基本原则来加以分析。行政法的基本原则主要是行政合法性原则和行政合理性原则，还包括行政程序性原则等其他内容。这些原则本书第一章已经探讨过了，此不赘述。不过，尽管行政检查散见在诸多行政性法律、法规和规章中，但它们均有自己的特色，那就是它们对程序有着特别的规定。以我国《行政处罚法》为例，该法第37条就规定了行政检查的程序要求：执法人员不得少于两人，并应当向当事人或者有关人员出示证件；检查应当制作笔录；执法人员与当事人有直接利害关系的，应当回避。实践中，除了这几种程序上的要求之外，通常还要求"说明理由、告知权利"，以及"检查的时间应当合法、合理"等。[④]

5. 行政检查的执行措施。有学者综合我国各项法律、法规及规章的相关规定，归纳出行政检查的各项措施，主要包括五个方面：（1）有权要求行政相对人出示身份证件或其他相关证件；（2）有权检查相关场所、物品，

---

① 行政检查的种类，详情可以参见孟昭阳，高文英．行政法与行政诉讼法学［M］．北京：中国人民公安大学出版社，2012：197－198.

② 参见《治安管理处罚法》第87条第2款。

③ 参见《公安机关办理行政案件程序规定》第69条第3款。

④ 孟昭阳，高文英．行政法与行政诉讼法学［M］．北京：中国人民公安大学出版社，2012：199.

特种行业的业务经营情况；（3）有权要求被检查方如实回答提问；（4）有权要求行政相对人提供有关资料并进行核对、查证和确认，以发现问题；（5）有权在追捕在逃人员、侦查案件、现场勘查等职务活动中，对形迹可疑、有违法犯罪嫌疑的人员进行当场盘问、检查。[①]

二、行政处罚

1. 行政处罚的研究现状。在我国，研究行政处罚法主要是依托《行政处罚法》展开的。与前文行政检查知识点不同，我国行政法学论著几乎都探讨了行政处罚的相关知识，但篇幅有大有小。另根据“中国知网”提供的“主题”搜索信息，已经有 38981 篇论文涉及“行政处罚”问题，而其“关键词”搜索也有 2009 篇论文。从“中国知网”提供的“指数分析结果”信息来看，自 1996 年到 2016 年，每年发表与行政处罚相关的论文达到 800 篇以上，其中 1995 年至 1996 年环比增加了 132%，年发表量最大的四年分别是 2003 年（1084 篇）、2007 年（1057 篇）、2013 年（1076 篇）、2015 年（1088 篇）。[②] 有鉴于此，笔者将参阅相关论著及文章简要概括其中的主要内容。

2. 行政处罚的概念界定。虽然我国学界研究行政处罚主要是依托《行政处罚法》，然而该法并没有定义什么是行政处罚，因此学界在理解时众说纷纭。有的将它界定为“行政主体为达到对违法者予以惩戒，促使其以后不再犯，有效实施管理，维护公共利益和社会秩序，保护公民、法人或者其他组织的合法权益的目的，依法对行政相对人违反行政法律规范尚未构成犯罪的行为（违反行政管理秩序的行为），基于人身的、财产的、名誉的及其他形式的法律制裁的行政行为”。有的将它界定为“行政主体依法对违反行政管理秩序而尚未构成犯罪的行政相对人（即公民、法人或其他组织）给予行政制裁的具体行政行为”。[③] 还有的将它界定为“特定的行政主体依法对违反行政管理秩序而尚未构成犯罪的行政相对人所给予的行政制裁”。[④]

① 孟昭阳，高文英．行政法与行政诉讼法学［M］．北京：中国人民公安大学出版社，2012：198 - 199.

② 中国知网，最后访问时间 2017 - 10 - 11，参见 http：//kns. cnki. net/kns/brief/default _ result. aspx，以及 http：//kns. cnki. net/kns/brief/Default _ Result. aspx？ code = CIDX&kw = % E8% A1% 8C% E6% 94% BF% E5% A4% 84% E7% BD% 9A&korder = &sel = 1#。

③ 孟昭阳，高文英．行政法与行政诉讼法学［M］．北京：中国人民公安大学出版社，2012：144。

④ 胡建淼．行政法学（第 4 版）［M］．北京：法律出版社，2015：144.

鉴于修订后的行政诉讼法不再强调具体行政行为，以及并不是所有行政主体均有处罚权，笔者认为最后一种定义最为准确。

3. 行政处罚的种类。我国《行政处罚法》第 8 条列举了行政处罚的种类：警告；罚款；没收违法所得、没收非法财物；责令停产停业；暂扣或者吊销许可证、暂扣或者吊销执照；行政拘留；法律、行政法规规定的其他行政处罚。学界对此加以归纳和抽象，形成申诫罚、财产罚、能力罚、人身罚四个种类的通说。（1）申诫罚。按照学者们的理解，这是指一般行政主体对行政违法者予以告诫和谴责，对其名誉、信誉或精神施加一定影响的制裁形式，具体形式主要包括警告、通报批评、剥夺荣誉称号等。① 然而，尽管我国《行政处罚法》只明确了警告这一种申诫罚的形式，但执法实践中还有一种“训诫”②，虽然目前其法律地位还不明确，却可能会给行政相对人带来一些不利的后果，笔者认为它应该也属于申诫罚的范畴。（2）财产罚。这是指一般行政主体要求违法者缴纳金钱或物品、剥夺其某种财产权的处罚。它是行政处罚中运用最为广泛的一个种类，常见的方法是罚款和没收，均上缴国库。这里所说的罚款，其对象是违法行为人合法收入的金钱。没收的对象包括违法行为人的违法所得和非法财物。这里所说的违法所得，包括金钱或物品，但这类金钱不可充当罚款的对象。所谓非法财物，包括以非法途径获得的财物（如盗窃所得、赌博所得），以及违禁的物品（如管制刀具、毒品等）。（3）能力罚。这是指一般行政主体限制或剥夺行政违法者某些特定能力或资格的制裁形式。它包括责令停产停业和暂扣或吊销许可证、执照两类。责令停产停业由于对行政相对人、第三人甚至社会秩序和经济发展有较大的影响，如工厂停工将影响该厂工人的工资发放等，因而通常有较为严格的限制，如《行政处罚法》就此特别规定了听证程序。有学者还注意到它和“责令改正”之间的联系与区别，认为它们是两种不同的行政行为，不能互相替代。③《行政处罚法》第 23 条规定，在实施行政处罚时，应当责令当事人改正（或者限期改正）违法行为。可见，“责令改正”的适用

---

① 孟昭阳，高文英．行政法与行政诉讼法学［M］．北京：中国人民公安大学出版社，2012：146－147.

② 可参见国务院制定的《信访条例》第 47 条第 2 款的规定：“经劝阻、批评和教育无效的，由公安机关予以警告、训诫或者制止；违反集会游行示威的法律、行政法规，或者构成违反治安管理行为的，由公安机关依法采取必要的现场处置措施、给予治安管理处罚；构成犯罪的，依法追究刑事责任”。

③ 孟昭阳，高文英．行政法与行政诉讼法学［M］．北京：中国人民公安大学出版社，2012：148；胡建淼．行政法学（第 4 版）［M］．北京：法律出版社，2015：226. 需要注意的是，学者胡建淼在表述时，前文说的是“责令改正”，后面说的是“责令纠正”，笔者认为如能统一该术语则最好。

范围广，贯穿在整个行政处罚种类中。另外一种能力罚，即暂扣或吊销许可证、执照，在当代经济社会具有重要的实际意义。在此，吊销之后需要重新申请，而暂扣是指违法行为轻微或者得到纠正后可原样返还，继续使用，无须重新申请。暂扣或吊销的对象只是许可证或执照，是限制或剥夺从事某项活动的权利或资格，然而对于“许可证或执照”是指什么的问题，学界却较少探讨。实践中常见的是生产许可证和营业执照，还有机动车行驶证和机动车驾驶证等。(4) 人身罚。这是指特殊行政主体限制或剥夺行政违法者人身自由的制裁形式。由于人身自由是人的特殊权利，法律通常只规定一些特殊的行政主体如公安机关或国家安全机关可以行使人身罚，其他行政主体一律无权使用该处罚方式。它的主要形式是行政拘留，此外还包括驱逐出境、限期出境、禁止入境等情况。

4. 行政处罚的法律原则。法律原则通常是法学界对法律精神的高度提炼，主要包括三种情况：其一，包括法律的“总则”部分明显的“原则”提示，如《行政处罚法》第4条规定“公开、公正的原则”；其二，散落在“总则”部分没有“原则”提示的条文中；其三，散落在“总则”部分之外没有“原则”提示的条文中。行政处罚的原则经过行政法学者的提炼，结合《行政处罚法》的条文，主要有处罚法定（第2、8、9、15条等）、公开公正、教育与处罚相结合（第5条）、保障相对人权益（第6、7条等）、一事不再罚（第24条）等原则。这些原则中具有特色的有三个：一是处罚法定，包括设定权法定、主体及其职权法定、违法行为法定、处罚种类及程序法定等。二是教育与处罚相结合，实践中时常沦落为“以罚代管”，背离了立法的基本精神。三是一事不再罚，容易被误解，它只是行政处罚不二罚，对于达到犯罪情节的，仍要进行刑事处罚，并且多个违法行为就应当多次处罚。比如，超载车辆司机李某在甲县被查获罚款了，不改正，还接着超载行驶到乙县，乙县交警仍然可以处罚。此时，以甲县交警查处为时间截止点，李某的超载车辆在甲县和乙县是两个独立的违法行为，因而可以分别处罚。

5. 行政处罚的适用方法。就执法实践需求而言，了解行政处罚的适用方法非常重要。在此，笔者将借鉴实务学者对相关法条的梳理及实务部门的执法需求来概述行政处罚的适用方法。[①] 其一，不予处罚。这有两种情况：一是过了法定的追究时效而未被发现的违法行为，不予处罚。行政违法的一

① 这主要参阅了孟昭阳，高文英．行政法与行政诉讼法学［M］．北京：中国人民公安大学出版社，2012：151－152.

般时效是2年，特殊时效是6个月（治安管理）。二是虽然依法作出了处罚，但出现了不予处罚的法定事由。这些情形包括：违法行为人不满14周岁；精神病人在不能辨认或者不能控制自己行为时的违法行为；由于生理缺陷原因违反有关法律规定的行为；属于正当防卫的行为；属于紧急避险的行为；违法行为轻微并没有造成危害后果的行为。其二，在法定处罚种类和幅度内，从轻、减轻处罚。这些情形包括：已满14周岁不满18周岁的人有违法行为的；主动消除或者减轻违法行为危害后果的；受他人胁迫有违法行为的；配合行政机关查处违法行为有立功表现的；盲人或又聋又哑的人有违法行为的。其三，在法定处罚种类和幅度内，从重处罚。这些情形包括：有较严重后果的；教唆、胁迫、诱骗他人违反相关行政法的；对报案人、控告人、举报人、证人打击报复的；特定时期内受到处罚的（如治安管理处罚以6个月内为期）。其四，依法应当给予行政拘留处罚，但因法定事由不执行行政拘留处罚。这些情形包括：已满14周岁不满16周岁的；已满16周岁不满18周岁，初次违反治安管理的；70周岁以上的；怀孕或者哺乳自己不满1周岁婴儿的。其五，处罚的竞合。这是指行为人同一行为既违反了行政法规又违反了刑法规范的处罚适用。这些情形包括：行政处罚与刑法处罚分别适用，如交通肇事严重时，既要刑罚坐牢，也要吊销驾驶执照；吸收行政法，仅适用刑罚，如判处刑事拘役，就可吸收行政拘留处罚；出现免予刑事处罚的法定情形，仅适用行政处罚。

三、行政强制

1. 行政强制的研究现状。我国当前研究行政处罚法主要是依托《行政强制法》展开的。这部法律的制定，从1999年启动，可谓“十年磨一剑”，其间贯穿了法律实务界与法学界之间的密切互动。我国行政法学教材几乎都探讨了行政处罚的相关知识，篇幅有大有小。另根据“中国知网”提供的“主题”搜索信息，已经有27391篇论文涉及“行政强制”问题，而其“关键词”搜索也有4424篇论文。从“中国知网”提供的“指数分析结果”信息来看，自2000年以来，每年发表与行政强制相关的论文达到500篇以上，其中年发表量最大的是2012年，达823篇。[①] 在此，笔者主要参阅《行政强制法》的规定来加以分析。

2. 行政强制的概念界定。行政强制的定义，在《行政强制法》第2条中有明确规定，即包括“行政强制措施和行政强制执行”。其一，行政强制

---

① 中国知网，最后访问时间2017－10－13。

措施，是指“行政机关在行政管理过程中，为制止违法行为、防止证据损毁、避免危害发生、控制危险扩大等情形，依法对公民的人身自由实施暂时性限制，或者对公民、法人或者其他组织的财物实施暂时性控制的行为”。这里需要明确的是，具有行政强制措施权的只能是行政机关，不包括法律授权组织，并且行政强制措施权不得委托（《行政强制法》第17条）。另外，还需要注意行政强制措施的四个法定目的和两类暂时性措施（限制、控制）。其二，行政强制执行，是指“行政机关或者行政机关申请人民法院，对不履行行政决定的公民、法人或者其他组织，依法强制履行义务的行为”。这里需要注意行政强制执行的两类主体，即行政机关或人民法院，其中除了公安机关等之外，绝大多数行政机关并没有行政强制执行权，因此绝大多数情况下是人民法院执行行政强制。

3. 行政强制的对比分析。从以往经验来看，对行政强制的理解，存在两个常见的问题：其一，容易混淆行政强制内部行政强制措施和行政强制执行的两块内容。其二，不易理解行政强制与其他行政行为（尤其是行政处罚）之间的关系。笔者认为，要厘清这些问题，首先就有必要利用下表来加以比较：

名称	分类	执行主体	主要的种类或方式
行政强制	行政强制措施（种类）	行政机关	A. 限制公民人身自由；B. 查封场所、设施或者财物；C. 扣押财物；D. 冻结存款、汇款
	行政强制执行（方式）	行政机关（少数） 人民法院（常态）	A. 加处罚款或者滞纳金；B. 划拨存款、汇款；C. 拍卖或者依法处理查封、扣押的场所、设施或者财物；D. 排除妨碍、恢复原状；E. 代履行
行政处罚	——	行政机关①	A. 行政拘留；B. 责令停产停业；C. 没收违法所得、没收非法财物；D. 暂扣或者吊销许可证、暂扣或者吊销执照；E. 罚款；F. 警告

通过上表的比较，不难发现，行政强制措施重点在行政案件处置过程中

① 特殊情况下，法院等非行政机关也可以成为行政处罚的主体，如法院对闹法庭的人作出罚款决定，这不是司法行为，而是行政处罚。

的“措施种类”，即限制、查封、扣押和冻结，它的落脚点在于行政案件的“暂时控制”；行政强制执行重点在行政案件裁决后的“执行方式”，主要是加处罚款、划拨、拍卖、排除或恢复、有偿替代等，它的落脚点在于行政案件的“最终了结”。这里需要注意的是，《行政强制法》所规定的行政强制措施和行政强制执行方式，均有“其他”兜底条款，即还包括本法未列举但存在于其他立法中的行政强制规定，如《消防法》第 45 条第 1 款第 5 项规定，为了防止火势蔓延，消防部门可以“强制拆除”毗邻的建筑物；《农药管理条例》规定了对过期农药的“强制检验”；《集会游行示威法》第 27 条规定民警可以“强行驱散”和“强行带离”等。此外，还有强制检疫、强制服兵役等。另外，行政处罚与行政强制的关系，一方面，从表面上看，行政处罚既像是行政强制措施的具体落实（如行政拘留—限制公民人身自由），又像是行政强制执行的额外表现（如没收、暂扣、吊销、警告），这说明行政处罚与行政强制之间存在关联性与差异性。另一方面，观察行政处罚与行政强制的关系要置放在整个行政执法的过程中来宏观观察。在行政执法实践中，除了公安机关等在法定情形下可以对相对人的人身实施一定程度的强制力之外，绝大多数行政主体无此权限，由此导致一些行政处罚的行政管理没有效果。行政强制恰好就解决了这个矛盾。以行政相对人不缴罚款为例，无须强制力，采用行政强制执行就能够达到目的。

4. 行政强制的法律原则。结合《行政强制法》的规定，行政强制的原则主要列举在其“总则”部分，如强制法定原则（第 4 条）、强制适当原则（第 5 条）、教育与强制相结合原则（第 6 条）、不得谋利原则（第 7 条）、保护当事人原则（第 8 条）。此外，在该法的其他部分，一些法条也抽象和升格为原则，如行政强制措施权不得委托（第 17 条）、行政强制执行严禁非人道方式（第 43 条）。同时，一些学者结合自己的研究，还提出了其他原则，包括及时、准确、手段正当原则，强制与预防相结合原则，协助执行原则，行政强制不得滥用原则等。[①] 在此，笔者认为，研究行政法的具体部门法时，宜结合该部门具体的重点法条，不宜套用行政法基本理论对行政法的“公约数”的抽象成果。在此，一些法律“总则”部分之外被抽象和升格为原则的法条格外需要注意。从严格意义上来说，它们算不上该法的原则，立法者无意将它们奉为原则，因而没有置放在“总则”部分以统领整个法律，但是该法在实践中因为时常出现一些侵权的问题，致使立法目的发

① 张正钊，胡锦光．行政法与行政诉讼法学（第六版）［M］．北京：中国人民大学出版社，2015：134－135；王学辉．行政法与行政诉讼法学（第二版）［M］．北京：法律出版社，2015：176.

生背离，在民众和学者的共同努力下，一些“总则”之外的法律规定就以社会舆论监督的方式宣传为法律原则，影响行政与司法机关对该法精神的关注。以《行政强制法》第43条为例，社会生活实践中，基于房屋拆迁过程中不良开发商与腐败官员勾结的现象，一些行政机关滥用行政职权，时常以停止供水、供电、供热、供气等方式迫使当事人搬迁，民众反映强烈，毕竟现代社会离开了这些基本社会资料，将可能造成人们不能生活，并且行政执法毕竟是人民内部矛盾，而人的生命价值永远是在法律价值之上的。此外，一些执法者故意（非紧急情况）在夜间或者法定节假日实施行政强制执行措施，容易引起邻人（童叟）恐慌。这些有争议的执法方式严重影响民众正常的社会生活，由此以“社会良心”① 的方式宣示为法律原则。

四、行政征收与行政征用

1. 行政征收与行政征用的研究现状。行政征收与行政征用是宪法性行政权力。我国《宪法》分别对土地和私人财产作出了“行政征收或行政征用”的规定，并设置了前提条件是“为了公共利益的需要”，规定了补救措施“给予补偿”（第10、13条）。与之相对应，行政立法正逐步落实这项宪法性权力，如《税收征收管理法》，确定了税务机关对各种税收的征收管理。不过，更多的行政征收或行政征用乃是散落在其他行政性法律、法规或规章的某些条款中。② 虽然它们并不是我国行政执法的常态，但因其社会影响大，因此我国行政法学论著几乎都探讨了这两个知识点（但多数论著只探讨“行政征收”）。根据“中国知网”提供的“主题”搜索信息，已经有6591篇论文涉及“行政征收”问题，有1797篇论文涉及“行政征用”问题；按照“关键词”搜索，有1788篇论文涉及“行政征收”问题，有411篇论文涉及“行政征用”问题。③ 这呈现出两个研究特点：一是学界更加注重行政征收，相对忽视行政征用；二是相较于行政处罚等其他热门行政行为，学界总体上研究行政征收与行政征用的成果不多。

2. 行政征收或行政征用的概念界定。综合学界的相关研究，行政征收强调所有权的转移，指行政职权主体（即行政机关，不包括法律授权的行政主体）基于公共利益的需要，依法向行政相对人强制取得财产性权益并以给付相应补偿为例外的行政行为。行政征用强调临时使用权（不转移所

① 何勤华，齐凯悦．司法良知：法律与道德的完美结合［N］．人民法院报，2016－1－15（5）．

② 如《土地管理法》第2条第4款，《防洪法》第45条第1款。

③ 数据来源于“中国知网”，最后访问时间为2017年10月16日。

有权），指行政主体基于公共利益的需要，依法向行政相对人强制临时取得财产性权益或劳务等并以给付相应补偿为常态的行政行为。应该说，我国2004年宪法修正案对行政征收或行政征用的行政行为特别突出了行政机关的补偿义务，行政征用适用没问题，但行政征收依然以无偿性为主要特征，如传统的税收通常就不直接补偿。当然，针对土地等（或房屋拆迁）特殊财物的征收或征用，经过相关法律明确确认，也特别强调需要补偿。此外，这里还有一个共同的关键词“公共利益”，实践中如何界定“公共利益”的标准，通常见仁见智，莫衷一是。为此，通过立法的方式明确列举成为一种新趋势。以《国有土地上房屋征收与补偿条例》为例，该法第8条界定了房屋征收时的“公共利益”，① 其中前三项具有一定的代表性。这三项内容包括：国防和外交的需要；由政府组织实施的能源、交通、水利等基础设施建设的需要；由政府组织实施的科技、教育、文化、卫生、体育、环境和资源保护、防灾减灾、文物保护、社会福利、市政公用等公共事业的需要等。

第五节　服务与授益类行政行为

一、行政信息公开

1. 行政信息公开的研究现状。行政信息公开，狭义上又称政府信息公开，当前行政法学界对它的研究主要是依托《政府信息公开条例》而展开的。从“中国知网”提供的“主题”搜索信息，已经有26029篇论文涉及“政府（行政）信息公开”问题，其中以“行政信息公开”为名的有13621篇；而其“关键词”搜索也有1819篇论文，其中以“行政信息公开”为名的仅73篇。应该说，学界对此问题的研究成果也不少。② 政府信息公开的意义在于“保障公民、法人和其他组织依法获取政府信息，提高政府工作的透明度，促进依法行政，充分发挥政府信息对人民群众生产、生活和经济社会活动的服务作用”（该法2017年修订草案第1条）。在此就明确了它的属性是以保障行政相对人权益为目标的服务行政。不过，学界探讨政府信息

---

① 即“（一）国防和外交的需要；（二）由政府组织实施的能源、交通、水利等基础设施建设的需要；（三）由政府组织实施的科技、教育、文化、卫生、体育、环境和资源保护、防灾减灾、文物保护、社会福利、市政公用等公共事业的需要；（四）由政府组织实施的保障性安居工程建设的需要；（五）由政府依照城乡规划法有关规定组织实施的对危房集中、基础设施落后等地段进行旧城区改建的需要；（六）法律、行政法规规定的其他公共利益的需要”。

② “中国知网”，最后访问时间2017－10－19。

公开问题，并不是将其视为行政行为的范畴，主流观点是将其视为行政程序的一项基本制度（行政信息公开制度），[①] 但也有学者同时将其视为行政程序的一项基本原则（行政公开原则）。[②] 这表明，很多学者认同它为行政程序的内容，但定性为原则还是制度略有争议。

2. 行政信息公开的概念界定。根据《政府信息公开条例》第 2 条的规定，所谓政府信息，是指“行政机关在履行行政职责过程中制作或者获取的，以一定形式记录、保存的信息”。另据该条例第 9 条和第 13 条的规定，行政机关公开政府信息，可采取主动公开和依申请公开的方式。[③] 行政信息公开，就内容而言，与政府信息一致，但在主体上还包括行政机关之外的法律授权主体，即行政主体；就公开方式而言，也与该法规定的公开政府信息一致。有鉴于此，笔者尝试界定行政信息公开的定义为：行政主体依法采取主动公开和依申请公开的方式，公开其在履行行政职责的过程中，制作或者获取的，以一定形式记录、保存的信息。在此，笔者将包括政府信息公开在内的行政信息公开视为一个行政行为，原因有五点：其一，从词意上分析，“公开”既是行为的一个过程，具有程序性，但它也可以是强调该行为的一个结果，具有实体法的属性。其二，行政（政府）信息公开是法规规定的行为，包括“主动公开和依申请公开”，这符合行政法学对行政行为“依职权行为和依申请行为”的行政行为分类。其三，行为的主体是以行政机关为主的行政主体，符合行政行为的主体要件。其四，在《政府信息公开条例》中有较多的条款在程序上规定行政机关如何主动公开，以及行政相对人如何依申请公开，这就是立法通过程序来保障行政相对人的实体权利，而不是阐述“公开”本身的程序属性。其五，行政信息公开属于以服务为主的行政行为，在党的十九大以来强调政府的服务职能的背景下，其行为更应当被学界重视。

3. 行政信息公开的法律原则。综合《政府信息公开条例》的相关规定，行政信息公开的原则主要表现为四点：其一，树立“公开为常态、不公开为例外”为行政信息公开的基本原则。这是指除法律、行政法规另有规定外，行政信息应当公开。通常情况下，行政机关内部的工作流程、人事管

---

① 王学辉．行政法与行政诉讼法学（第二版）[M]．北京：法律出版社，2015：207－208.

② 张正钊，胡锦光．行政法与行政诉讼法学（第六版）[M]．北京：中国人民大学出版社，2015：175.

③《政府信息公开条例》第 9 条规定，行政机关对符合下列基本要求之一的政府信息应当主动公开。第 13 条规定，公民、法人或者其他组织还可以根据自身生产、生活、科研等特殊需要，向国务院部门、地方各级人民政府及县级以上地方人民政府部门申请获取相关政府信息。

理、后勤管理等有关行政机关内部事务的信息，可不予公开。其二，行政信息公开要公正、公平、便民。比如，行政主体应当向国家档案馆、公共图书馆提供主动公开的行政信息，并应当在这些场所设置行政信息查阅场所，配备相应的设施、设备（如设立公共查阅室、资料索取点、信息公告栏、电子信息屏等场所、设施），为公民、法人或者其他组织获取政府信息提供便利。其三，行政机关应当及时、准确地公开政府信息。这主要是指行政机关发现影响或者可能影响社会稳定、扰乱社会管理秩序的虚假或者不完整信息的，应当在其职责范围内发布准确的政府信息予以澄清。其四，信息公开前需要审查。行政机关公开政府信息，不得危及国家安全、公共安全、经济安全和社会稳定。比如，不得公开可能对国防、外交、国家安全、领土完整、民族团结等国家利益产生不利影响的信息，以及公开后可能影响重大经济金融政策的有效实施、信息安全或者造成经济金融市场异常波动的信息，或者涉及民族、宗教、侨胞等事项公开后可能造成不利影响的信息等。

4. 行政信息公开的执行措施。针对行政机关公开政府信息所采取的主动公开和依申请公开两种方式，在具体公开行政信息过程中也有两类要求。第一类是针对行政主体主动公开信息的要求，包括制作信息和保留信息的公开。行政主体制作的行政信息，由制作该行政信息的行政主体负责公开；行政主体从公民、法人或者其他组织获取的行政信息，由保存该行政信息的行政主体负责公开。这类行政信息需要主动通过政府公报、政府网站、新闻发布会以及报刊、广播、电视等便于公众知晓的方式公开。第二类是针对行政主体依申请公开信息的要求，以行政相对人书面申请为主（包括数据电文形式），以口头申请形式为辅（采用书面形式确有困难的）提出申请。被申请的行政主体能够当场答复的，应当当场予以答复；不能当场答复的，应当在法定期间内答复。不过，如果行政主体认为申请公开的行政信息涉及商业秘密、个人隐私，公开后可能损害第三方合法权益的，应当书面征求第三方的意见，第三方不同意公开的，通常不得公开。

二、行政许可

1. 行政许可研究现状。按照我国行政法学界的一般理解，行政许可是国家宏观调控的一种方式，意在将有潜在危及社会公共安全、经济秩序、公民权益的生产活动纳入国家统一管理体系，或者充分合理地分配和利用有限资源，以保持国内市场稳定，制止不法经营，消除危害生产等。行政许可作为一种行政行为的法律依据主要是《行政许可法》。我国行政法学论著均阐述了这个知识点，很多论著还将它列为具体行政行为的第一项内容，以示重视。“中国知网”提供的“主题”搜索信息显示，已经有60068篇论文涉及“行政许可”问题；而其“关键词”搜索也有35088篇论文。另据其“指数分析”提供的数据，自2002年以来每年发表有关行政许可的文章达550余篇，其中2004年达到最高值，有2396篇论文，比2003年环比增长273%。[①] 由此可见，仅就数量来看，行政许可是行政行为中研究成果最多的一项。

2. 行政许可的概念界定。所谓行政许可，依据《行政许可法》第2条的规定，“是指行政机关根据公民、法人或者其他组织的申请，经依法审查，准予其从事特定活动的行为”。不过，这里排除了有关行政机关内部行政行为，如人事、财务、外事等事项的审批（第3条第2款）。这表明，行政许可是行政机关依申请的行政行为，而“从事特定活动”是关键词，它不仅揭示了行政许可的属性，还明示了与行政审批的区别。（1）行政许可的属性及其分类。行政许可的典型分类是二分为排他性许可和非排他性许可。前者如商标许可、烟草专卖许可等，后者如营业执照、驾驶执照等。该经典分类在一定程度上揭示了行政许可的法律属性。按照有关学者的阐述，从历史发展的视角来看，行政许可具有双重属性，即既是权利解禁或自由恢复（始于早期，以卖酒、售枪为例），也是赋予权利的行为（始于现代，以烟草专卖为例）。[②] 一方面，人类酿酒的历史悠久，而酗酒造成了很多家庭暴力问题，为了保护妇女权益，美国国会于1920年立法颁布了禁止酿造和发售酒类的《沃尔斯特法令》，但该法令于1933年取消。因此，对于生产和销售酒类，通常采取一般行政许可的方式防范弊端，尤其是禁止向未成年人兜售酒水。这就是权利解禁说。另一方面，烟草也是人类的古老发明，但它与酗酒所造成的社会公共危害不同，主要是伤害吸烟者自己的身体健康，因此其危害性长期不被重视。然而，随着科学常识的普及，吸烟的危害越来越引起人们的重视，美国政府从20世纪60年代中期开始进行禁烟运动。在此运动中，烟草专卖成为一种有代表性的行政许可，它以排他性为特征，因而被视为赋予权利的行为。（2）行政许可只是行政审批中的一项内容。行政审批是行政主体依法作出的准予申请人“从事特定活动、认可其资质、确认特定民事关系或者特定民事权利能力或行为能力的行为”，它还包括行政确认中的审批（如产权登记、婚姻登记）、行政给付中的审批（如抚恤

① “中国知网”，最后访问时间2017－10－22。

② 胡建淼．行政法学（第4版）［M］．北京：法律出版社，2015：263－264；孟昭阳，高文英．行政法与行政诉讼法学［M］．北京：中国人民公安大学出版社，2012：174－175.

金、低保)、行政征用中的审批（如减免税费）等。[①] 由此可见，行政审批是行政主体组织、管理和服务行政活动之职能的重要表现，行政许可内含在其中，两者既有联系也有区别。综上，有学者将行政许可的特征归纳为四个，即是一种行政行为、是有限设禁和解禁的行政行为、是受益性行政行为、是要式（申请）行政行为。[②] （3）行政许可需严格依法进行。按照《行政许可法》第二章的规定，设定行政许可必须依据法律、法规，规章只能设立临时性的行政许可，并且有严格的限制（目的是因行政管理的需要，主体是省级人民政府，时限是 1 年）。与此同时，按照《行政许可法》第22、23、24 条的规定，行政许可的主体不仅仅是行政机关，还包括法律授权的组织，并且行政主体还可以将该权力加以委托（但受委托组织不能再委托其他组织）。（4）行政许可融合了服务行政的精神。按照《行政许可法》第 6 条的规定，实施行政许可，应当遵循便民的原则，提高办事效率，提供优质服务。为方便申请，按照《行政许可法》第 29 条第 3 款的规定，行政许可申请可以通过信函、电报、电传、传真、电子数据交换和电子邮件等方式提出。依据廉洁行政的要求，该法第 27 条还规定，行政机关实施行政许可，不得向申请人提出购买指定商品、接受有偿服务等不正当要求；行政机关工作人员办理行政许可，不得索取或者收受申请人的财物，不得谋取其他利益。有鉴于此，笔者认为，行政许可可以界定为：行政主体严格依据法律、法规或规章的特别规定，基于服务行政的目的，根据公民、法人或者其他组织的申请，经依法审查，准予其从事特定活动的行为。

3. 行政许可的法律原则。正如前文所言，我国行政法学界已经深耕行政许可的相关知识点并取得了丰硕的成果。对行政许可原则的总结，有学者认为是许可法定原则、许可公开原则、保护申请人程序权利原则、信赖保护原则、禁止转让原则、监督原则。[③] 也有学者认为是许可法定原则，公开、公平、公正原则，便民高效原则，保障相对人权利原则，信赖保护原则。[④] 可见，学界对行政许可原则的总结大同小异。差异之处是禁止转让原则。按照《行政许可法》第 9 条的规定，依法取得的行政许可，除法律、法规规定依照法定条件和程序可以转让的以外，不得转让。这些原则的最大“公

---

① 胡建淼．行政法学（第 4 版）[M]．北京：法律出版社，2015：267－268.

② 姜明安．行政法与行政诉讼法（第五版）[M]．北京：北京大学出版社，高等教育出版社，2011：225－226.

③ 张正钊，胡锦光．行政法与行政诉讼法学（第六版）[M]．北京：中国人民大学出版社，2015：103.

④ 王学辉．行政法与行政诉讼法学（第二版）[M]．北京：法律出版社，2015：155－156.

约数”是许可法定原则和信赖保护原则。前者在《行政许可法》第二章有较大的篇幅加以规定；后者主要是指该法第 8 条的规定，即“公民、法人或者其他组织依法取得的行政许可受法律保护，行政机关不得擅自改变已经生效的行政许可”。这是对行政主体的约束，是义务性规定，不得违反。不过，该法第 8 条第 2 款还列举了例外情形，即“行政许可所依据的法律、法规、规章修改或者废止，或者准予行政许可所依据的客观情况发生重大变化的，为了公共利益的需要，行政机关可以依法变更或者撤回已经生效的行政许可。由此给公民、法人或者其他组织造成财产损失的，行政机关应当依法给予补偿”。

三、行政给付

1. 行政给付的研究现状。行政给付是社会救助的主要组成部分，主要是指国家的帮助，它与社会帮助一道，共同对依靠自身努力难以维持基本生活的公民给予的物质帮助和服务。① 按照行政法学界的一般理解，行政给付即行政物质帮助。尽管目前我国并无单独的行政给付立法，但我国绝大多数行政法学论著均探讨了这个知识点。“中国知网”提供的“主题”搜索信息显示，已经有 3070 篇论文涉及“行政给付”问题；而其“关键词”搜索也有 2199 篇论文。另据其“指数分析”提供的数据，在 2000 年以前相关论文数量仅为个位数，但 2000 年比 1999 年环比增长 275%，即 15 篇；2007 年有一个高值 80 篇，2010 年有 130 篇，2015 年达到最高值 167 篇。② 由此可见，仅就数量来看，研究行政给付的成果并不多。

2. 行政给付的概念界定。行政法学界在界定行政给付时，通常区分广义和狭义。广义的行政给付是指“国家建立社会保障体系，以及由政府直接承担的社会救助义务的行为”，包括供给行政、社会保障行政、财政资助行政等。③ 狭义的行政给付是指行政主体在公民年老、疾病或者丧失劳动能力等情况下，或者在其他特殊情况下，依照有关法律、法规、规章或者政策的规定，赋予其一定的物质利益或者与物质有关的权益的具体行为。④ 通

① 喻少如．论社会救助制度中的行政给付程序［J］．法学评论，2011（4）．

② “中国知网”，最后访问时间 2017－10－24.

③ 杨建顺．日本行政法通论［M］．北京：中国法制出版社，1998：329－331；王学辉．行政法与行政诉讼法学（第二版）［M］．北京：法律出版社，2015：159.

④ 姜明安．行政法与行政诉讼法［M］．北京：北京大学出版社，高等教育出版社，1999：189；王学辉．行政法与行政诉讼法学（第二版）［M］．北京：法律出版社，2015：159；张正钊，胡锦光．行政法与行政诉讼法学（第六版）［M］．北京：中国人民大学出版社，2015：121－122.

常，我国相关论著采用的是狭义的定义。该定义的对象明确，即“三类人”，但“其他特殊情况”却表意含糊。应该说，我国行政给付就其法律渊源而言，直接来自我国《宪法》第45条的规定，它有三款，表现为四种情况：其一，公民在年老、疾病或者丧失劳动能力的情况下，有从国家和社会获得物质帮助的权利；其二，国家发展为公民享受前述权利所需要的社会保险、社会救济和医疗卫生事业；其三，国家和社会保障伤残军人的生活，抚恤烈士家属，优待军人家属；其四，国家和社会帮助安排盲、聋、哑和其他有残疾的公民的劳动、生活和教育。由此可见，我国学界在界定行政给付时，狭义的界定主要参考的是第一种情况，而广义的界定则包含了第二种情况，这均是《宪法》第45条第1款的内容。那么，《宪法》第45条第2、3款（即第三、四种情况）是否属于行政给付呢？这是否就是上述的“其他特殊情况”呢？从属性上来说，第1款是针对人的基本尊严；第2款是针对做出特殊贡献的人（军人）的补偿或奖励；第3款是针对特殊群体（残疾人）的特别关照。不过，就实现手段而言，第1款是“获得物质帮助”，第2款是“保障”、“抚恤”和“优待”，第3款是“帮助安排”。如果我们将第1款的手段视为学界狭义定义的“赋予其一定的物质利益”，那么该定义中的“与物质有关的权益”是否就是指第2、3款中的内容呢？问题是“优待军属”和帮助安排残疾人的“生活和教育”不完全是“与物质有关的权益”，而且是与精神有关的权益。由此可见，学界的这个定义有问题。另外，如果将对象限定为“公民在年老、疾病或者丧失劳动能力的情况下”，这似有法律基础，却又“断章取义”；看似在对象上有一定的代表性而有概括性，却又遗忘大多数而呈现机械性。社会实践中最为典型的是针对自然或社会灾害的国家救助。如果说对公民在年老、疾病或者丧失劳动能力等情况下的国家救助体现的是新社会先进性的话，那么对灾害的救助则是古今中外各个政府的合法性基础而成为其内在本分和法定传统，更体现了行政给付的内涵。[①] 不过，行政给付作为国家救助，它所保障的是人作为人的尊严，而不是养懒汉；它作为人的生活的底线——即使是最落魄的人也能保存生命而有东山再起的机会，其最终目标是推动社会的进步，不是搞大锅饭和大平均主义。有鉴于此，笔者认为，行政给付是国家基于对做出特殊贡献的人或者保障人的尊严而提供给生活困难的公民的法定的物质利益，或提供与物质、精神有关权益的具体行为。

3. 行政给付的法律原则。尽管我国行政法学论著很少表明行政给付从

---

① 黄悦波．试析我国自然灾害中的行政给付［J］．江西警察学院学报，2012（1）．

属于社会救济范畴，但在阐述其表现形式时，如抚恤金、特定人员离退休金、社会救济和福利金、自然灾害救济金和救济物资等，[①] 实际上均涉及社会救济的相关法律。目前，直接展现行政给付的法律、法规包括《残疾人保障法》《消防法》《军人抚恤优待条例》《革命烈士褒扬条例》《城市居民最低生活保障条例》《法律援助条例》《国营企业行业职工保险暂行规定》等，然而在《社会救济法》出台之前，《社会救助暂行办法》是从社会救济视角研究行政给付的核心规范。以此为依托，借鉴学界的归纳和上述法律、法规的内在规定，笔者认为行政给付的基本原则表现在五个方面：其一，保尊严、托底线、救急难、可持续原则；其二，公开、公平、公正、及时的原则；其三，物质照顾与精神鼓励相结合；其四，社会救助水平与经济社会发展水平相适应；其五，鼓励社会力量参与救助的原则。这其中还需一提的是第五点，即国家应当在税收、收费等方面抵销相关社会力量所捐赠的财物，以褒奖此行为。因为这不仅仅是金钱、物品在数字上的加减，而是培育社会精神文明。更为重要的是，社会送温暖依托具体的人的情感，有助于提升被给付人的精神风貌，进而推进行政给付的目的的实现。

4. 行政给付的执行措施。行政给付是申请行政行为，需要行政相对人提出申请，行政主体经过审核而对合格者依法给予物质或与物质、精神相关的权益。结合我国相关法律、法规和规章的规定，行政给付有三种具体的实施形式：其一，定期发放的行政给付。这是行政给付的典型形式，具体包括伤残抚恤金、烈军属生活困难补助等。其二，一次性发放的行政给付。这种情形如退伍军人安置费、因公牺牲或病故人员的丧葬费、烈士家属抚恤金等。其三，临时性发放的行政给付。这种情形包括自然灾害救济、公民突发性困难紧急救济等。[②]

四、行政奖励

1. 行政奖励的研究现状。行政奖励是现代社会管理过程中常见的行政行为，我国行政法学论著均探讨了这个知识点。我国目前没有单独的行政奖

---

① 姜明安．行政法与行政诉讼法［M］．北京：北京大学出版社，高等教育出版社，1999：190－191；王学辉．行政法与行政诉讼法学（第二版）［M］．北京：法律出版社，2015：160；张正钊，胡锦光．行政法与行政诉讼法学（第六版）［M］．北京：中国人民大学出版社，2015：122－123.

② 姜明安．行政法与行政诉讼法［M］．北京：北京大学出版社，高等教育出版社，1999：192－193；张正钊，胡锦光．行政法与行政诉讼法学（第六版）［M］．北京：中国人民大学出版社，2015：124.

励法，由于制定行政奖励措施的主体权限不明确，以至于实践中存在“散乱、过滥”的情形，招致多次清理。为此，学界和实务界正呼吁和探讨行政奖励法。① 从“中国知网”提供的“主题”搜索信息来看，已经有3968篇论文涉及“行政奖励”问题；而其“关键词”搜索也有1480篇论文。另据其“发表年度趋势”提供的数据，自2003年之后年发表量开始超过100篇，高峰值分布在2003年（118篇）、2007年（309篇）、2010年（298篇）、2015年（321篇），但2016年跌至176篇。② 由此可见，仅就数量来看，与行政给付一样，研究行政奖励的成果也不多。

2. 行政奖励的概念界定。我国有关行政奖励的各种规定，散见在相关的法律、法规和规章中，因而并没有法定的和统一的概念界定。行政法学界对于行政奖励的界定，通说是指“行政主体为了表彰先进，激励后进，充分调动和激发人们的积极性和创造性，依照法定条件和程序，对为国家、人民和社会做出突出贡献或模范地遵纪守法的行政相对人，给予物质的或精神的奖励的具体行政行为”。③ 再看我国与行政奖励相关的规范，主要有三种情况：其一，行政奖励的专门立法，如《国家勋章和国家荣誉称号法》以及各省市的《奖励和保护见义勇为人员条例》等。其二，散见在法律、法规中的一些奖励条款中，如《反恐怖主义法》第10条规定“对举报恐怖活动或者协助防范、制止恐怖活动有突出贡献的单位和个人，以及在反恐怖主义工作中作出其他突出贡献的单位和个人，按照国家有关规定给予表彰、奖励”。这类法律还有《文物保护法》《环境保护法》《森林法》《草原法》《土地管理法》《会计法》等。其三，依据国家有关部门的专项奖励通知，如国务院于1989年颁布的《关于召开全国劳模和先进工作者表彰大会的通知》成为“全国劳动模范”“五一劳动奖章”等奖励的依据。尽管上述规范在一定程度上展现了“表彰先进，激励后进”的精神，也符合“给予物质的或精神的”奖励的要求，但随着新法的陆续出台，以往的通说概念界定难以涵盖新内容。以《反恐怖主义法》为例，新疆出台了《自治区群众举报涉暴恐犯罪线索奖励办法》，它一是规定了提供线索的相关物质奖励，最

---

① 专家建议限定奖励权制定行政奖励法．http：//news. sina. com. cn/o/2013 - 05 - 06/190927041096. shtml.

② “中国知网”，最后访问时间2017 - 10 - 29。由于“中国知网”网页改版，找不到其指数图了。

③ 姜明安．行政法与行政诉讼法［M］．北京：北京大学出版社，高等教育出版社，1999：193. 张正钊、胡锦光的定义与姜明安的一致。王学辉的定义将行政给付的“目的”置放在该概念的后半部分，但意思是完全一致的。

高甚至可获得500万元；二是规定了新的奖励方式，即政策性奖励，包括“录用为合同制工勤人员并按照事业单位工资标准纳入地方财政供养、破格提拔，或者在评先评优、晋职晋级，或在入伍、入学、社会保障、土地承包、法律援助等方面给予优先照顾”等。[①] 有鉴于此，笔者认为，行政奖励乃是行政主体对为国家和社会做出贡献并达到法定表彰条件的行政相对人，给予精神或物质等有关奖励的具体行政行为。

3. 行政奖励的法律原则。我国行政法学论著通常将行政奖励的原则归类为五个方面，即依法奖励原则，实事求是原则，奖励与受奖励行为相当原则，精神奖励与物质奖励相结合原则，公正、合理、民主、平等原则，及时性、时效性和稳定性原则。[②] 笔者对此表示赞同。

4. 行政奖励的执行措施。按照学者们的归类，行政奖励的表现或执行方式主要有三种：其一，精神方面的奖励，包括各种荣誉称号、通报表扬、嘉奖、记功等。其二，物质方面的奖励。这包括发放奖金或物资。其三，职务方面的奖励，包括晋级和晋职等。[③] 另据《反恐怖主义法》及相关规范，行政奖励还有第四种方式，即给予办事的优先权，如优先入伍、入学等。应该说，随着社会的发展和立法技术的进步，行政奖励还会呈现出更多新的形式。

---

① 新疆出台办法奖励举报涉暴恐犯罪线索的群众．http：//www. gov. cn/xinwen/2016－04/12/content_ 5063284. htm.

② 姜明安．行政法与行政诉讼法［M］．北京：北京大学出版社，高等教育出版社，1999：196－197；张正钊，胡锦光．行政法与行政诉讼法学（第六版）［M］．北京：中国人民大学出版社，2015：125－126.

③ 王学辉．行政法与行政诉讼法学（第二版）［M］．北京：法律出版社，2015：160－161.

第五章　行政程序

第一节　当前我国行政程序研究的实践与理论困境

一、我国行政程序研究的实践困境

1. 行政程序研究理论与执法实践脱节。坊间有寓言“厨子授徒”。厨子为了教徒弟烧好美味的鸡肉，每日拿鸡块展示鸡皮鸡肉鸡骨，并叮嘱鸡皮鸡肉鸡骨的火候及油盐酱醋的量度。徒弟很快出师，能烧得顾客叫好的鸡肉。师傅大悦，示以乡游犒赏。徒弟见田间草垛边欢腾奔走的鸡惊诧大呼：“此为何物?”这个寓言展现的“鸡块”与“活鸡”的关系正是当前我国行政法学行政程序知识点与行政执法人员实践能力之间现状的隐喻。实际上，行政程序的知识点与行政法学的其他知识点不同，它需要的不仅仅是理解，更需要懂得如何操作，甚至是在操作过程中升华对知识点的理解。当前，一些行政法学论著关于行政程序的“基本原则”和“基本制度”两个知识点，犹如两块鸡肉，虽不乏营养，缺的却是鲜活性。由此造成的后果是，一些拿着一纸行政法学专业毕业文凭的执法者，却是在走上工作岗位后通过师傅带徒弟的方式和自己的琢磨而成才的。

笔者认为，造成我国行政法学行政程序知识点与能力点相分离现状的原因，表面上是“我国没有行政程序法典”，实际上是研究视角的问题。一方面，学界不太重视对行政程序的研究。这主要表现在行政程序知识点在我国主流行政法学论著中所占的位置与篇幅上，即“行政程序”是置放在“行政行为”框架下的子系统，并且就内容的数量来看，还不如行政行为某个具体内容的数量多。① 另一方面，这些内容对司法审判人员的指导作用较

---

① 姜明安．行政法与行政诉讼法（第五版）［M］．北京：北京大学出版社，高等教育出版社，2011，细目：38－39；孟昭阳，高文英．行政法与行政诉讼法学［M］．北京：中国人民公安大学出版社，2012，目录：2.

强，而对行政执法人员，尤其是基层一线执法人员的针对性较弱。比如，判断行政主体的合法性、行政行为的合法性以及有关行政诉讼法的部分知识点等，重点论述的是行政审判而非如何执法。

2. 规范执法“风暴”引发反思。人们常说，民族的振兴要靠教育。实际上，法治思维的形成，也要靠教育，要靠法学理论知识的教育和法律实践知识的教育。尽管理论知识来源于实践，但先普及理论知识是现代教育的一般规律。长期以来，行政机关规范化执法的问题一直得不到有效解决，是2015 年“雷洋案”引爆了长期积累的规范执法问题。光明网时评将该案件视为“全国民众瞩目的”案件，并认为“执法规范化建设是警权权威的坚实基础”。① 该案看似是公安机关在执法实践中不规范执法造成的，但法学界长期以来缺乏对如何规范执法的卓有成效的理论探讨，也有着不可推卸的责任。在我国当前的行政法学研究成果中，一般认为，行政程序的基本原则包括公开原则、公正公平原则、参与原则、效率原则等；行政程序的基本制度包括回避制度、听证制度、信息公开制度、说明理由制度等。② 对此，笔者认为，一方面这些原则和制度很重要；另一方面也应该反思一下这些内容能否直接指导具体的执法实践？一线行政执法人员不能凭借这些内容直接展开具体的执法活动，比如说能否指导民警在《居民身份证法》规定的情形下规范地查验身份证？

2015 年 9 月，中共中央办公厅、国务院办公厅印发《关于深化公安执法规范化建设的意见》，为规范执法指明了方向。该意见指出，“深化公安执法规范化建设在整个公安工作中具有全局性、基础性地位，要以严格规范公正文明执法为总要求，以全面深化改革为推动力，以解决执法问题为导向，全面贯彻依法治国基本方略，忠实履行法定职责，不断提升运用法治思维、法治方式深化改革、推动发展、化解矛盾、维护稳定的能力”。要“实现执法队伍专业化、执法行为标准化、执法管理系统化、执法流程信息化”，“确保执法权力在法治轨道和制度框架内运行”，“努力让人民群众在每一项执法活动、每一起案件办理中都能感受到社会公平正义”。③ 之后，有地方公安机关制定了《复杂警情现场处置 100 个怎么办（试行）》和《现场执法执勤规范用语 50 例（试行）》，并通过视频演示推介，着重在程序上

① 执法规范化建设是警权权威坚实基础 . http：//guancha. gmw. cn/2016 – 06/01/content_20368925. htm.

② 孟昭阳，高文英 . 行政法与行政诉讼法学［M］. 北京：中国人民公安大学出版社，2012：333 – 358.

③ 中共中央办公厅、国务院办公厅印发《关于深化公安执法规范化建设的意见》。

指导和规范民警如何执法。这是让民警在学习原则是什么、制度是什么的基础上，进一步切实掌握一线执法时“应该做什么、不应该做什么”和“应该怎么做、不应该怎么做”。① 这就是说，新时期行政法学的行政程序研究，不能仅停留在原则和制度的宏观层面上，而是要进一步深入到参与和指导具体的行政执法活动中去。

二、我国行政程序研究的理论困境

行政法学界在归纳行政程序的意义或价值时，通说认为是扩大公民参政权行使的途径、保护行政行对人程序权益、提高行政效率、监督行政主体依法行使职权等。② 笔者认为，除此之外，行政程序还具有自身的独特价值——依托“法治政府”目标下的“依法行政”基本要求而展现出来的行政程序内在的分离矛盾及其矛盾的统一性。的确，构建“法治政府”是我们这个时代伟大的特征和孜孜以求的目标，2015 年 12 月中共中央、国务院印发的《法治政府建设实施纲要（2015—2020 年）》为我国法治政府建设绘就了宏伟蓝图。据此，建设法治政府的衡量标准是：政府职能依法全面履行，依法行政制度体系完备，行政决策科学民主合法，宪法法律严格公正实施，行政权力规范透明运行，人民权益切实有效保障，依法行政能力普遍提高。③ 这意味着，如果说建设法治政府的重要要求是“依法行政”，那么建设“依法行政能力”就是新时期行政法的重要内容，具体而言乃是要求行政执法做到“以事实为根据，以法律为准绳”，并将其贯穿在行政执法的全过程，成为行政程序的行动指南。结合“以事实为根据，以法律为准绳”的具体要求，依法行政的程序性内涵展现出其理论方面的两个矛盾及其两个矛盾的统一。

1. 以事实为根据：两类“事实”的分离。“以事实为根据，以法律为准绳”，是人民法院审理案件和进行诉讼活动的一项基本原则，具体表现在《刑事诉讼法》第 6 条、《民事诉讼法》第 7 条、《行政诉讼法》第 5 条等内容中。这一原则自 1956 年彭真同志在第三届全国司法工作会议上提出以来，历经 60 多年的风风雨雨，至今永葆其生命力。按照一般的理解，所谓“事

① 公安部举办全国公安机关规范执法视频演示培训会 . http：//www. mps. gov. cn/n2253534/n2253535/n2253536/c5435390/content. html.

② 姜明安 . 行政法与行政诉讼法［M］. 北京：北京大学出版社，高等教育出版社，1999：263 - 264；张正钊，胡锦光 . 行政法与行政诉讼法学（第六版）［M］. 北京：中国人民大学出版社，2015：164 - 165.

③ 参见中共中央、国务院印发《法治政府建设实施纲要（2015—2020 年）》。

实是根据”，就是审理案件只能依据客观事实，而决不能以主观想象和推测为依据；所谓“法律是准绳”，就是在查清事实的基础上，以国家的法律为标准，对案件作出正确的处理。[①] 事实与法律两者之间的关系首先是建立在“事实”基础上的，依照“以事实为根据”的要求，各种诉讼法都将“事实”的认定作为诉讼成败的首要因素。在具体的司法审理过程中，法官们通常将案件事实二分为“客观事实”和“法律事实”。[②] 不过此处的“事实”实际上存在分离的矛盾，即“客观事实”和“法律事实”。一方面，《行政诉讼法》直接展示了这种分离的矛盾。该法第 33 条第 1 款列举了行政诉讼的 8 类证据，其第 2 款表明“以上证据经法庭审查属实，才能作为认定案件事实的根据”。这说明法庭审判所依据的不是客观事实，而是“认定”的案件事实即法律事实，这个“认定”的基础又是审查属实的“证据”，因而法律事实是以法律证据为支撑的。另一方面，《行政诉讼法》还间接展示了这种分离的矛盾。该法第 69 条规定了人民法院判决驳回原告的诉讼请求的首要前提条件就是“行政行为证据确凿”；第 70 条规定人民法院判决撤销行政行为的第 1 项内容就是“主要证据不足的”。与这两条规定相对应的是该法第 89 条列举人民法院审理上诉案件分别处理的情形，就原行政行为而言，都是在强调第一审判决或裁定“认定事实”是否清楚，都是指向用法律证据证明的法律事实，而不是指向客观事实。另外，该法第 91 条列举的人民法院应当再审的第 3 项内容规定的“原判决、裁定认定事实的主要证据不足”的情形，就在明确表示法院认定的事实乃是“主要证据”，是在申明是法定证据所证明的事实。

“客观事实”和“法律事实”分离的矛盾主要表现为：（1）“客观事实”是客观发生的行为，不会重演，故审判时依据的只是“法律事实”，是用法律证据证实的行为；（2）“客观事实”是“法律事实”的基础，但“法律事实”不可能等同于“客观事实”，“法律事实”所追求的只是无限接近“客观事实”，因而审判可能存在误差，有可能导致冤假错案；（3）实现“法律事实”无限接近“客观事实”的桥梁就是法律证据，法律证据只

① 方成志．论“以事实为根据，以法律为准绳”［J］．西北政法学院学报，1985（3）．

② 这里需要说明的是，我国学界和实务界通常使用“法律真实”与“客观真实”的称谓，分别指称客观上实际发生的案件事实和法院在审判程序中认定的事实。一些外国学者也将案件事实区分为“形式上的法律真实”（formal legal truth，按照法庭审判程序和证据规则认定的案件事实，不管其是否与实质真实相符合）与“实质真实”（substantive truth，实际发生的案件事实）。不过，有法律实务专家指出，用客观事实和法律事实的表述比法律真实和客观真实的称谓更妥帖。参见孔祥俊．论法律事实与客观事实［J］．政法论坛，2002（5）．

有形式合法才具法律效力，非法证据必须排除。基于“事实”分离矛盾的现状，要落实“以事实为根据”的要求，就要保证法律证据的形式合法，避免非法证据，这就需要行政程序来解决问题，如管辖、回避、告知、听取陈述和辩解、送达等。这意味着，当前行政法学论著中关于行政程序的“基本原则”和“基本制度”的知识点，是服务于法律证据收集的，是桥接客观事实与法律事实的基础。由此，笔者认为，能确保取得合法有效的法律证据的行政程序，其基本内容就是行政主体实施行政行为的方式、步骤、时限、顺序等展现空间和时间的各种表现形式及其内在的脉络关系。就基层一线行政执法人员而言，执法过程中区分客观事实和法律事实的目的就在于规范证据收集，这些内容就是围绕案件“取证”的“客观事实的查验性规范”(后文将详述)。

2. 以法律为准绳：两类“事实”的统一。面对“事实”分离为“客观事实”和“法律事实”的现实矛盾，行政执法必须通过行政程序来驾驭取证环节，以取得合法有效的法律证据。不过，执法者即使按照相关程序规定取得法律证据，但证据本身并不会说话，它还需要经历验证和佐证这两道程序（后文将详述)。验证是指行政机关内部法制部门对一线执法者取证环节的审核，这主要是从法律技术层面对行政执法予以监督和保障。佐证是指行政机关内部领导机关对法制部门审核意见的复合以及对一线执法者执法结果的研判，这主要是从法律精神和社会舆情方面综合把握相关行政执法。在此，笔者所归纳的取证、验证和佐证三个程序性环节，是基于行政执法在行政机关内部的要求，这些内部要求必须转化为外部行为，落实法律目标，接受法制监督。那么，由谁来实现这个“转化”的功能呢？那就是法律，即通过法律准绳来统一事实分离的矛盾，进而落实“以事实为根据”的要求。不过，作为准绳的法律也有两个层面，即狭义的法律和广义的法律。

狭义的法律，通常是指法律、法规和规章。根据《行政诉讼法》第63条的规定，人民法院审理行政案件，“以法律和行政法规、地方性法规为依据”，“人民法院审理行政案件，参照规章”。这表明了狭义法律的范围，而法律的制定主体是立法机关，即全国人民代表大会及其常委会；法规的制定主体是国务院或地方人民代表大会；规章的制定主体主要是国务院部委、省级人民政府，以及较大市的人民政府。由于我国司法审判的法律准绳就是“狭义的法律”，就基层一线行政执法者而言，这些内容就要紧紧围绕案件“取证”的“法律技术的处罚性规范”。不过，围绕法律、法规，把握这些反映法律技术的处罚性规范还需要密切关注两类延伸（广义）的内容，即法律、法规的相关实施细则和有关司法解释。（1）法律、法规的相关实施细则。实践中，基层执法者的行政执法活动离不开法律、法规的实施细则。虽然实施细则和法律、法规整体上是一致的，但也不是雷同赘述，有很多是对具体实践的规范性指导。实施细则对法律、法规的量化标准和裁量基准直接影响行政相对人的权益。（2）有关司法解释。相较于狭义法律概念中法律、法规的具体规定，司法解释既是司法实践经验的积累，也与时俱进地反映社会生活实际，可避免法律规范与人伦情理之间的冲突。

广义的法律可以细分为四个层面：其一，狭义法律范围，即法律、法规和规章；其二，行政机关发布的具有普遍约束力的行政规范性文件（包括法律实施细则和裁量基准）；其三，与行政审判相关的司法解释；其四，与行政法相关的法的一般原理。在此，法律准绳仍然主要是狭义的法律，但实践中有时会存在因此而造成的法律与情理不协调的矛盾。随着新时期审判方式改革向纵深持续发展，有学者针对作为准绳的法律提出新看法，认为需要“特别关注法律的局限性与法官的能动性问题，探究有关法官基于自由裁量权补充发展法律及其与以法律为准绳的关系”。①还有学者指出，当前“法官‘以证据为根据’的裁判理念虽然符合法律实践理性的要求，然而也易引致对正义价值追求的放弃和忽视”，由此造成的现实困境是“司法裁决不能被公众认可，法律的权威和公信力也在下降”，为此，法律应当“不拘泥于形式主义和仪式性，以探究法律中蕴含的公正价值。在司法裁判中，应以公正为价值，兼顾对外部社会现实的关照，建立起以‘证据事实’为基础、以‘客观事实’为依归的‘法律真实’标准”。②这些学者的观点表明，随着“依法治国”的日益深入，法律的广义含义，尤其是其中的公平、正义等价值理念，应当成为“以法律为准绳”的重要内容，进而实现法律与道德的统一，实现“客观事实”与“法律事实”的最大限度的无限的接近，力求最终化解这两个事实的分离性矛盾。就基层一线行政执法者而言，这些内容就是围绕案件“佐证”的“社会舆情的协调性规范”。

---

① 蔡彦敏．对“以事实为根据、以法律为准绳”原则的重新释读［J］．中国法学，2001（2）．

② 朱力宇，林鸿姣．在理性与现实之间寻求司法的正义——兼论“以事实为根据，以法律为准绳”原则的发展和变化［J］．求是学刊，2012（2）．

第二节　行政程序的新思维范式初探

一、行政程序的范式与模型

“范式”（paradigm）是美国学者库恩提出的一个学术概念，旨在解决在自然科学研究过程中科学共同体“认识凌乱”的现状，是“常规科学所赖以运作的理论基础和实践规范，是从事某一科学的研究者群体所共同遵从的世界观和行为方式”，它“比共有规则和假定（模式形式）更有优先地位”。① 在我国法学研究过程中，有学者指出，范式是“对科学研究中各种信念、认知成果、研究方法的整合与升华，是一种理论模型、框架，一种思维方式和理解现实的思想体系，以及科学共同体的最高共识”，并从“范式”视角理解法学理论的更新，认为这是“实现法学范式的转换与变革”尝试。②

笔者拟紧密结合基层行政执法一线的实际做法来研究行政程序的相关知识。由于基层一线行政执法行为的典型通常是“行政处罚”，为此，笔者参阅了一些行政执法单位在网站上公示的行政处罚执法流程图，意图通过行政处罚执法流程图来考察行政程序的具体内容。③ 通过比较可以发现，尽管每个行政机关的行政处罚执法流程图有很多共同内容，但也并不完全雷同，综合这些行政机关行政处罚执法流程图中的共同因素，并结合行政程序的相关学理思考，笔者借助行政处罚所构建的行政执法流程模型图如下：

---

① ［美］库恩．科学革命的结构［M］．北京：北京大学出版社，2003：9，45.

② 冯玉军．略论法学研究范式的历史类型［J］．甘肃政法学院学报，2004（5）.

③ 诸如北京市公安局交管局行政处罚权力清单．http：//www. bjjtgl. gov. cn/jgj/wsgs/376525/index. html；六安市商务局行政处罚流程．http：//www. luan. gov. cn/openness/detail/content/558272fae1b1d14e2766b1f6. html；青海工商管理局行政处罚流程图．http：//www. qhaic. gov. cn/info/1303/2340. htm；厦门市国土局行政处罚流程图．http：//www. xmtfj. gov. cn/wsbs/bszn/xzcf/201311/t20131120_ 10052298. htm；蚌埠市城管行政处罚流程图．http：//www. xmtfj. gov. cn/wsbs/bszn/xzcf/201311/t20131120 _ 10052298. htm；内江市医疗器材市场销售处罚流程图．http：//www. neijiang. gov. cn/zwgk/show/20131118081519 -561652 -00 -000.

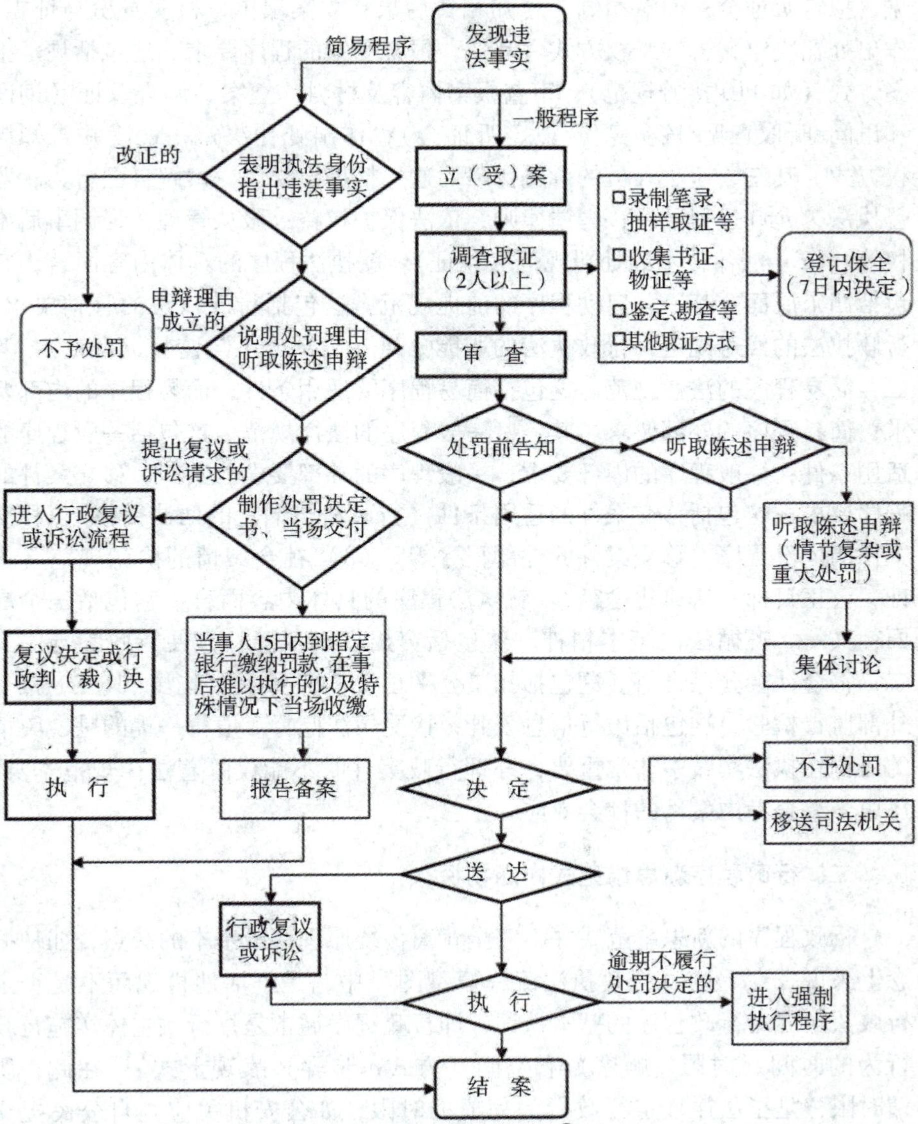

行政执法流程模型图①

上图鲜活地展现了基层执法一线对行政执法的需求和重点。（1）客观事实的查验规范（取证）。就执法程序的具体内容而言，它包括三个层面：其一，巡查执法的程序要求。这包括收集证据，如开启执法记录仪；亮明身份，并指出违法行为；例行检查，搜查和盘查（特殊情形补证）；听取意

① 公路行政处罚流程图. http：//www. jsxhglz. com/Article/ShowArticle. asp？ArticleID＝44.

见，拟定听证会；面对纠缠，告知相关后果；立案填单，核实身份与证据；作出处罚决定，告知维权方式。其二，报案受案的程序要求。这包括规范报案方式（如110接警规范）；审查报案内容及材料；立案；调查取证（询问和讯问/听取意见/核实身份/拟定听证会）；作出处罚决定，宣读并告知维权方式。其三，违法人员的诉愿保障。这包括提出异议，辩解自己行为；监督执法，允许过程录像；聘请律师，依法保护权益；服从管理，强调事后维权等。（2）法律技术的处罚规范（论证）。就执法程序的具体内容而言，它包括四个层面：其一，启动程序的前提规范。这包括行政执法的管辖要求；行政执法的回避规定；行政执法的职能分离（内部分工与监督，审批）。其二，简易程序的法律规范。这包括简易程序的适用条件；简易程序的内部要求；简易程序的外部要求。其三，一般程序的法律规范。这包括一般程序的适用条件；一般程序的内部要求；一般程序的外部要求。其四，移交案件的程序要求。这包括移交案件的适用条件（行政法与刑法的两法衔接）；移交案件的内部程序；移交案件的外部程序等。（3）社会舆情的协调规范（佐证，公正目标，法典化途径）。就执法程序的具体内容而言，它包括三个层面：其一，遵循法治基本精神。这包括突出权利保障；方便行政参与。其二，符合社会公序良俗。这包括扣紧公平正义；携手社会道德。其三，接受外部监督检验。这包括厉行信息公开；接受司法监督。值得一提的是，舆情的协调在执法实践中非常重要，办理行政案件时不能仅盯着法律规范本身，还应当综合考虑案件的社会效应。

二、行政程序新思维范式内涵初探

行政程序的新思维范式并不完全背离传统原理。最基本的一点，如从概念上来说，在上述“行政执法流程模型图”中，是鲜活地再现而不是否定行政法学界对行政程序的基本认识，即行政程序通常是指行政主体实施行政行为的时间（时限、顺序）和空间（方式、步骤）表现形式。[①] 在此，所谓时限，是指法律规定行政行为完成的时限，如公安机关应当自公民提交《居民身份证申领登记表》之日起60日内发放居民身份证；所谓顺序，是指法定的各个阶段和步骤必须严格按照相应的先后秩序，不可颠倒，否则将产生不利的法律后果，如作出处罚前必须听取相对人的陈述申辩；所谓方

① 姜明安．行政法与行政诉讼法［M］．北京：北京大学出版社，高等教育出版社，1999：260；王学辉．行政法与行政诉讼法学（第二版）［M］．北京：法律出版社，2015：190；张正钊，胡锦光．行政法与行政诉讼法学（第六版）［M］．北京：中国人民大学出版社，2015：162.

式，是指行政行为的法律表现形式，如书面形式、口头形式、动作形式等；所谓步骤，是指行政行为必经的几个阶段，通常包括立案、调查、决定、执行。[①] 结合“行政执法流程模型图”的内容来看，这些学术研究成果实际上已经融入其中。在此，我们还可以脉络清晰地观察到传统行政法学对行政程序的分类、原则、制度、意义四个基本知识点所存在的问题及其为顺应行政执法实践而应当更新的方向与内容。

1. 行政程序的分类及其内涵创新。行政法学界对于行政程序的分类可谓多种多样，[②] 在实践中，简易程序和一般程序、内部行政程序和外部行政程序这两种分类具有优先性。（1）简易程序和一般程序。该分类反映了行政执法的最基本要求以及行政执法者的最基本素养，如果执法者没有基本的法律知识，无法分清这两类程序的适用条件，就会给后续的执法工作带来麻烦，并且也违背了相关立法的用意。一般程序又称普通程序，包括受理、初查、立案、调查、告知、听取意见（听证）、审议、审批、裁决、送达、执行等环节。简易程序是对一般程序的提炼，包括发现违法、表明身份、告知（违法行为与法律规定）、听取意见（辩解）、决定（填写处罚单）、送达（当面宣告）等环节。我国《行政处罚法》第 33 条规定了简易程序的适用条件，即“违法事实确凿并有法定依据，对公民处以五十元以下、对法人或者其他组织处以一千元以下罚款或者警告的行政处罚的，可以当场作出行政处罚决定”。有学者注意到，简易程序有更大的实践意义，它“大量存在于行政行为中，其绝对数量远远超过普通程序……是行政行为最为常用的程序”，[③] 因此在行政执法中掌握和熟练运用简易程序是执法者的基本功。（2）内部行政程序和外部行政程序。我国传统的行政法学非常重视这项内容。所谓内部程序，是指行政机关针对其内部的具有法定隶属关系人员之间事务的处理程序。所谓外部程序，是指针对行政相对人的事务的处理程序。通过对“行政执法流程模型图”的考察，我们发现，行政执法的流程绝大多数都是针对行政相对人的，其中除了“结案”环节，简易程序甚至无须内部程序，而一般程序中只有“审查”和“决定”才是内部程序的重要表现。在此，“审查”不同于立案前的“初查”，它展现的是行政机关内部的相关审批流程。它以调查取证为基础，由办案人员提出办案意见，科室领导审阅或讨论

① 王学辉．行政法与行政诉讼法学（第二版）［M］．北京：法律出版社，2015：190.

② 学界对于行政程序的分类多种多样，参见张正钊，胡锦光．行政法与行政诉讼法学（第六版）［M］．北京：中国人民大学出版社，2015：164－165.

③ 张正钊，胡锦光．行政法与行政诉讼法学（第六版）［M］．北京：中国人民大学出版社，2015：165.

决定办案意见，交由法制部门审核把关，科室再上报到单位分管领导签字，经过这些程序完成审查。所谓“决定”，就内部程序而言，包括两个阶段。第一个阶段是指办案人员在办案时，依据证据材料对该案件提出初步意见，并提交部门科（处）室讨论，征求大家意见后，再由办案人员单独拟定办案初步决定。第二个阶段是该初步决定在获得部门领导签字同意后，上报到单位分管领导，单位分管领导在听取汇报的过程中决定是否批准该初步决定。如果批准，则该初步决定在单位领导签字之后就可以到单位管理印章的部门盖章，成为最终办案决定。以此为基础才能启动下一步的外部程序，即进而要求执法办案人员在法定时间内送达行政相对人。

2. 行政程序的基本原则及其内涵创新。行政程序的基本原则是我国行政法学的一个基本知识点，但是传统的认识也纷乱复杂，莫衷一是。[①] 究其原因乃是我国没有统一的行政程序法典，学者们在参考西方不同国家的行政程序理论时因视角各不相同而导致多棱角面。有的学者认为，行政程序的基本原则包括行政民主原则、行政法治原则、行政公平原则、行政效率原则、行政公开原则。[②] 有的学者认为行政程序基本原则是公开原则、公正原则、参与原则、效率原则。[③] 笔者认为，当我们探讨行政程序基本原则的问题时，需要分清以下三个层面：

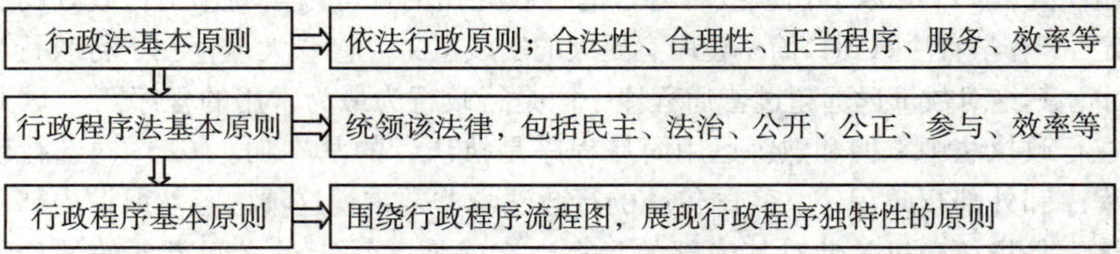

原则来源于实践，行政程序原则来源于行政执法实践。由此，笔者认为，可以通过行政程序流程图展现出客观存在的行政程序的基本原则。在行政程序流程图中，秉承行政法依法行政的基本精神，可以成为“原则”的应该包括：高效便民原则、证据规范原则、信息公开原则、听取意见原则、职能分离原则、权利救济原则。它们是行政法基本精神的落地，紧密围绕

① 张正钊，胡锦光．行政法与行政诉讼法学（第六版）［M］．北京：中国人民大学出版社，2015：167.

② 张正钊，胡锦光．行政法与行政诉讼法学（第六版）［M］．北京：中国人民大学出版社，2015：167－176.

③ 姜明安．行政法与行政诉讼法［M］．北京：北京大学出版社，高等教育出版社，1999：265－269；王学辉．行政法与行政诉讼法学（第二版）［M］．北京：法律出版社，2015：197－201.

“行政程序”这个特殊对象（不是行政法的泛现象），就表现形式而言，通常会重点表现在某个阶段，但就精神内涵而言，则是贯彻始终，甚至还可反复适用，符合“原则”的基本属性。(1) 高效便民原则。这主要表现为简易程序与一般程序的划分，这是办理行政案件的第一步，直接决定后续相关步骤的进行，重点表现在如何确定适用什么程序，一旦确定后，就按照法律规定推进。(2) 证据规范原则。执法办案的关键是证据，因此执法人员要有证据意识，要取得合法证据、排除非法证据。执法人员的证据意识不仅重点表现在收集阶段，还表现在行政执法的整个过程中。行政执法的核心要始终围绕证据，并且在程序的各个环节都要反复再现和确认。(3) 信息公开原则。这重点表现在对违法行为人的“告知”上，还表现为办案过程的信息公开，比如说现在很多行政办案部门都会将办案过程上传到网上，当事人可以随时凭借办案部门提供的上网登录密码查询办案进度。此外，在行政处罚决定书送达时还需向行政相对人宣读或公示处罚决定的内容。(4) 听取意见原则。它不仅展现了原则的上述一般属性，还展示了原则的特殊属性，是基于行政执法过程中容易犯错的现象而特别抽象出来的，如同行政处罚中的“一事不再罚”原则，其直接目的在于时时警告执法者需要注意的基本事项。听取意见原则重点表现为执法过程中在告知行政相对人违法事实与证据时，应当听取相对人的陈述和辩解，重大事项还需专门组织听证。此外，在程序的其他阶段也需要听取意见，比如将行政处罚决定书送达相对人时，相对人如果有意见，送达人也需要将其意见记录下来，并归入执法档案中。(5) 其他行政程序原则的“原则”属性，如职能分离原则主要是提示办案过程中有上下级之间审批、把关、监督等关系，而权利救济原则主要是指行政复议和行政诉讼等制度构建。实际上，上述相关内容需要从其具体内容来加以判断，为此，笔者将在本章第三节予以详述。

3. 行政程序的基本制度及其内涵创新。行政程序基本制度的设计，通常取决于其基本原则内容的确立。有学者认为，行政程序的基本制度包括行政听证制度、行政回避制度、审裁分离制度、说明理由制度、信息获取制度、案卷制度，[①] 有的学者认为，行政程序的基本制度包括行政听证制度、说明理由制度、行政信息公开制度、行政回避制度。[②] 有的学者认为，其包

① 姜明安．行政法与行政诉讼法［M］．北京：北京大学出版社，高等教育出版社，1999：269－278.

② 王学辉．行政法与行政诉讼法学（第二版）［M］．北京：法律出版社，2015：202－209.

括信息公开制度、职能分离制度、听证制度。① 由此可见，行政法学界对该知识点的传统认识，多寡不一。笔者认为，应紧密结合行政执法实践中的行政执法流程和行政程序基本原则进行行政程序基本制度设计，具体如下：

（1）高效便民制度。从行政程序流程图来看，在行政执法实践中，对行政程序的首要的基本制度需求乃是对“简易程序”和“一般程序”的制度设计。对此，法律需要明确两个程序适用的具体规定，避免执法者搞错，进而影响案件办理。通常法律都明确规定简易程序的适用条件，之外的则是一般程序，如《行政处罚法》第 33 条就对简易程序（又称“当场处罚”）作出了规定，即“违法事实确凿并有法定依据，对公民处以五十元以下、对法人或者其他组织处以一千元以下罚款或者警告的行政处罚的，可以当场作出行政处罚决定”。这是简易程序适用的前提条件，但如何“当场处罚”还需要从制度上作出详细规定。比如，出示执法证件、告知违法理由、听取意见、出示和填写法定的处罚书（通常附带交付罚款的银行信息）、交付处罚书并告知维权的法定方式与途径等相关事项。

（2）证据规范制度。从行政程序流程图来看，在行政执法实践中，这包括证据类型法定制度、合法取证制度、非法证据排除规则、证据证明力制度、先取证后裁决制度等。我国《行政处罚法》虽然提到了“证据”（如第 36 条），但并没有规定证据的具体种类。《公安机关办理行政案件程序规定》第 23 条规定了公安机关办理行政案件的证据，包括七类，即物证；书证；被侵害人陈述和其他证人证言；违法嫌疑人的陈述和申辩；鉴定意见；勘验、检查、辨认笔录，现场笔录；视听资料、电子数据。据此，公安机关办理行政案件只能依据这七类证据，除此之外的材料都不足以作为处罚的依据。所谓“合法取证制度”，根据《行政处罚法》第 37 条的规定，是指“行政机关在调查或者进行检查时，执法人员不得少于两人，并应当向当事人或者有关人员出示证件”。所谓“非法证据排除规则”，根据《公安机关办理行政案件程序规定》第 24 条第 2 款的规定，是指“严禁刑讯逼供和以威胁、欺骗等非法方法收集证据。采用刑讯逼供等非法方法收集的违法嫌疑人的陈述和申辩以及采用暴力、威胁等非法方法收集的被侵害人陈述、其他证人证言，不能作为定案的根据。收集物证、书证不符合法定程序，可能严重影响执法公正的，应当予以补正或者作出合理解释；不能补正或者作出合理解释的，不能作为定案的根据”。所谓“证据证明力制度”，这主要是指

① 张正钊，胡锦光．行政法与行政诉讼法学（第六版）［M］．北京：中国人民大学出版社，2015：177 - 183.

在各种证据中具有优先证明力的制度，如物件的原件要优于复印件、原始证据优于传来证据、多重证据要优于孤证、国家机关开具的证明要优于普通民众签名的证明等。

（3）信息公开制度。毋庸置疑，当前我国学界对《政府信息公开条例》的研究，极大地推进了人们对行政信息公开制度的认识。不过，如果我们将行政信息公开的知识点置放在行政程序中，则不是对该条例的全面解读，而只是从条例中抽象出具有行政程序自身特点的相关规范。根据《政府信息公开条例》第 2 条的规定，政府信息“是指行政机关在履行职责过程中制作或者获取的，以一定形式记录、保存的信息”。从行政程序流程图来看，在行政执法实践中，信息公开制度应当包括说明理由制度、告知制度、办案进程查阅制度等。《行政处罚法》第 31 条规定：“行政机关在作出行政处罚决定之前，应当告知当事人作出行政处罚决定的事实、理由及依据，并告知当事人依法享有的权利。”《公安机关办理行政案件程序规定》第 35 条第 3 项规定，当场处罚的应“口头告知违法行为人拟作出行政处罚决定的事实、理由和依据，并告知违法行为人依法享有的陈述权和申辩权”。

（4）听取意见制度。听取意见是行政执法的重要环节，其高潮是听证制度，但听证制度并不是听取意见原则的唯一内容。《行政处罚法》第 32 条规定：“行政机关必须充分听取当事人的意见，对当事人提出的事实、理由和证据，应当进行复核；当事人提出的事实、理由或者证据成立的，行政机关应当采纳。”《公安机关办理行政案件程序规定》第 35 条第 4 项规定，当场处罚的应“充分听取违法行为人的陈述和申辩。违法行为人提出的事实、理由或者证据成立的，应当采纳”。听证是传统行政法学的重要内容，实际上《行政处罚法》第五章第三节特别规定了“听证程序”。首先是听证适用的条件，有两类，其一是具有法定听证事由，即“行政机关作出责令停产停业、吊销许可证或者执照、较大数额罚款等行政处罚决定之前，应当告知当事人有要求举行听证的权利”；其二是除第一项内容外的其他事项，“当事人要求听证的，行政机关应当组织听证”。此外，还有三点值得注意：其一，公开听证为原则，不公开为例外，即除涉及国家秘密、商业秘密或者个人隐私外，听证公开举行；其二，听证由行政机关指定的非本案调查人员主持；当事人认为主持人与本案有直接利害关系的，有权申请回避；其三，举行听证时，调查人员提出当事人违法的事实、证据和行政处罚建议；当事人进行申辩和质证；其四，听证应当制作笔录；笔录应当交当事人审核无误后签字或者盖章。听证结束后，行政机关依照相关规定，作出决定。

4. 行政程序的重要价值及其内涵创新。这是我国行政法学的一个传统知识点，几乎所有的国内行政法学论著都对此加以阐述。学界对其价值的认识主要从四个方面来表述：其一，保护行政相对人（程序）权益；其二，扩大公民参政权（或民主权）行使途径；其三，监督行政主体依法行使职权（或规范和控制行政权力）；其四，提高行政效率。[①] 这种认识的视角是基于行政法的“行政主体—行政相对人”关系展开的，毋庸置疑，具有科学性。但是，笔者认为，它忽视了行政执法者群体，就执法者群体而言，行政程序的价值在于通过行政程序来规范执法，其最终目的是防止执法者玩忽职守、滥用职权。这恰恰是行政程序的内在价值，深刻反映了行政法的控权本质。

实践中，“玩忽职守”和“滥用职权”的一般形态是违法，高级形态是犯罪。对它们的认定以后果为标准，反过来衡量执法的先前行为。比如说，警察在执法的过程中，如果遇见行政相对人正在违法（或者犯罪嫌疑人正在行凶），警察需要使用武力制服。如果警察不使用武力制服致违法人造成了对其他人的伤害，就是玩忽职守；如果警察在使用武力过程中因角力造成对违法人的伤害，则属于滥用职权；如果一招制胜，没造成什么伤害，则相安无事。[②] 这意味着，面对违法行为人，警察既要出手又要适度，但这说起来容易，做起来难，因此每一次执法都是在“玩忽职守”和“滥用职权”中间的摆动。从某种程度上说，基层执法一线存在的不敢担当、拖延推诿现象多少与此有关。因此，笔者认为，在当前规范执法的大背景下，行政程序是化解执法者“玩忽职守”和“滥用职权”梦魇的灵丹妙药。这就是说，执法者严格按照程序执法，做足了程序上的规定动作，就符合规范执法的要求，就不应当承担法律责任。否则，不遵守程序，即使动机再高尚，一旦意外出事，就难辞其咎。或者说，只有让执法者真正按照程序设计执法，学界所言的那些价

---

① 姜明安．行政法与行政诉讼法［M］．北京：北京大学出版社，高等教育出版社，1999：263－264；王学辉．行政法与行政诉讼法（第二版）［M］．北京：法律出版社，2015：191－192.

② 根据2005年12月29日最高人民检察院发布施行的《最高人民检察院关于渎职侵权犯罪案件立案标准的规定》的规定，涉嫌下列情形之一的，应予以立案：（1）造成死亡1人以上，或者重伤3人以上，或者重伤2人、轻伤4人以上，或者重伤1人、轻伤7人以上，或者轻伤10人以上的；（2）导致20人以上严重中毒的；（3）造成个人财产直接经济损失15万元以上，或者直接经济损失不满15万元，但间接经济损失75万元以上的；（4）造成公共财产或者法人、其他组织财产直接经济损失30万元以上，或者直接经济损失不满30万元，但间接经济损失150万元以上的；（5）虽未达到3、4两项数额标准，但3、4两项合计直接经济损失30万元以上，或者合计直接经济损失不满30万元，但合计间接经济损失150万元以上的；（6）造成公司、企业等单位停业、停产1年以上，或者破产的；（7）海关、外汇管理部门的工作人员严重不负责任，造成100万美元以上外汇被骗购或者逃汇1000万美元以上的；（8）严重损害国家声誉，或者造成恶劣社会影响的；（9）其他致使公共财产、国家和人民利益遭受重大损失的情形。

值就附带实现了，而这就是行政程序最现实的价值所在。

第三节 行政程序三个层面的运行

行政程序是行政行为具体落实的环节，因此行政程序的运行形式取决于行政行为的表现形式。由于行政行为有多种表现形式，如行政立法行为和行政执法行为、依申请行政行为和依职权行政行为、羁束行政行为和裁量行政行为等，不同类型的行政行为通常有不同的行政程序规范及具体要求。不过，行政行为的表现形式再多，也不能改变它作为行政行为的属性，这意味着在诸多表现形式的后面，它们都具有行政行为围绕公行政和控权法属性的“公约数”表现：案件来源（交办、查处、报案、申请、提案）—立案或立项—取证（审查、调查或调研）—听取意见或征求意见—作出决定（是或否）—送达（公示）—告知—执行—结案（备案）。在此，取证，无论是审查、调查还是调研，都是行政程序的至关重要的环节。如前文所言，取证的目的是用法律事实证明客观事实，并通过法律的各个层面来统一（尽量减少）这两类“事实”分离的矛盾。同时，实践中行政处罚是行政法最典型的行政行为。有鉴于此，笔者将以现代法治为视角，围绕证据环节，结合“行政处罚流程模型图”，区别于既往理论所关注的立法和司法群体，以行政执法者为服务对象，从“三个层面”——事实层面的查证要求、法律层面的验证要求、舆情层面的佐证要求来展示行政程序在实践中的具体运行情况。

一、查证环节：事实层面的行政程序要求

行政执法必须以事实为根据，这是我国“依法行政”总方针的基本要求，事实层面的查证是启动行政程序的肇因。以《行政处罚法》第30条的规定为例，“公民、法人或者其他组织违反行政管理秩序的行为，依法应当给予行政处罚的，行政机关必须查明事实；违法事实不清的，不得给予行政处罚”。由此可见，罚与不罚的基准是事实，然而什么是事实？需要查明的事实是什么？《行政处罚法》并没有说，其他的行政法规范也没有说。笔者认为，就行政法而言，事实是指行为人触动（申请或侵害）行政法所规范的社会权益的行为全过程及其结果。这既可以表现为申请人依据《行政许可法》的相关规定向某行政机关申请行政许可的行为过程（准备和递交材料）及其结果（审核、受理与否），也可以表现为某甲殴打某乙的行为过程（纠纷与出手动作）及其结果（伤人、损财与否），侵害了《治安管理处罚法》相关规定所保护的社会

权益。通常情况下，查明申请类的行政法事实，主要是审查申请人是否符合法定的条件、标准及利害关系人的情况等；查明处罚类的行政法事实，由于行政法均没有明确规定，因此参阅其他法律规范可列举的内容为：（1）行政违法行为是否存在；（2）实施行政违法行为的时间、地点、手段、后果以及其他情节；（3）行政违法行为是否为违法嫌疑人实施；（4）违法嫌疑人的身份；（5）违法嫌疑人实施行政违法行为的动机、目的；（6）违法嫌疑人的责任以及与其他同案（事）人的关系；（7）违法嫌疑人有无法定从重、从轻、减轻处罚以及免除处罚的情节；（8）其他与案（事）件有关的事实。① 在此，笔者将重点分析处罚类行政行为的行政程序规范，而根据案（事）件的来源和执法形式的不同，具体划分为巡查执法的查证程序要求、报案受理的查证程序要求两类。鉴于行政机关规范执法成为社会各界高度关注的问题，为此还将探讨行政机关规范执法的相关问题。

1. 巡查执法的查证程序要求。巡查执法是行政机关依法履行职责的主要形式。行政机关应当根据辖区情况，划分巡查区域，确定巡查路线，明确巡查重点，并根据执法情况的变化适时进行调整。巡查方式以步巡与车巡相结合，车巡包括骑自行车、驾驶摩托车和汽车，当前主要以驾驶汽车巡查与步巡为主。巡查车辆的停放不得妨碍交通，并且下车巡查时，车上或者车侧应当留一人，保护车辆安全、负责通信联络和必要时请求支援等。同时，行政执法时应以着制式服装为基本要求，特殊情况下经过审批可以着便服巡查。巡查工作的主要任务包括：（1）巡查重点地区（如党政机关、重点要害部位、大型公共场所、校园周边、大型居民区等）、敏感地区（群众多次投诉、反映强烈的地区）的行政秩序；（2）组织执法宣讲，劝离和震慑有违法意图的人；（3）对违法行为人进行查处（警察可对可疑人员依法进行盘问和检查）；（4）对违法行为人的可疑物品依法进行检查（除了警察之外，不能搜身）；（5）查封违法场所，扣留、收缴违法物品；（6）临时控制违法行为人，使之配合执法调查；（7）接受群众询问及口头报案、举报、控告。② 这里有两个问题需要注意：其一，执法者现场处置行政违法的措施一般由轻到重依次为口头制止、徒手制止，如果是警察则还可以依法使用警械、武器；其二，执法者在执法过程中可以使用徒手制止，但不能打人，否则将受到治安处罚。

行政执法实践中，巡查执法的查证程序主要包括：（1）启动巡查执法的

① 这些内容参阅了《公安机关办理刑事案件程序规定》第 65 条的相关规定，有调整。

② 这些内容参阅了《公安派出所正规化建设规范》的相关规定，有调整。

动因是日常巡查安排，或者是案件来源的要求；（2）步行或驱车到达巡查地区，开启执法记录仪（一直开着）；（3）针对违法行为，亮明执法身份（出示工作证件，但正规着装可不出示），并控制违法嫌疑人；（4）向违法嫌疑人指出违法行为；（5）核实违法嫌疑人身份，依法检查违法嫌疑人的可疑物品，除了警察之外，行政执法不能搜身，但警察搜身时，对女性违法嫌疑人只能由女性工作人员实施（涉嫌严重危害公共安全罪的紧急情形下也可由正在执勤的男民警搜查）；（6）判断案件是否符合简易程序的规定，如果符合，则当场处罚，否则按一般程序处理；（7）当场处罚时，执法者应先听取相对人意见，意见合理的可不作处罚，否则填写预定格式、编有号码的行政处罚决定书，当场交付当事人，并报所属行政机关备案；（8）按一般程序处理的，须全面、客观、公正地调查，收集有关证据，两名以上执法人员出示证件后向当事人或者有关人员询问或者检查，并制作笔录；听取违法嫌疑人意见，必要时举行听证；调查终结后，行政机关负责人对调查结果进行审查，根据不同情况，分别作出处理决定，[①] 在宣告后当场交付当事人或 7 日内送达当事人。在此，需要注意以下几个问题：其一，行政机关在收集证据时，可以采取抽样取证的方法；在证据可能灭失或者以后难以取得的情况下，经行政机关负责人批准，可以先行登记保存，并应当在 7 日内及时作出处理决定；其二，执法人员与当事人有直接利害关系的，应当回避；其三，面对违法嫌疑人的纠缠，告知相关不利后果及正确的维权方式，有围观群众的需向围观群众做好解释工作；其四，对情节复杂或者重大违法行为给予较重的行政处罚，行政机关的负责人应当集体讨论决定；其五，当事人对当场作出的或者按照一般程序作出的行政处罚决定不服的，可以依法申请行政复议或者提起行政诉讼。

2. 报案受理的查证程序要求。报案受理是指行政机关及其值班人员在其办公区域内接受行政案件信息并受理的履行职权形式，它是行政机关依法履行职责的重要补充形式。行政机关对公民扭送、报案、控告、举报或者行为人主动投案，以及其他行政主管部门、司法机关移送的案件，应当认真审查报案内容及材料，对于符合受理条件的应及时受理，填写接报警案件登记表。对属于本行政机关职责范围，但不属于本单位管辖的事项，应当在受理

① 《行政处罚法》第 38 条规定，调查终结，行政机关负责人应当对调查结果进行审查，根据不同情况，分别作出如下决定：（1）确有应受行政处罚的违法行为的，根据情节轻重及具体情况，作出行政处罚决定；（2）违法行为轻微，依法可以不予行政处罚的，不予行政处罚；（3）违法事实不能成立的，不得给予行政处罚；（4）违法行为已构成犯罪的，移送司法机关。

后的24小时内移送有管辖权的单位处理，并告知报案人。对不属于本机关职责范围内的事项，应当移送主管机关处理，并通知报案人、控告人、举报人。对于不符合受理条件的，值班人员应当耐心做好解释工作。这里需要特别提示的是，各级行政机关要规范好热线电话及互联网的报案方式，要按照统一的表格认真登记、存储，做好接报、指挥、处置工作记录，并立卷备查，同时不断完善和一线执法单位的联动机制。

经报案受理的行政案件，将按照两个程序分别展开，一是针对正在持续进行的行政违法行为，指令执法者及时进行专项巡查；二是针对已经完成和结束的行政违法行为，指令执法者直接按照一般程序予以调查。第一种情况按照巡查执法的查证程序要求进行，在执法现场发现符合简易程序情形的作出当场处罚，对不符合简易程序情形的则转入一般程序调查。按照一般程序予以调查，与巡查执法中对一般程序调查、处置的查证程序要求一致。

3. 行政机关规范执法的要求。近年来，在“依法治国”和“依法行政”目标的指导下，行政机关一直在加强自身的执法规范化建设，主要体现在组织建设和个人修炼两个方面。从组织建设来看，主要有六个亮点：（1）大力加强执法主体建设，如开展社会主义法治理念教育、系统开展全员执法培训、实行执法资格等级考试制度等。（2）不断严密执法制度，如制定行政机关相关执法细则、发布规范性文件等。（3）构建执法管理体系，如在县级行政机关建立执法勤务机构、在派出机构配备法制员；又如全面推行重大案件法制部门审核把关制度、严格开展执法质量考评、有针对性地组织开展突出问题专项治理活动、强化外部监督等。（4）规范化改造执法办案场所，如在行政机关派出机构完成功能区改造、大力推进市县级办案中心建设。（5）积极推进执法信息化建设，如全面实行“执法信息网上录入、执法流程网上管理、执法活动网上监督、执法卷宗网上生成、执法质量网上考核、执法档案网上形成”的执法办案新机制。（6）充分发挥先进典型的示范引领作用，在推进执法规范化建设过程中，公安机关始终坚持抓典型、树样板，以点带面，整体推进。[①] 毋庸置疑，这些成果是显著的，对贯彻落实行政机关规范执法的要求在组织建设上给予了充分的保障。

从个人修炼方面来看，在具体的行政执法实践中，执法者常常被一些细小、具体而又不易把握执法尺度的问题所困扰。在此，笔者参阅相关法律规

---

① 公安部：盘点公安机关执法规范化建设六大亮点．http：//politics. people. com. cn/n/2013/0627/c70731－21992596. html.

范及文件，就一些常见的执法难题，从行政执法个人修炼层面提供一些建议。① 综合来说，办理行政案件时，需要行政强制措施予以保障，行政执法人员可以依法采取的行政强制措施通常包括对物品、设施、场所的扣押、扣留、临时查封、查封、先行登记保存、抽样取证等。如果是警察执法，还可对违法嫌疑人采取保护性约束措施、继续盘问、强制传唤、强制检测、拘留审查、限制活动范围等强制。② 具体来说，笔者以执法人员在日常工作中时常遇到的八个问题为例，详细说明执法人员个人应如何落实行政机关规范执法的要求。（1）遇有执法对象索要、查看执法证件的。应当依法告知执法对象：规范着装、佩戴人民警察标志即视为警察正常执行职务，不需要出示工作证件。如执法对象仍坚持要求查看的，应当出示工作证件。如果执法对象再纠缠此类问题，应当明确告知若对执法人员身份有疑问，可事后向公安机关核实，但不能作为阻碍执法者正常执行职务的借口。如执法对象仍不配合执法，可对其进行口头警告，指出其行为的违法性。对继续纠缠涉嫌阻碍执行职务的，告知其违反《中华人民共和国治安管理处罚法》第 50 条的规定，将交由公安机关处理；③ 如果是民警则予以口头传唤，拒绝传唤的可以依法强制传唤。如果因特殊情况便衣执法，则应当主动出示工作证件表明身份。出示证件时，不能将证件交给执法对象查验，以免造成被动。（2）遇有当事人在现场大喊“警察（或城管等其他公务员）打人”或辱骂威胁执法人员煽动闹事的。要保持头脑清醒，讲究方式方法，情绪不失控，不以不当言行激化矛盾，以免授人以柄。首先要口头警告，告知行政机关正在依法采取强制措施，并没有侵犯其合法权益，执法记录仪已经记录了执法过程，其捏造事实、煽动他人的行为涉嫌阻碍执行职务，如再不听劝阻、停止煽动行为，将依法进行处理。如警告无效，则可依照涉嫌阻碍执行职务交由公安机关处理；如果是民警执法，则可口头传唤其到公安机关，对拒不接受的，可以果断强制传唤带离现场，并视情设置警戒区隔离执法对象和围观人员。同时，要做好解释工作，向不明真相的围观群众讲明公安机关正在执行公务，争取理解和支持。在上述执法过程中，如果执法对象升级为暴力抗法时，则应口头警告其行为已涉嫌妨害公务，责令立即停止；对抓衣服、推搡执法人员的，可徒手制止；对扇耳光、拳打脚踢等暴力袭击执法人员的，应

---

① 主要参考了公安部发布的《100 个紧急情形怎么处置》的相关规定，有适当变动。

② 参见《公安机关办理行政案件程序规定》第 42 条。

③ 《治安管理处罚法》第 50 条第 1 款第 2 项规定，阻碍国家机关工作人员依法执行职务的，处警告或者 200 元以下罚款；情节严重的，处 5 日以上 10 日以下拘留，可以并处 500 元以下罚款。第 2 款规定，阻碍人民警察依法执行职务的，从重处罚。

及时报警，如果是警察执法则可使用催泪喷射器、警棍等警械控制执法对象，制服后，依法使用手铐、警绳等警械对其进行约束，对其人身和携带物品进行安全检查后带离现场，避免围观。（3）遇到女性执法对象脱衣撒泼或诬陷执法人员的。首先应当口头警告，明确告知对方其行为涉嫌阻碍执法，警告其自重，责令其立即穿好衣服。然后，通知女性执法者增援或请现场女性群众协助，徒手控制女性执法对象，再用衣物、约束毯等进行遮挡约束，迅速带离现场（或带入执法车内），并及时报警。对诬陷行政执法人员的，要正面回应，及时澄清，切忌沉默回避。在此，需要注意的是，徒手控制时，无论针对男女老幼，均应采取别臂折腕等相对安全的控制动作迅速摆脱纠缠，避免拳打、扭脖等危险动作，如果个人无法摆脱纠缠，可寻求其他执法者协助；男性执法者应避免接触女性执法对象敏感部位，以手腕、手肘等关节为重点控制部位；应避免坐压女性执法对象等不当行为，防止引起围观群众误解。如果是民警执法，对不听从口头警告的，应口头传唤其到公安机关，当事人拒不接受口头传唤的，可以强制传唤。（4）遇到执法对象装病、装死的。首先，要保持冷静，灵活采取技巧方法，判明是否确属装病、装死，判明确系装病、装死的，可以采用“送医救治”的方法将计就计地带离现场。其次，要注意固定证据，即带离现场时应使用车载摄像装置或执法记录仪等全程录像。同时，无法判明是否装病、装死时，要积极救治，通知 120 救护车到场。如果是民警遇到执法对象突发疾病、意外伤亡时，在进行人员控制、提高警惕防止其借机攻击逃跑的同时，应立即救助，注意观察了解其发病症状、伤情，视情况采取必要的现场急救措施，伤情病情不明时，不得随意搬移；及时通知 120 到场救治，情况紧急的视情就近送往医院；要及时报告情况，并做好证据固定工作，保护好现场，等待勘验检查。（5）遇到围观人员以拍照、摄像等方式干扰执法的。首先，要自觉接受监督，习惯于在“镜头”下执法，注意规范执法行为，不得强行干涉拍摄、夺取拍摄器材或强行要求删除。其次，要依法对执法对象的违法行为予以及时果断的处置，避免群众长时间围观。如果是民警执法，一般不能强行驱散人群，在警力不足、不能迅速制服的情况下，切忌试图强行带走执法对象；对案件需要保密的，应采取拉警戒带、设置隔离屏风、给执法对象戴头套等保护措施，夜间可使用警灯、强光手电的爆闪灯干扰拍摄，并以案件涉及国家秘密、个人隐私或未成年人为由，告知拍摄者自行删除，严禁外泄，因外泄造成严重后果的，将承担法律责任。（6）遇有执法对象或其亲友突然下跪抱腿的。执法者可站在下跪者身侧搀扶其起身，以弯腰或半蹲方式进行劝说和法制教育，促其尽快起身。遇到执法对象或其亲友拖拽、缠抱时，应灵活规范地迅速摆脱纠缠。在此需再次强调的是，要采取拉肘别臂等相对安全的控制动作，避免拳击、抓头发、扭脖子等危险动作；也可在其他执法者的协助下合力将其分离，无法解决纠缠的应当及时报警。如果是民警执法，必要时可依法使用催泪喷射器等警械，经劝导无效拒不停止的，依法强制带离。(7) 部署查缉嫌疑车辆的。首先要确定一名执法者为现场指挥，负责分工和下达指令，确保应对处置有序进行，不得站在车前强行拦截，紧急时可用拦车破胎器。其次，检查车辆时，要保持安全距离，当事人锁闭车门拒不开启车门时，执法者可依次采取口头警告、徒手制止方法，如果是民警执法，还可使用警械制止。再次，准备采取破窗强制手段之前，应向指挥中心报备，破窗时应选择不易危及车内人员安全的一侧。最后，带离违法犯罪嫌疑人后，应及时清扫路面遗留物，迅速恢复交通。(8) 查处违法时，如果遇有违法者带有随行儿童的，通常执法者要先对儿童进行安抚，并尽量避免伤及儿童。对此，笔者还进一步建议，实践中针对带有随行儿童的初次和轻微的违法行为人，尤其应以口头警告为主。在行政执法中，虑及儿童和老弱病残孕的特殊情况，是行政执法人文关怀的基本要求。

二、验证环节：法律层面的行政程序要求

行政程序的验证环节，主要是指在查证的基础上对行政案件进行审核、审批。这是行政程序的中级阶段，与查证环节注重实际操作的要求不同，它更关注行政执法过程中法律层面的问题。按照有关执法程序的规定，对行政案件进行审核、审批时，应当审查下列内容：(1) 违法嫌疑人的基本情况；(2) 案件事实是否清楚，证据是否确实充分；(3) 案件定性是否准确；(4) 适用法律、法规和规章是否正确；(5) 办案程序是否合法；(6) 拟作出的处理决定是否适当。① 在此，法律的程序要求与实体要求交织在一起，共同构成了行政程序的验证环节，究其原因，主要是因为制定行政程序的目的在于指导行政执法，通过操作步骤落实行政法律规范的相关规定。这6项内容在行政执法实践中具有“灯塔”的作用，深刻指导具体的执法行动，其实用性无与伦比，是培养行政执法人才基本素养的重要知识性内容。有鉴于此，接下来笔者将尝试着重点解读这些内容。

1. 办案程序的合法性。上述法律第5项的内容，即“办案程序是否合法”，主要是指具体行政案件的管辖、回避、期间与送达等程序性规定。(1) 管辖。行政处罚由违法行为发生地的县级以上地方人民政府具有行政

① 参见《公安机关办理行政案件程序规定》第146条。

处罚权的行政机关管辖。若法律、法规有规定，由违法行为人居住地行政机关管辖更为适宜的，可以由违法行为人居住地行政机关管辖（但涉及卖淫、嫖娼、赌博、毒品的案件只能由违法行为地的公安机关管辖）。移交违法行为人居住地行政机关管辖的行政案件，违法行为地行政机关在移交前应当及时收集证据，并配合违法行为人居住地行政机关开展调查取证工作。几个行政机关都有权管辖的行政案件，由最初受理的公安机关管辖。必要时，可以由主要违法行为地行政机关管辖。对管辖权发生争议的，报请共同的上级行政机关指定管辖。对于重大、复杂的案件，上级行政机关可以直接办理或者指定管辖。（2）回避。通常情形下，执法人员与当事人有直接利害关系的，应当回避。回避的法定情形包括：是本案的当事人或者当事人近亲属的；本人或者其近亲属与本案有利害关系的；与本案当事人有其他关系，可能影响案件公正处理的。回避分为自行回避、要求回避和指令回避。自行回避的，执法人员应当说明理由，并由其所属的公安机关决定；行政机关负责人的回避，由上一级行政机关决定。当事人及其法定代理人要求行政机关负责人、办案人员回避的，应当提出申请，并说明理由。办案人员具有应当回避的情形之一，本人没有申请回避，当事人及其法定代理人也没有申请其回避的，有权决定其回避的公安机关可以指令其回避。在行政案件调查过程中，鉴定人和翻译人员需要回避的，也与上述情形相同。（3）期间。期间以时、日、月、年计算，期间开始之时或者开始之日不计算在内。法律文书送达的期间不包括路途上的时间。期间的最后一日是节假日的，以节假日后的第一日为期满日期，但违法行为人被限制人身自由的期间，应当至期满之日为止，不得因节假日而延长。这里有一个重要的期间需要注意，那就是违法行为在2年内未被发现的，不再给予行政处罚，法律另有规定的除外（治安管理处罚为6个月）。该期间从违法行为发生之日起计算；违法行为有连续或者继续状态的，从行为终了之日起计算。另外，还有一些期间也是需要注意的，如被处理人不在场的，行政机关应当在作出决定的7日内将决定书送达被处理人（治安管理处罚决定应当在2日内送达）。（4）送达。送达法律文书应当首先采取直接送达的方式，交给受送达人本人；受送达人不在的，可以交付其成年家属、所在单位的负责人员或者其居住地居（村）民委员会代收。受送达人本人或者代收人拒绝接收或者拒绝签名和捺指印的，送达人可以邀请其邻居或者其他见证人到场，说明情况，也可以对拒收情况进行录音录像，把文书留在受送达人处，在附卷的法律文书上注明拒绝的事由、送达日期，由送达人、见证人签名或者捺指印，即视为送达。无法直接送达的，委托其他公安机关代为送达，或者邮寄送达。经采取上述送达方式仍无法送达的，可以公告送达（公告的范围和方式应当便于公民知晓，公告期限不得少于60日）。

2. 违法嫌疑人的基本情况。这主要包括四个方面。（1）年龄。行政法通常规定，不满14周岁的人有违法行为的，不予行政处罚，但是应当责令其监护人严加管教，并在不予行政处罚决定书中载明；已满14周岁不满18周岁的人有违法行为的，从轻或者减轻行政处罚。另外，《治安管理处罚法》还规定了应当给予行政拘留处罚但不执行行政拘留处罚的三种情形：已满14周岁不满16周岁的；已满16周岁不满18周岁，初次违反治安管理的；70周岁以上的。（2）精神状态。精神病人在不能辨认或者不能控制自己行为时有违法行为的，不予行政处罚，但应当责令其监护人严加看管和治疗，并在不予行政处罚决定书中载明。间歇性精神病人在精神正常时有违法行为的，应当给予行政处罚。尚未完全丧失辨认或者控制自己行为能力的精神病人有违法行为的，应当予以行政处罚，但可以从轻或者减轻行政处罚。醉酒的人违法应当给予处罚。（3）性别。《治安管理处罚法》规定了应当给予行政拘留处罚但不执行行政拘留处罚的特殊情形，即怀孕或者哺乳自己不满1周岁婴儿的。（4）生理缺陷。《治安管理处罚法》规定，盲人或者又聋又哑的人违反治安管理的，可以从轻、减轻或者不予处罚。通常情况下，人因为自己的生理缺陷而违法的行为不受处罚，如盲人过马路时闯红灯，但听力无障碍的盲人在十字路口也应当听从变灯的音乐或言语提示。

3. 案件事实是否清楚，证据是否确实充分。案件事实是否清楚的情况，可参阅前文“查证环节”的8项指标内容。证据是否确实充分的情况，要重点审查证据的合法形式、非法证据的排除、证据的关联性和“零口供”证据情形。证据是行政执法的重要内容，这些内容在后文的“行政复议”中有详细论述，此不赘述。

4. 案件定性是否准确。通常而言，案件的性质包括刑事案件、行政案件和民事案件，行政机关在处理日常事务的过程中，执法者要判明所遇案件的性质，切忌混淆，应避免因判断错误而适用错误的强制手段造成不良甚至是违法的后果。（1）行政案件与刑事案件的衔接。《行政处罚法》第22条规定：“违法行为构成犯罪的，行政机关必须将案件移送司法机关，依法追究刑事责任。”在此，涉嫌刑事犯罪案件移送标准是两法衔接的关键。国务院于2001年公布的《行政执法机关移送涉嫌犯罪案件的规定》（国务院令第310号）规定，行政执法机关在依法查处违法行为过程中，发现违法事实涉及的金额、违法事实的情节、违法事实造成的后果等符合刑法的相关规定，涉嫌构成犯罪，依法需要追究刑事责任的，必须依照本规定向公安机关移送。行政执法机关对此类案件应当立即指定2名或者2名以上行政执法人员组成专案组专门负责，核实情况后提出移送涉嫌犯罪案件的书面报告，报经本机关正职负责人或者主持工作的负责人审批。同时，2016年公安部制定了《公安机关受理行政执法机关移送涉嫌犯罪案件规定》（公通字〔2016〕16号），规范了公安机关受理行政执法机关移送涉嫌犯罪案件工作，也完善了行政执法与刑事司法衔接工作机制。（2）行政案件与民事案件的衔接。这不是指行政附带民事诉讼，而是指行政机关接到群众报警电话后派出执法人员到达现场后经查验发现不是行政案件（如治安纠纷）而是民事案件（如民事纠纷）该如何处置的问题。行政执法实践中严禁将民事案件当做行政案件来处理，尤其禁止违规插手民间经济纠纷。另外，也不能把貌似民事纠纷的行政案件民事化，如楼上住户漏水严重却联系不上户主甲，楼下住户乙连忙报警，警察情急之中破门而入，这就不是一个简单的漏水赔偿的民事问题，而是漏水将可能导致漏电电死人的行政管理和过失刑事责任问题，甲不可以民事纠纷为由责难行政执法过程中的紧急避险的处置行为。（3）行政案件移交其他行政机关的衔接。这主要是由行政案件的管辖权导致的案件移交的相关手续问题，应当注意移交的手续要完备，前期查处违法的证据材料也应一并移交等。

5. 适用法律、法规和规章是否正确。依法行政要求行政执法最后都要依据具体的规定作出相应的处罚内容。这些内容将置放在“行政诉讼”中专题探讨，此不赘述。

6. 拟作出的处理决定是否适当。这里应重点审查三种情况。（1）不予行政处罚的情形。违法行为轻微并及时纠正，没有造成危害后果的，不予行政处罚。另外，包括符合其他依法不予行政处罚情形的，凡是有违法所得和非法财物、违禁品、管制器具的，应当予以追缴或者收缴。（2）从轻或减轻处罚的情形。这主要包括：主动消除或者减轻违法行为危害后果的；受他人胁迫有违法行为的；配合行政机关查处违法行为有立功表现的；其他依法从轻或者减轻行政处罚的。另外，如前文所言，盲人或者又聋又哑的人违反治安管理的，可以从轻、减轻或者不予行政处罚。（3）从重处罚的情形。这主要包括三种情形，即违法行为造成较严重后果的；妨碍、逃避或者抗拒执法人员检查的；胁迫、诱骗或者教唆他人实施违法行为的。从重处罚，必须在法律、法规规定的种类和幅度内进行。

三、佐证环节：舆情层面的行政程序要求

当代中国已经确立了“依法治国”的基本国策，当前正进入“全面推

进依法治国”的新阶段。依法治国是一个系统工程，其基本原则包括坚持中国共产党的领导、坚持人民主体地位、坚持法律面前人人平等、坚持依法治国和以德治国相结合、坚持从中国实际出发。[①] 行政执法是国家法治体系中的一个重要的有机组成部分，它不是孤立、封闭的，也不是完全自给自足的，而应当遵循法治基本精神、符合社会公序良俗、接受外部监督检验。

1. 遵循法治基本精神。法治的核心要义是良法之治。良法的基本要求乃是使法律、法规能成为“人民权利的保障书”。就行政执法而言，笔者认为，应着重强调行政执法过程中的两个内容：权利保障和知情参与。（1）突出权利保障。这主要是指行政执法过程中要充分保障行政相对人的合法权益，如告知权利。尽管行政法大多展现的是对行政秩序的管理功能，然而也只有让行政相对人意识到这种管理不是临时的刁难而是最终的保护，行政法的基本目标才能更容易地实现。我国行政法通常在总则部分规定立法的权利保障目的，如《行政处罚法》第 1 条规定“维护公共利益和社会秩序，保护公民、法人或者其他组织的合法权益”。接着在具体的行政执法过程中通常还会强调侵害行政相对人权益的不利后果，如《行政处罚法》第 41 条规定，“行政机关及其执法人员在作出行政处罚决定之前，不依照该法第三十一条、第三十二条的规定向当事人告知给予行政处罚的事实、理由和依据，或者拒绝听取当事人的陈述、申辩，行政处罚决定不能成立”。当前，公安机关的执法办案中心建设，发展成为公、检、法三机关的连接枢纽，极大地促进了对犯罪嫌疑人的权益保护。[②] 行政机关应当借鉴该执法办案中心的建设经验，将行政执法的制度规定落实到具体操作中，进而加大行政相对人的权益保护。（2）方便知情参与。这主要是指行政执法过程中要积极为行政相对人的参与提供方便。随着互联网的发展，行政法的服务功能越来越发达。2015 年国务院《关于积极推进“互联网 +”行动的指导意见》出台后，全国各地纷纷响应，全面推动互联网与各领域的深度融合和创新发展。各地政府开始上线试运行政府权力清单，大力推行政府权力项目库、电子政务大厅、政府权力网上运行办事平台、电子监察平台和法制监督平台，用互联网思维重构政府权责和治理方式。行政执法也应当与时俱进，在执法过程中积极借助“互联网 +”来提升执法效果。实际上，“互联网 +”为行政执法提供了一种新工具，它能够揭示传统技术方式难以展现的关联关系，极大地提升了政

① 参见《中共中央关于全面推进依法治国若干重大问题的决定》。

② 田清辉．执法办案管理中心在司法体制改革下的角色定位［J］．北京警察学院学报，2018（1）．

府整体数据分析能力，推动了技术进步、效率提升和组织变革，为有效处理复杂社会问题提供了新的手段。① 实践中，一些行政机关充分运用信息化手段助推执法规范化的提档升级。有的公安机关自2017年以来开始依托执法办案平台全面整合警情接报、案件办理、人员处理等重点办案环节的公开信息，变民警手工操作为自动推送互联网，实现了即时同步公开案件信息。同时，在受案（理）回执上增加公开查询网址、二维码和查询密码等内容并自动发送手机短信，方便报案人及被侵害人查询案件进展情况；设置了群众网上评价和留言功能，评价和留言会及时自动反馈给办案单位，督促办案单位及时整改。另外，针对日常办案中存在的人员超期处理等问题，通过智能分析风险点和超期时间提示等功能设置，可按照基层办案习惯和不同的办案环节细化预警类型和时间提示，并通过语音提醒、平台弹出、手机客户端等多种方式对办案民警、分管领导和监督人员进行提示，对超期已处理和超期未处理情况进行分别监督和考核，极大地提高了同步监督管控的针对性，及时规范了基层执法办案工作。② 这些都是行政执法工作值得借鉴的经验和未来发展的方向所在。

2. 符合社会公序良俗。社会公序良俗是现代法治的基石。我国的法治实践强调国家和社会治理需要法律和道德共同发挥作用，即“既重视发挥法律的规范作用，又重视发挥道德的教化作用，以法治体现道德理念、强化法律对道德建设的促进作用，以道德滋养法治精神、强化道德对法治文化的支撑作用，实现法律和道德相辅相成、法治和德治相得益彰”。③ 当代中国法治实践过程中，因为法律与道德冲突而引发舆论潮涌最终被矫正判决甚至立法的案例也不在少数，如2004年最高人民法院《关于适用〈中华人民共和国婚姻法〉若干问题的解释（二）》第24条规定实施后，不少人直到离婚后才发现，配偶在外“打借条”，自己“被负债”，纵然毫不知情，也要承担连带责任来还债。对此，民众要求全国人大对此进行合法性审查的建议“每天像雪片一样飞来”。④ 在各方呼吁下，2017年2月最高人民法院就该条司法解释做了修正，2018年年初发布《最高人民法院关于审理涉及夫妻债

---

① 以“互联网+”推进行政执法精准化. http://www.ahfzb.gov.cn/content/detail/569d9d93cfd9f35c0600000c.html.

② 十项信息化举措助推公安规范执法提档升级. http://www.bjgaj.gov.cn/web/detail_getArticleInfo_465064_col1169.html.

③ 参见《中共中央关于全面推进依法治国若干重大问题的决定》。

④ 万人签名信寄往人大后婚姻法24条存废有了新说法. http://news.163.com/17/1225/09/D6G98K350001875N.html.

务纠纷案件适用法律有关问题的解释》，就上述“第24条”让夫妻共同债务有了合情合理的新说法。行政执法中也有相似的情况，如前文所言，面对抱小孩的妇女执法时就要特别注意安抚孩子；而针对盲人违法占道经营等特殊情形，切不可与盲人“玩躲猫猫”。[①] 行政执法应当吸取上述两类法律与道德冲突的教训，无论是在行政立法还是行政执法过程中，都要尽量避免法律与道德的直接冲突，要始终紧扣公平正义，携手社会道德，深刻推进行政执法，行政执法要融入社会主义核心价值观，共同发挥法律与道德的社会治理作用。

3. 接受外部监督检验。阳光是最好的防腐剂。对行使公权力的行政执法机关来说，监督，尤其是外部监督，是确保其在法治轨道上运转的重要保障。当前，我国行政执法的外部监督主要表现为两个方面：（1）厉行信息公开。虽然行政相对人是维护自身权益的最直接的力量，但是行政机关应当通过信息公开的方式为行政相对人维护自身权益提供方便。反过来说，行政机关因为有行政相对人的信息知情权，也应慎重执法，确保行政执法符合法治的要求。（2）接受司法监督。按照我国《行政诉讼法》的规定，行政诉讼就是法院监督行政机关依法行使职权的法律制度，它不仅规定法院可以审查具体行政行为，也可以审查一般的抽象行为；它还规定被诉行政机关负责人应当出庭应诉（特殊情况除外），人民法院对被告经传票传唤无正当理由拒不到庭或者未经法庭许可中途退庭的，可以将被告拒不到庭或者中途退庭的情况予以公告，并可以向监察机关或者被告的上一级行政机关提出依法给予其主要负责人或者直接责任人员处分的司法建议。

① 昆明城管回应“队员戏弄盲人”. http://news.163.com/17/0527/01/CLDGKOUC000187VI.html.

第六章　行政相对人

第一节　行政相对人的研究现状

一、行政相对人的学科地位

对于行政相对人（简称“相对人”）在行政法学研究中应该处于什么地位的问题，行政法学界的学者们似乎有不同的认识。就其已有的研究成果来看，有四种情况，笔者据此以行政相对人的研究状况为标准（不是以时间为标准）将现有相关研究成果划分为“四代”。（1）第一代研究成果，在相关论著目录部分没有行政相对人的内容，正文部分也没有独立探讨行政相对人的章节；（2）第二代研究成果，在相关论著目录部分没有行政相对人的内容，正文部分虽然有独立探讨行政相对人的章节（仅为三级标题），但篇幅短小，简要提及了行政相对人的概念和种类；（3）第三代研究成果，在相关论著目录部分有行政相对人的内容，正文部分也有独立探讨行政相对人的章节，但相对于行政主体而言，篇幅不算大，其内容包括行政相对人的概念、分类和权利义务；（4）第四代研究成果，在相关论著目录部分有行政相对人的内容，正文部分也有独立探讨行政相对人的章节，其内容在行政相对人的概念、分类和权利义务的基础上，还探讨了行政相对人的行为（行为的内容与效力）。

实际上，行政相对人并不是行政法学可有可无的对象，即使是上述第一代研究成果的相关论著，尽管它们的目录部分没有行政相对人的内容，正文部分也没有独立探讨行政相对人的章节，但是“行政相对人”这一名词却常常出现在这些论著的各处。有学者指出：“行政相对人是行政法律关系中与行政主体相对应的一方主体，也是行政法的主体之一。”① 还有学者指出：“行政相对人是行政法律关系主体中与行政主体相对应的一方，属于行政法

① 孟昭阳，高文英．行政法与行政诉讼法学［M］．北京：中国人民公安大学出版社，2012：82.

学中的基本概念……能够在纷繁复杂的行政法律事实中清晰地辨认出行政相对人，了解行政相对人法律地位的历史发展过程，理解行政相对人在行政法律关系中享有的权利与承担的义务，掌握行政相对人行为的内容与效力。”① 这表明，行政相对人是行政法学的必备内容，脱离它行政法学就几乎无法展开。正因为如此，其他三代研究成果都探讨了行政相对人问题，其共同的内容是行政相对人的概念和分类，其差异之处是第三代研究成果增加了行政相对人的权利与义务，第四代研究成果又增加了行政相对人的行为。

第四代研究成果标志着我国行政相对人研究的初步成立。之所以说是“初步成立”，一方面是指它已经涉及行政相对人的“行为”研究，另一方面是指它对行政相对人“行为”的研究还不全面。第四代成果在研究行政相对人“行为”时，探讨了行为的内容和效力：其内容包括实体性内容和程序性内容；其效力则仿照行政行为理论，参照“行政行为的合法性证成路径”，从主体、内容、形式、程序四个方面加以阐述。② 毋庸置疑，这些内容极富思维创新性，是行政相对人研究理论的重大突破。相对于行政相对人的概念、分类、权利与义务等内容，行为才是法律的重心所在。纯粹的思维活动和自然事件并不是法律的对象，而行政相对人的权利与义务等法律关系也必须通过其行为展现出来。不过，目前第四代研究成果仅从行政相对人一方视角来考虑，这主要适用于服务行政中的行政相对人，如行政许可、行政登记等，但管理行政中的行政相对人，如行政处罚、行政强制等，行政相对人的另一方视角即行政执法者却没有考虑。执法实践中管理行政的行政相对人是更需要关注的对象，如何准确界定行政相对人的违法行为，如何恰当地给予处罚，一直是行政法的核心内容。如前所述，笔者认为，行政法与古代行政管理的区别就在于它是控权法，基本目的是通过控制行政权力保护公民权利，行政相对人研究也要围绕“控权法”这个大目标展开。管理行政中的行政行为对行政相对人权益具有侵害性，为此，当前我国行政法学迫切需要构建行政相对人违法行为的构成要件理论。在执法实践中，通过对该构成要件的运用，既让违法的人受到应有的处罚，维护执法权威；也让无辜的人不受丝毫的侵害，保护群众利益。这样，该主题的第四代行政法学研究才算是完整了。不过，行政执法的实务需求并不到此为止，而是要求行政相对人的研究继续深入前进。近年来，关于是否增设“袭警罪”讨论日益热烈，它是执法实践中“妨碍执行公务”现象和问题的典型，反映了新时期行政

① 王学辉．行政法与行政诉讼法学（第二版）［M］．北京：法律出版社，2015：107.

② 王学辉．行政法与行政诉讼法学（第二版）［M］．北京：法律出版社，2015：121－124.

法律关系中受害人群体中作为执法者受到伤害的新现象，而传统的受害人即行政相对人行为的第三方，如对于《治安管理处罚法》中“殴打他人”中的“他人”，长期以来缺乏研究。因此，对行政法律关系中与行政相对人之行为直接指向的受害人群体的研究，似乎透露出了我国第五代行政法学研究的曙光。

二、行政相对人的概念界定

“行政相对人”这一名词在行政法学界和法律实务界的共同努力下，目前已经从对行政法现象的学理归纳逐步转变为一个正式的法律概念。《行政诉讼法》第 25 条第 1 款规定：“行政行为的相对人以及其他与行政行为有利害关系的公民、法人或者其他组织，有权提起诉讼。”这里的“行政行为的相对人”就是行政相对人，简称“相对人”。行政相对人具体指向什么，行政法对其管理或服务的对象均有明确表述，即“公民、法人或者其他组织”。服务类行政的典型如《行政许可法》第 2 条规定：“本法所称行政许可，是指行政机关根据公民、法人或者其他组织的申请，经依法审查，准予其从事特定活动的行为。”管理类行政的典型如《行政处罚法》第 3 条第 1 款规定：“公民、法人或者其他组织违反行政管理秩序的行为，应当给予行政处罚的，依照本法由法律、法规或者规章规定，并由行政机关依照本法规定的程序实施。”此外，监督行政机关依法行使职权的《行政诉讼法》第 2 条第 1 款也规定：“公民、法人或者其他组织认为行政机关和行政机关工作人员的行政行为侵犯其合法权益，有权依照本法向人民法院提起诉讼。”由此可见，在我国，行政行为的对象是恒定的和明确的，就是“公民、法人或者其他组织”。对此，行政法学界抽象和演绎出“行政相对人”这一概念来涵盖“公民、法人或者其他组织”，成为一种学理共识，并一直沿用下来。而通过对具体法条规范内容的阅读，我们也再一次确信了研究行政相对人的必要性和必须性，即这是执法实务中真真切切存在的现实。

我国行政法学界之所以把“公民、法人或者其他组织”抽象和演绎为“行政相对人”这一概念，有其深刻的考虑。(1) 这是国际行政法学研究的一般学术术语，不是我国学者的突发奇想。我国（尤其是大陆）行政法研究起步比较晚，其行政法学的相关术语均来自法德等西方国家。由于学术需要国际交流和国际视野，因此国内学术在接轨国际话语的过程中就引入了相关学术术语，其中“行政相对人”这一词汇的出现也不例外。(2) 它是行政法律关系中的重要组成部分，与行政主体理论相对应。本书特别强调要从法律关系来观察行政法现象，因此就不会单独重视行政主体而忽视甚至遗弃行政相对人的研究。在行政法律关系中，行政权是依法主动地展开行政法律关系，是时时刻刻的绝对的存在，而行政对象则是被动（碰到困难而求助或违法后不想被抓）地进入行政法律关系，是在与行政权交集中相对应的偶然的暂时的具体的存在。以深夜治安巡逻为例，警察每天都按照工作安排在既定的时间和既定的路线上巡逻，此时可以没有行政相对人，只有出现求助或违法情形下，才会出现具体的行政相对人。（3）相关法律规定无法涵盖特定人群，如外国人、无国籍人、外国组织等。改革开放后，一些外国人及外国企业、组织来到我国，随着我国加入世界贸易组织之后经济社会的快速发展，这些人群呈现递增的趋势，尤其是近年来随着“一带一路”倡议的提出，在“走出去”和“引进来”相互交流的过程中，在华外国企业和人员也越来越多。我国的行政法如果还将行政相对人仅仅限于“公民、法人或者其他组织”，就无法反映客观的行政执法现实，因此采用“行政相对人”一词则更为妥当。

那么，行政相对人的概念究竟该如何界定呢？学界同样是众说纷纭。有学者注意到，我国行政法规范中有不同称谓指向行政主体相对的一方，如当事人、申请人、第三人、利害关系人、被许可人等，并指出“这并不妨碍继续使用行政相对人作为指称行政法律关系中与行政主体相对应的另外一方”。[①] 有学者认为，界定行政相对人概念需要区分三种情况：（1）最狭义的行政相对人。它是指行政行为直接指向的公民、法人或其他社会组织。（2）狭义的行政相对人。它是指行政行为直接指向的公民、法人或其他社会组织，以及因行政行为的第三人效力影响而涉及的利害关系人（第三人）。（3）广义的行政相对人。它是指与行政主体相对应的，参与各种行政法律关系，并享有相应的权利或履行相应的义务的公民、法人或其他组织。[②] 面对这三种情况，选取哪一种概念更为适合呢？笔者认为，当前我国行政法学的学术研究要贴近执法实践，依法说事。鉴于前文提及的《行政诉讼法》第25条规定已经把“行政行为的相对人”和“其他与行政行为有利害关系的公民、法人或者其他组织”相区别，因此上述狭义的行政相对人的概念显然就没有必要了。广义的行政相对人的概念似乎因为代表了未来发展趋势而更有吸引力，即国家行政将融入社会公共领域。[③] 然而，它包括

① 章志远．行政法学总论［M］．北京：北京大学出版社，2014：143.

② 孟昭阳，高文英．行政法与行政诉讼法学［M］．北京：中国人民公安大学出版社，2012：82－83.

③ 孟昭阳，高文英．行政法与行政诉讼法学［M］．北京：中国人民公安大学出版社，2012：83.

立法听证参与人、内部行政对象、行政监督参与人等，笔者认为他们由于偏离了行政行为而不是行政相对人，行政相对人应该与行政行为有直接联系，因此行政相对人的概念可表述为：基于行政法规范而形成的具体法律关系中与行政主体直接对应的具体的自然人、法人或其他社会组织。

三、行政相对人的分类

我国行政法学界对行政相对人的分类，主要表现为：个人相对人与组织相对人、直接相对人与间接相对人、作为行为的相对人与不作为行为的相对人、抽象相对人与具体相对人、受益相对人与侵益相对人。① 以此为基础，有学者增加了内部相对人和外部相对人、② 特定行政相对人和不特定行政相对人。③ 行政相对人的这些分类，是我国行政法学界长期努力的研究成果，它们从多角度展示了行政相对人的内涵，具有理论和实践意义。不过，据笔者多年在课堂上教学的反馈情况来看，很多学生并没有意识到它们的重要性，也较少潜心领悟其中的要领。究其原因有两点值得回味：其一，这些分类是分散型的，没有置放在某一个案例中去分析，非常抽象；其二，重点不突出，感觉是泛泛而谈，而实践中行政相对人常见和常用的情形不突出，实用性不强。笔者认为，这里还存在一些自相矛盾的地方。（1）直接相对人与间接相对人。按照当前的学术意见，直接相对人是指行政主体行政行为的直接对象，其权益受到行政行为的直接影响；间接相对人是指行政主体行政行为的间接对象，其权益受到行政行为的间接影响。这里的“直接相对人”是指与行政主体相对应的行为人，如“侵害人”；而“间接相对人”实际上是指与该行为人的行为利益相关的第三人，其称谓多样，如行政处罚中的“受害人”、行政给付中的“直系亲属”，甚至包括被侵害的执法者（此时他不仅代表行政主体，而且拥有个体合法权益）。若以这一行为的双方当事人“受害人”和“侵害人”为例，“侵害人”面对行政处罚，享有行政相对人的完整权利，但“受害人”却不享有行政相对人的权利，如他无权要求举行听证，甚至对处罚结果不满也不能提起行政诉讼。既然“受害人”不享有行政相对人的权利，也就不承担相应的义务，因此“受害人”就不是行政相对人，而是具有独立权益的第三人。（2）抽象相对人与具体相对人。

---

① 姜明安．行政法与行政诉讼法［M］．北京：北京大学出版社，高等教育出版社，1999：129－131.

② 孟昭阳，高文英．行政法与行政诉讼法学［M］．北京：中国人民公安大学出版社，2012：84－85.

③ 王学辉．行政法与行政诉讼法学（第二版）［M］．北京：法律出版社，2015：109－110.

按照当前的学术意见，该分类以行政行为对当事人是否产生实际影响为标准进行划分，前者为尚未产生影响的，后者指行政行为已经产生影响的。这个分类存在两个问题：一是行为都是具体的，无抽象行为之说；二是内容指向含混不清，尽管它的初衷是指行政立法，但也无法排除具体执法过程中尚未作出决定前的状态，此时对行政相对人并没有产生实际影响。进而言之，由于行政行为没有产生实际影响，就无法提起行政诉讼，就不享有行政相对人的完整权利，也就不是完整意义上的行政相对人。因此，笔者认为这个分类也是有问题的。(3) 特定行政相对人和不特定行政相对人。按照当前的学术意见，不特定行政相对人是指行政主体对所有的公民、法人、其他组织都应当履行的普遍义务；特定行政相对人是指行政主体对特定的公民、法人、其他组织所应当履行的特定义务。这存在两个问题：一是行政法是基于特定的行政法律关系而形成的，没有不特定的行政法律关系，也就没有不特定的行政主体，因此也就没有不特定的行政相对人；二是尽管实践中出现了“公益诉讼”这一新现象，但公益诉讼的主体仍然是特定的，比如说一个美国人无法就中国某个村庄的河流污染在美国向中国法院提起公益诉讼，即使是中国公民，也需要有一定的利益关系才能成为适格的原告，因而不存在“不特定”的行政相对人。

笔者认为，我国学界的上述分类，实际上隐含了对行政相对人概念界定的延伸。这些分类都是基于狭义或广义的行政相对人的范畴的，然而上述三种情况都存在矛盾，即学者提出的行政相对人并不享有该学者所阐述的行政相对人权利。这再一次证明，行政相对人的概念应当回归最狭义的范畴。然而，要真正了解行政相对人，就要回到行政主体的类型，它毕竟是行政主体的相对人。鉴于行政主体可分为服务类行政、管理类行政、合作类行政的三种模式，因此除了上述的个人相对人与组织相对人、作为行为的相对人与不作为行为的相对人、受益相对人与侵益相对人、内部相对人与外部相对人的二元分类外，行政相对人的最基本分类可以表述为服务类行政的申请人、管理类行政的侵害人、合作类行政的合作人。(1) 服务类行政的申请人。该类行政相对人有五个特点：其一，存在行政法所特别规定的利益；其二，为获取这种法定的利益而向行政主体进行申请；其三，申请人依据法定的程序进行申请；其四，行政主体依法进行审查，决定是否授予申请人该法定利益；其五，申请人享有行政相对人的完整权利，也因此对应相关义务，如不满行政主体的决定，可以通过提起行政诉讼等方式来维权。(2) 管理类行政的侵害人。该类行政相对人有五个特点：其一，存在行政法所特别规定的义务；其二，行为人违反该行政法的规定，侵害了他人或公共利益；其三，行政主体主动或依据受害人等报案而查处该侵害性违法行为；其四，行政主体依照法定程序对侵害行为人作出行政处罚；其五，侵害人享有行政相对人的完整权利，也因此对应相关义务，如不满行政主体的处罚决定，可以通过提起行政诉讼等方式来维权。（3）合作类行政的合作人。该类行政相对人有五个特点：其一，存在行政法所特别规定的合作事项；其二，行政主体采用招标或协商的方式选择合适的行政相对人；其三，合作关系一旦通过约定确立，对双方都有约束力，但法定事由出现时，行政主体可以主动解除合约，通常需要给予行政相对人一定的补偿；其四，该行政相对人享有行政相对人的所有权利，也承担相应的义务，并且通过协商，通常还可获得更多的合约利益，其义务也可通过协商决定是否增加；其五，行政相对人依据具体情况来确定是否向这类行政行为提起行政诉讼，非强制力的纯粹的合约关系一般不能提起行政诉讼。

第二节　行政相对人的权利与义务

关注行政相对人的权利与义务，是我国行政法学研究的一大进步，也是当前我国行政法学界对行政相对人研究的重要成果的表现。有学者从行政相对人的三个“法律地位”引出行政相对人的权利与义务问题，即：（1）行政相对人是行政主体行政管理的对象；（2）行政相对人也是行政管理的参与人；（3）行政相对人在行政救济关系和行政法制监督关系中可以转化为救济对象和监督主体。① 笔者认为，行政相对人不是行政法的附庸或转化，而是其内生的。行政法作为控权法，不仅要从行政主体的角度直接加以控制，也要从行政相对人的角度直接进行监督，因此行政主体和行政相对人就构成了作为控权法之行政法一个硬币的两个面。行政相对人的“控权”之面，直接表现为行政相对人的法定权利，而基于权利与义务的对等性，行政相对人也承担了相应的法定义务。

一、行政相对人的权利

行政法学界对行政相对人的权利的研究，有两种模式：（1）列举式。认为行政相对人的权利包括申请权、参与权、了解权、批评建议权、申诉控告检举权、陈述申辩权、申请复议权、提起行政诉讼权、请求行政赔偿权、

① 姜明安．行政法与行政诉讼法［M］．北京：北京大学出版社，高等教育出版社，1999：131－132.

抵制违法行政行为权。[1]（2）归纳式。认为行政相对人的权利包括三类，即实体性权利、程序性权利和救济性权利。其中，实体性权利包括请求权、参与行政管理权、知情权、受益权、批评建议权与申诉控告检举权、受平等对待权；程序性权利包括申请回避的权利、举证权、陈述权与申辩权、听证权、程序抵抗权；救济性权利包括申请复议权、提起行政诉讼权、请求国家赔偿或补偿权。[2] 这给人有两个感觉，一是行政相对人拥有很多的权利；二是真正事到临头却很茫然，不知怎么具体运用这些权利来保护自己。因此，笔者认为，行政相对人的这些权利应该置放在行政执法程序中才能展现其鲜活性和适用性。鉴于行政法实体性权利与程序性权利交织在一起的属性与现状，笔者也尝试分三个阶段阐述行政相对人的权利。

1. 行政事务与行政相对人的宪法性权利。它的特征是发生在具体行政执法之前，或者启动行政执法之时，或者行政执法的全过程。这些宪法性权利包括：行政参与权、批评建议权、申诉控告检举权、享受平等对待权，以及申请—请求权等权利。从宪法的视角观察行政相对人的权利，有两个原因。一是表明行政法与宪法之间的密切关系，即行政法素有“小宪法”“行动中的宪法”“动态的宪法”之称，缺乏宪法视角的行政法是狭隘的。二是展现了权利的间接性，即这些权利虽然直接源自宪法，却有待逐步具体落实（尤其是在行政立法层面），否则这些权利无法真正得到保障。（1）我国《宪法》第2条第3款规定：“人民依照法律规定，通过各种途径和形式，管理国家事务，管理经济和文化事业，管理社会事务。”这是行政相对人的行政参与权的宪法规定。（2）我国《宪法》第41条第1款规定：“中华人民共和国公民对于任何国家机关和国家工作人员，有提出批评和建议的权利；对于任何国家机关和国家工作人员的违法失职行为，有向有关国家机关提出申诉、控告或者检举的权利，但是不得捏造或者歪曲事实进行诬告陷害。”这是行政相对人的批评建议权和申诉控告检举权的宪法规定。（3）我国《宪法》第33条第2款规定：“中华人民共和国公民在法律面前一律平等。”这是行政相对人的享受平等对待权的宪法规定。实际上，行政相对人的上述宪法性权利的确是行政法上的权利，该权利的实现途径，除了加强相关行政立法之外，也可以通过“人民来信、来访”等方式向有关部门反映问题，有关部门接待之后再间接推动。（4）值得注意的是，行政相对人的

---

① 姜明安．行政法与行政诉讼法［M］．北京：北京大学出版社，高等教育出版社，1999：132 - 133.

② 王学辉．行政法与行政诉讼法学（第二版）［M］．北京：法律出版社，2015：115 - 117.

“申请—请求权”虽然直接来自宪法，但大都已经落实在行政法的具体规范中了，其纠纷可以直接通过法律方式加以解决，它通常启动具体的行政执法活动。比如，我国《宪法》第 13 条第 1 款规定：“公民的合法的私有财产不受侵犯。”如果发生盗窃、抢劫、诈骗等事情，公民可以报警请求保护，如果警察不出警，将会以“不作为”或“玩忽职守”等理由被追究责任。又如，我国《宪法》第 45 条规定：“中华人民共和国公民在年老、疾病或者丧失劳动能力的情况下，有从国家和社会获得物质帮助的权利。”据此，符合条件的公民可以向社会保障部门申请相关物质帮助。

2. 行政执法与行政相对人的对抗性权利。它的特征是发生在具体行政执法的过程中。这些对抗性权利包括：要求回避权、知情权、陈述申辩权（听证权）、有限抵抗权等。它们通常有行政法的具体规定，无论是服务类行政行为，还是管理类行政行为，都是监督行政执法的重要法律保障，行政相对人可以据此通过法律途径维护自身的合法权益。（1）要求回避权。我国《行政许可法》第 48 条第 3 项规定了回避制度，即“申请人、利害关系人认为主持人与该行政许可事项有直接利害关系的，有权申请回避”。我国《行政处罚法》第 37 条第 3 款也规定：“执法人员与当事人有直接利害关系的，应当回避。”（2）知情权。我国《行政许可法》第 30 条第 1 款规定：“行政机关应当将法律、法规、规章规定的有关行政许可的事项、依据、条件、数量、程序、期限以及需要提交的全部材料的目录和申请书示范文本等在办公场所公示。”第 2 款又规定：“申请人要求行政机关对公示内容予以说明、解释的，行政机关应当说明、解释，提供准确、可靠的信息。”我国《行政处罚法》第 31 条也规定：“行政机关在作出行政处罚决定之前，应当告知当事人作出行政处罚决定的事实、理由及依据，并告知当事人依法享有的权利。”（3）陈述申辩权（听证权）。我国《行政许可法》第 36 条规定：“行政机关对行政许可申请进行审查时，发现行政许可事项直接关系他人重大利益的，应当告知该利害关系人。申请人、利害关系人有权进行陈述和申辩。行政机关应当听取申请人、利害关系人的意见。”此外，该法第 46 条规定：“法律、法规、规章规定实施行政许可应当听证的事项，或者行政机关认为需要听证的其他涉及公共利益的重大行政许可事项，行政机关应当向社会公告，并举行听证。”我国《行政处罚法》第 32 条第 1 款也规定：“当事人有权进行陈述和申辩。行政机关必须充分听取当事人的意见，对当事人提出的事实、理由和证据，应当进行复核；当事人提出的事实、理由或者证据成立的，行政机关应当采纳。”第 2 款又规定：“行政机关不得因当事人申辩而加重处罚。”该法第 41 条还规定，不依照本法相关规定向当事人告知给予行政处罚的事实、理由和依据，或者拒绝听取当事人的陈述、申辩，行政处罚决定不能成立。(4) 有限抵抗权。我国《行政处罚法》第49条规定："行政机关及其执法人员当场收缴罚款的，必须向当事人出具省、自治区、直辖市财政部门统一制发的罚款收据；不出具财政部门统一制发的罚款收据的，当事人有权拒绝缴纳罚款。"

3. 行政结果与行政相对人的救济性权利。它的特征是发生在具体行政执法之后。这些救济性权利包括：申请复议权、提起诉讼权、申请国家赔偿或补偿权。我国《行政许可法》第7条规定："公民、法人或者其他组织对行政机关实施行政许可，享有陈述权、申辩权；有权依法申请行政复议或者提起行政诉讼；其合法权益因行政机关违法实施行政许可受到损害的，有权依法要求赔偿。"我国《行政处罚法》第6条第1款规定："公民、法人或者其他组织对行政机关所给予的行政处罚，享有陈述权、申辩权；对行政处罚不服的，有权依法申请行政复议或者提起行政诉讼。"第2款规定："公民、法人或者其他组织因行政机关违法给予行政处罚受到损害的，有权依法提出赔偿要求。"为了确保落实行政相对人的申请复议权、提起诉讼权、申请国家赔偿或补偿权，我国还专门制定了《行政复议法》《行政诉讼法》《国家赔偿法》等法律以及围绕这些法律制定的相关法规。法治实践中，这些专门的法律正有效地维护着行政相对人的权益。

二、行政相对人的义务

我国行政法学界对行政相对人的义务并没有太多的理论探讨，并且也少有逻辑论证，更多的是抽象"宣示"，如服从行政管理、协助公务（执行）、维护公益、接受行政监督、提供真实信息、遵守法定义务。[①] 我国《宪法》第33条第4款规定："任何公民享有宪法和法律规定的权利，同时必须履行宪法和法律规定的义务。"这表明，无论是权利还是义务，都以"宪法和法律规定"为前提。因此，我们在表述行政相对人的义务时，应当明确相关法律依据，紧扣法律的具体规定，要有法律的明确依据，更为重要的是必须回到具体法律诸如宪法、各行政法所规定的义务当中去。同时，还要加强其逻辑论证，内容要经得起推敲，因为简单的抽象难以涵盖具体的规定。

笔者认为，行政相对人有三类义务值得注意。(1) 学理上的义务认识。基于权利义务的法定性，通常情况下，行政机关法定的权力就是行政相对人

---

① 姜明安. 行政法与行政诉讼法［M］. 北京：北京大学出版社，高等教育出版社，1999：133-134；王学辉. 行政法与行政诉讼法学（第二版）［M］. 北京：法律出版社，2015：117-118.

的法定义务。(2) 宪法性的义务规定。如我国《宪法》第53条规定:“中华人民共和国公民必须遵守宪法和法律,保守国家秘密,爱护公共财产,遵守劳动纪律,遵守公共秩序,尊重社会公德。”(3) 行政法的义务规定。如《治安管理处罚法》第43条第1款规定:“殴打他人的,或者故意伤害他人身体的,处五日以上十日以下拘留,并处二百元以上五百元以下罚款;情节较轻的,处五日以下拘留或者五百元以下罚款。”该法条具体规定了禁止“殴打他人,或者故意伤害他人身体”的义务。

第三节 行政相对人的违法行为

一、行政相对人的行为概述

笔者认为,只有研究了行政相对人的行为,才能从根基上推进行政相对人的研究。虽然当前我国行政法学研究成果较少涉及行政相对人的行为,但仍有一些研究成果或明或暗地涉及了这块内容,并呈现出两个不同的研究发展态势,为进一步研究行政相对人的行为提供了借鉴。

1. 借助行政行为理论明确描述行政相对人的行为。我国当前只有极少数行政法学论著明确研究了行政相对人的行为。有学者明确指出了行政相对人的行为内容和行为效力。① (1) 所谓行政相对人的行为内容包括实体性行为内容和程序性行为内容。实体性行为内容包括获取利益、行使权利、放弃权利、履行义务。程序性行为内容包括程序性请求行为(如申请行政许可、申请行政复议、申请行政裁决、请求行政保护等)和程序性证明行为(如证明法律事实、证明法律地位)。(2) 所谓行政相对人的行为效力包括主体要件、内容要件、形式要件和程序要件。这有必要略微展开来阐述。其一,主体要件包括行为人的法定年龄、自身权益,以及特定情形的特定身份(如伤残军人领取抚恤金等)。其二,内容要件是指行为内容符合法律规定。其三,形式要件包括相对人意思表示、遵守法定期限、送达行政主体。其四,程序要件是指遵守法律规定的程序。当然,主体要件、内容要件、形式要件的相关理论具有启发性,笔者后面还将细述。此外,还有学者针对行政行为的公定力、确定力、拘束力和执行力比附出要求力、启动力、中止力、终止力、阻止力、强制力等。②

---

① 王学辉. 行政法与行政诉讼法学(第二版)[M]. 北京:法律出版社,2015:121-123.
② 王学辉. 行政法与行政诉讼法学(第二版)[M]. 北京:法律出版社,2015:123-124.

2. 在行政法适用方法中间接展示行政相对人的行为。我国当前大多数行政法学研究成果虽然没有研究行政相对人的行为，但是鉴于行政处置及其决定通常与行政相对人的行为具有直接的因果关系，因此行政处置及其决定的相关研究成果必然或多或少地涉及行政相对人的行为，从而间接展示了行政相对人行为的情况。以“行政处罚”为例，有学者探讨了决定行政处罚是否合法或有效的适用条件，具体包括：(1)执法主体适格；(2)有明确的行政法规定(客体)；(3)相对人的行为违反了行政法的相关规定(客观方面)；(4)遵守行政执法程序实施执法；(5)参考相对人的法律责任能力(主体)；(6)参考相对人行为的追责时效。[①] 在此，笔者以行政相对人为对象，相应地标注了客体、客观方面、主体，这是参考了我国刑法学中的犯罪构成“四要件”学说理论。[②] 之所以进行这样的标注，是基于两个原因：其一，这些合法或有效的适用条件从学术惯性上很容易将它们与刑法学犯罪构成的“四要件”联系起来；其二，行政法与刑法在本质上同属于公法，存在可比性。若就第二个原因略微展开来说，则可以将作为行政法的《治安管理处罚法》与《刑法》进行比较。实践中《治安管理处罚法》被称为“小刑法”，就是说，当行政法无力给予治安管理处罚具体的指导时，执法者只能参考刑法的相关理论，降一个档次依法处理。[③] 以诈骗为例，诈骗数额小或情节轻微的，归《治安管理处罚法》管；数额大或情节严重的，归《刑法》管。然而，如何认定当事人的诈骗行为，行政法并没有相关理论来支持该治安处罚，但《刑法》中的“诈骗罪”基于犯罪构成理论则一目了然。面对行政法学理论的空白，在公安机关的治安管理执法实践中，治安管理处罚通常会参考刑法学中的犯罪构成“四要件”理论(详见下表)。

---

① 孟昭阳，高文英. 行政法与行政诉讼法学［M］. 北京：中国人民公安大学出版社，2012：151.

② 我国刑法学界对于犯罪构成的理论也有多种说法，但执法一线更接受“四要件说”理论。

③ 笔者对此已撰文论述。参见王理. 治安管理处罚法实训教程［M］. 北京：中国人民公安大学出版社，2016：第二章.

法律类别	刑法·《刑法》	行政法·《治安管理处罚法》
案由名称	诈骗罪	诈骗
法律依据	**第266条** 诈骗公私财物，数额较大的，处三年以下有期徒刑、拘役或者管制，并处或者单处罚金；数额巨大或者有其他严重情节的，处三年以上十年以下有期徒刑，并处罚金；数额特别巨大或者有其他特别严重情节的，处十年以上有期徒刑或者无期徒刑，并处罚金或者没收财产。本法另有规定的，依照规定。	**第49条** 盗窃、诈骗、哄抢、抢夺、敲诈勒索或者故意损毁公私财物的，处五日以上十日以下拘留，可以并处五百元以下罚款；情节较重的，处十日以上十五日以下拘留，可以并处一千元以下罚款。
法律解释	诈骗公私财物价值三千元至一万元以上的为“数额较大”①	无
行为构成	“四要件”说，即诈骗犯罪的主体、主观方面、客体、客观方面	无

尽管我国行政法学对行政相对人行为的研究尚处于起步阶段，但执法者早已在执法过程中摸索出了自己的套路，急需行政法学理论给予深入指导。实际上，如果我们仔细分析当前研究行政相对人行为的两种路径，就不难发现它们的殊道同归之处。第一条路径是借助行政行为理论明确描述行政相对人的行为，它的主体要件、内容要件、形式要件大致分别对应了“四要件”的主体、客体、主观方面。第二条路径是在行政法适用方法中间接展示行政相对人的行为，也间接地展示了“四要件”的主体、客体、客观方面。这意味着，在管理行政中行政相对人的行为研究可以借鉴刑法学的犯罪构成“四要件”学说。由于与服务行政和合作行政的权益性不同，管理行政对相对人是侵益性的，更需要严格把握法律精神，因此无论是为了保护行政相对人的权益，还是落实行政法的控权法精神，都需要行政执法人员重点把握行政相对人违法行为构成的内容。

二、行政相对人违法行为的构成

对此，笔者拟参照公法之刑法学的犯罪构成理论来解读行政相对人的违法行为构成。刑法学上的“犯罪构成”，是指依据刑法相关规定，决定某一

① 详情可参见《最高人民法院、最高人民检察院关于办理诈骗刑事案件具体应用法律若干问题的解释》。

具体行为的社会危害性及其程度而为该行为构成犯罪所必需的一切客观和主观要件的总和。它是行为人承担刑事责任的根据，通常包括四个方面的构成要件，即犯罪主体、犯罪主观方面、犯罪客体和犯罪客观方面。通过对这四方面的技术性分析，有助于区分罪与非罪、此罪与彼罪以及犯罪的形态，以准确、合法、及时地同犯罪作斗争，切实有效地保障公民的合法权益，保障无罪者不受非法追究。① 鉴于行政法的抽象性，笔者将结合《治安管理处罚法》具体分析行政相对人违反治安管理行为的构成，即从违法的客体、违法的客观方面、违法的主体、违法的主观方面加以阐述。

1. 违法的客体。法律的客体是指法律所保护法益的社会关系。法益是刑法学上的常用词，是指"根据宪法的基本原则，由法所保护的、客观上可能受到侵害或者威胁的人的生活利益"。② 笔者认为，行政法也应当引进"法益"这一概念，原因有三：其一，实践中作为行政法的《治安管理处罚法》有"小刑法"之称，一些执法者在表述违反治安管理行为时，常常借用刑法中的一些术语来表达，严格来说这不准确，但这反映出刑法对治安管理处罚法的影响之深。其二，《治安管理处罚法》与《刑法》均为公法，其研究均涉及公权力、公权力配置、公法关系和公法责任等主要内容，具有一些内在的共通性，好成果应当互相借鉴。其三，法理学中的研究成果应当成为所有法学的共同财富。在刑法学的法益理论发展史中，我们耳熟能详的一些哲学家、法学家在法益理论中的贡献，如卢梭、费尔巴哈、黑格尔、康德、耶林、李斯特等，他们不是刑法学的独有，而是各个学科的共同学术领袖，他们的成果应发扬放大。③ 行政法的法益因各管理部门的管理对象不同而不同，《治安管理处罚法》所保护的法益则依法包括"扰乱公共秩序，妨害公共安全，侵犯人身权利、财产权利，妨害社会管理"四类社会关系。在此需要注意的是，作为客体的法益，不是指单纯的人和物，也不停留在利益层面，而是指由法律所调整的以人和物为载体的社会关系。比如灯泡，在灯泡厂的库房里表现为财产权，盗窃库房里的灯泡侵犯的是财产权社会关系；如果灯泡安装在交通指示灯上，盗窃这些灯泡可能导致交通混乱甚至造成交通事故，此时侵犯的是扰乱公共秩序和妨害公共安全等社会关系，其处罚必然比单纯的侵犯财产权要重。又如在幽静的公园猥亵女游客，侵害的是

---

① 高铭暄，马克昌主编．刑法学［M］．北京：北京大学出版社，2000：53－54.

② 张明楷．法益初论［M］．北京：中国政法大学出版社，2000：167.

③ 在我国，法益也是后来才从国外引进的一个学术概念，作为"法（律）所保护的利益或价值"，它比我国传统刑法学所言"刑法所保护的社会关系"之类的概念更有底蕴。参见张明楷．法益初论［M］．北京：中国政法大学出版社，2000：1.

该女游客的人身权利，这种人身权利是法律所保护的社会关系；如果是猥亵公交车上的女司机，则不仅侵害该女司机的人身权利，还侵害公共交通工具上的公共秩序和交通安全等社会关系，其处罚必然更加严重。

2. 违法的客观方面。这是指违法行为及其社会危害性，即违法行为客观存在，并且这种行为具有社会危害性。现代法律针对的是人的有害行为而不是内在思想，并且这种危害行为必须是法律所规定的。法律上规定行政相对人的行为有两种情况：（1）从行政相对人行为的“作为”和“不作为”角度来理解其社会危害性。“作为违法”是指行政相对人做了法律禁止做的就是违法。《治安管理处罚法》第 32 条就禁止“非法携带枪支、弹药或者弩、匕首等国家规定的管制器具”，其行为的社会危害性就是侵害了《治安管理处罚法》所保护的公共安全。若行政相对人有这些“作为”行为则“处五日以下拘留，可以并处五百元以下罚款；情节较轻的，处警告或者二百元以下罚款”。“不作为违法”是指行政相对人没有做法律规定应该做的就是违法。《治安管理处罚法》第 45 条第 2 项就禁止“遗弃没有独立生活能力的被扶养人”，其行为的社会危害性就是侵害了《治安管理处罚法》所保护的人身权利。若行政相对人有这类“不作为”行为则“处五日以下拘留或者警告”。值得注意的是，上述这两类行为如果情节严重，即行政相对人的行为在客观上已经具有较大危害性，则都将触犯刑法而直接受到刑法的严厉处罚。（2）从行政相对人行为的义务性来理解其社会危害性。这是指由行政法设定给行政相对人的法定义务，具体包括职业法定义务、先前行为引起的法定义务。职业法定义务是指基于职业特殊要求，由行政法设定给行政相对人的义务。《治安管理处罚法》第 56 条第 1 款要求旅馆业的工作人员对住宿的旅客“按规定登记姓名、身份证件种类和号码”，否则“处二百元以上五百元以下罚款”。这是基于旅馆业从业人员的特别职业的要求，如果违反法律规定，其行为的社会危害性就是侵害了《治安管理处罚法》所保护的社会管理权。先前行为引起的法定义务是指因行政相对人的前期行为而引发的由该行政相对人承担的法定注意、报告、救助等义务。《治安管理处罚法》第 57 条第 2 款规定：“房屋出租人明知承租人利用出租房屋进行犯罪活动，不向公安机关报告的，处二百元以上五百元以下罚款；情节严重的，处五日以下拘留，可以并处五百元以下罚款。”在此，房屋出租人出租房屋的前期行为而使之负有协助治安管理的义务，在“明知承租人利用出租房屋进行犯罪活动”时，应当“向公安机关报告”。这是基于房屋出租人前期行为而设定的特别义务，如果违反法律规定，其行为的社会危害性就侵害了《治安管理处罚法》所保护的社会管理权。

3. 违法的主体。行政违法主体是指违反行政法所保护社会关系的行为人。该行为人是否就是行政法上的行政相对人呢？这个问题很重要。参考刑法学，类似问题诸如“凶手是否就是罪犯”。就此而言，刑法学至少有两层意思：其一，任何人未经法院宣判都不得认定为有罪；其二，没有刑事责任能力的人不是犯罪主体。这意味着，罪犯应当（只能）由法院来认定，而即使存在犯罪行为及其犯罪危害后果，但可能没有适格罪犯。比如，14 周岁以下的人有犯罪行为但因其不是适格犯罪主体而免予处罚，因此该行为人就不是罪犯，只不过在检察院作出免予起诉的决定之前，可以称之为“犯罪嫌疑人”。行政法该如何看待违反行政法所保护社会关系的行为人呢？行政相对人需不需要认定？如果需要，由谁来认定？行政相对人是不是都是适格的？如果不是，怎样认定适格的行政相对人？笔者认为，虽然刑法上有“犯罪嫌疑人”与“罪犯”二分之说，但在行政法中，由于行政法的本质是控权法，它重点要解决的是对行政权的控制，焦点在行政主体身上，行政相对人仅是行政主体的直接相对方，无须二分。不过，行政相对人之自然人的行为因为其年龄、精神状态的确将会导致其不承担法律责任，即不具有行为能力，是不适格的行政相对人，而具有行为能力的，则都是适格行政相对人，能够依法独立承担相应的法律责任。因此，通常我们所说的行政相对人，都是指具有行为能力的“公民、法人和其他组织”。由于行政行为直接由行政机关做出，如治安处罚并不需要法院签署生效，而是由公安机关直接作出，因此执法实践中通常由执法的行政机关依法来确定行政相对人。

确定适格行政违法人作为行政相对人，是界定行政相对人作为行为主体的关键。这通常要考察行为人的行为能力。以《治安管理处罚法》为例，违反治安管理行为的人，包括自然人和法人（单位），它们承担法律责任的方式也有两种。对于法人违法，《治安管理处罚法》第 18 条规定“对其直接负责的主管人员和其他直接责任人员依照本法的规定处罚”。法人违法实际上还是其自然人违法，但因为法人存在过错，采取双罚模式，即既要处罚该法人的代表（自然人），也处罚该法人（罚款、停止或禁止营业等）。[①]其中，对法人代表的处罚，要考察其行为能力中的年龄和精神状态。不过，治安管理处罚针对的违法行为人主要是自然人。判定自然人的违法行为是否构成行政相对人的行为，以及是否需要承担法律责任，有三方面的考虑因

① 对法人的处罚包括赔偿、停产停业、查封扣押等。法人的主体资格因其依法成立的类型不同而有所不同，分为以营利为目的的企业法人（如有限公司等）和不以营利为目的的非企业法人（如政府、学校、医院等）。法人主体资格的获得，详情可参阅《民法通则》中的有关规定。

素:(1)违法行为人的年龄情况。比如，依据《治安管理处罚法》第 12 条的规定，14 周岁以下的人违法不受法律处罚；14 周岁至 18 周岁的人违法从轻或减轻处罚。又如，依据《治安管理处罚法》第 21 条第 1 项和第 2 项的规定，已满 14 周岁不满 16 周岁的和已满 16 周岁不满 18 周岁且初次违反治安管理的，依法应当给予行政拘留处罚的，不执行行政拘留处罚。(2)违法行为人的精神情况。比如，依据《治安管理处罚法》第 13 条的规定，精神病人在不能辨认或者不能控制自己行为的时候违反治安管理的，不予处罚。但间歇性的精神病人在精神正常的时候违反治安管理的，应当给予处罚。另外，醉酒的人违反治安管理的，应当给予处罚。(3)有关公序良俗和人伦精神的其他情况。比如，依据《治安管理处罚法》第 21 条第 3 项和第 4 项的规定，70 周岁以上的和怀孕或者哺乳自己不满 1 周岁婴儿的，依法应当给予行政拘留处罚的，不执行行政拘留处罚。又如，《治安管理处罚法》第 14 条规定“盲人或者又聋又哑的人违反治安管理的，可以从轻、减轻或者不予处罚”，也是这类立法精神的体现。

4. 违法的主观方面。刑法学上违法人的主观方面（罪过）是指行为人对自己实施的危害社会的行为及其危害社会的结果所持的心理态度，包括行为人的故意（希望—直接故意、放任—间接故意）、过失（轻信—过于自信的过失、疏忽—疏忽大意的过失）。通常情况下，行为人的行为虽然危害了社会，但若其主观上没有过错，则不能认定该行为违法。行政法如何展现它违法的主观方面呢?《治安管理处罚法》区分了行为人的四种心理态度。(1)故意违法的情形。其一，法规明示了“故意”二字的违法行为。比如，对于《治安管理处罚法》第 29 条规定的“故意制作、传播计算机病毒等破坏性程序，影响计算机信息系统正常运行的”，如果行为人无意或过失传播了计算机病毒，便无须承担法律责任。其二，法规没有明示“故意”二字的违法行为。比如，对于《治安管理处罚法》第 42 条第 6 项规定的“偷窥、偷拍、窃听、散布他人隐私的”，如果行为人甲无意中目睹、拍摄或者听到了乙的隐私，则无须承担法律责任。如果行为人甲因为自己的过失而导致乙的隐私被丙无意中目睹、拍摄、听到，是否有人要承担法律责任呢?《治安管理处罚法》对此并没有具体规定。一般来说，甲和丙都无须承担行政法责任，但甲却要承担相应的其他法律责任。如甲在给乙安装浴室的高档玻璃墙时，因正反面装反了，导致路人能通过该玻璃墙看见乙淋浴的情形，此时甲应当承担相应的民事赔偿责任；但如果路人丙因此有意偷窥，则将受到治安处罚；进而言之，如果甲是故意安装反的，则也应受到治安处罚。此外，对于《治安管理处罚法》第 43 条规定的“殴打他人的，或者故意伤害他人身体的”，这在同一个法条中既有明示的故意，也有暗示的故意，意味着殴打他人必然是故意；而伤害他人身体则必须是故意才受到处罚。笔者在基层派出所调研时了解到，有些民警认为治安管理处罚只论危害结果，不考虑行为人的主观状态，这显然是不准确的。这也再一次说明，无论是行政机关执法，还是保障行政相对人的权益，行政法学构建行政相对人违法行为构成都具有重大意义。（2）过失违法的情形。比如，《治安管理处罚法》第19条第3项规定“出于他人诱骗”而违法的，“可以减轻处罚或者不予处罚”。这包含了两层意思：其一，被他人诱骗，不是希望和放任，而是过于自信（自以为是）或者疏忽大意，就是过失的行为；其二，过失违法需要受到处罚，但过失违法所受到的处罚结果通常是“可以减轻处罚或者不予处罚”。（3）有行为即处罚的情形。比如，对于《治安管理处罚法》第25条第3项规定的“扬言实施放火、爆炸、投放危险物质扰乱公共秩序的”，只要是行为人有“扬言”行为，无论是故意还是被骗，就要受到治安管理处罚。又如，对于该法第37条第2项规定的“在车辆、行人通行的地方施工，对沟井坎穴不设覆盖物、防围和警示标志的”，也不问是故意还是过失，只要施工人员主管及具体施工人员有“不设置”的不作为情形就要受到治安处罚。值得注意的是，治安处罚还考虑了另外一种情形，即有悔过之意的情形，不过该行为发生在违法行为之后。根据《治安管理处罚法》第19条第2项的规定，“主动消除或者减轻违法后果，并取得被侵害人谅解的”，也“可以减轻处罚或者不予处罚”。这是立法时充分考虑到了违法过程中的心理态度，即违法行为虽然已经发生，但如果违法行为人有悔过之意并采取相应补救措施，同时在获得被害人谅解的前提下，“可以减轻处罚或者不予处罚”。

三、行政相对人违法行为的形态与处置

分析管理行政执法实践中行政相对人的违法构成，目的在于指导行政执法的最终决定。为此，需要参考管理行政中行政相对人违法行为的形态，从而决定“过罚相当”的处置方式。鉴于行政法的抽象性，笔者在此仍以《治安管理处罚法》为例，从多人共同违法的形态与处置及个人数种违法的形态与处置两方面来阐述。

1. 多人共同违法的形态与处置。这主要分两种情况：（1）对多人共同违法的一般情形处置。两人或两人以上共同实施的违法行为，依据《治安管理处罚法》第17条的规定，根据违反治安管理行为人在违反治安管理行为中所起的作用，分别处罚。参照刑法学中的“共同犯罪”相关理论，所

谓“分别处罚”可以包含以下几层意思：其一，凡是一同参与违法活动的人，除去无责任能力者之外，都要承担该违法行为的法律责任。其二，在这次共同违法活动中，起着纠集、组织、策划、实施等主要作用的违法者将承担主要法律责任，从重处罚。其三，在这次违法活动中，行为人个人采取了超越行动前商定的程度、对象、内容等行为，该个人主要承担自己的责任，其余人不承担这些责任，但该违法活动的组织者、策划者即使没有亲自参与，也要连带承担相关法律责任。（2）对教唆、胁迫、诱骗违法的特殊处置。我国治安管理处罚法对于教唆、胁迫、诱骗等违法行为采取“从重”策略，意图从根源上减少和预防违法事件的发生。《治安管理处罚法》第17条第2款规定，教唆、胁迫、诱骗他人违反治安管理的，按照其教唆、胁迫、诱骗的行为处罚。第20条第2款规定，教唆、胁迫、诱骗他人违反治安管理的，从重处罚。这里有三种情况需要注意：其一，教唆、胁迫、诱骗三种违法形态，有可能单独实施，也有可能交叉实施。如果单独实施，则单独从重处罚；如果交叉实施，则是从重处罚的增量情节。其二，教唆、胁迫、诱骗无违法责任能力人违法的，即使自己没有参与实施，也以“正犯”论处。其三，被教唆、胁迫、诱骗的人在违法过程中没有实施教唆、胁迫、诱骗的内容，却实施了教唆、胁迫、诱骗之外的违法行为，原则上该教唆、胁迫、诱骗的人不承担后者实施这些违法行为的法律责任，但仍然承担自己教唆、胁迫、诱骗内容的法律责任。

2. 个人数种违法的形态与处置。这分为两种情况：（1）典型类行为数的违法形态与处置。现代法律处置的是人的违法行为，而违法行为的数量是确定处罚种类和幅度的基本依据。个人违法行为可分为单个违法行为和多个违法行为，多个违法行为中又可以区分为典型类的和非典型类的。前者表示违法行为的时间、地域等边界清晰，容易辨认，也容易裁量；后者表示违法行为在时间、地域等方面存在模糊地带，不容易辨认行为之间的关系，裁量时需遵循特别的法律技术要求。个人典型类的违法行为包括两类：其一，单个违法行为，如甲窃听、散布他人隐私。其二，时间、对象、地域等方面边界清晰的多个违法行为，如乙某日上午在公交车上盗窃小额财物；中午乙吃饭时无故与邻座争吵，进而殴打他人致其额头起一个大包；晚上乙又去附近的宾馆嫖娼，因嫖资未谈成而嫖娼未果。对典型类行为数的违法形态的处置，基本原则是“一行为一处罚”。“一事不再罚”是《行政处罚法》的基本精神，其含意虽然意在强调同一个违法行为不得给予两次以上的处罚，以规制生活中的多头处罚现象，但这并不是要否定对多个违法行为的分别处罚。《治安管理处罚法》第16条规定：“有两种以上违反治安管理行为的，分别决定，合并执行。行政拘留处罚合并执行的，最长不超过二十日。”以上述乙为例，他的违法行为分别是盗窃（第49条）、殴打他人（第43条）、嫖娼（第66条）。依据法律，处置乙的方式包括：其一，小额盗窃处5~10日的拘留，并处500元以下罚款；其二，殴打他人情节较轻的处5日以下拘留或500元以下罚款；其三，嫖娼因情节较轻，处5日以下拘留或500元以下罚款。这里有几层意思需要明确：其一，常见的治安管理处罚的种类主要有两种，即行政拘留和罚款；其二，行政拘留和罚款之间有两类关系，即“并处”和“或”；其三，行政拘留和罚款在数量上可以累积，但行政拘留的累积总数有限定，即不得超过20日。此外，需要注意的是，《治安管理处罚法》第20条第4项规定，6个月内曾受过治安管理处罚的，从重处罚。如上述乙，若早上盗窃被抓，中午即处罚完毕（如罚款了），但晚上他嫖娼时又被抓，则嫖娼行为从重处罚。（2）非典型类行为数的违法形态与处置。其一，连续行为。比如，丙见张三的养殖场管理松懈，想偷些牲畜卖钱。但考虑到牲畜个头大不方便牵走，决定分时间盗牵，再统一将赃物销售。于是丙在该养殖场于6月3日盗牵了一只小羊，于6月4日盗牵了一头小牛，于6月5日抱走了一只大母鸡。6月6日丙正欲销赃时被抓获。这是一个盗窃的连续行为，因为丙违法行为的目的只有一个，即盗卖，因而只能有一个处罚，处罚时案件数额累计作为量罚的依据。如果丙盗牵小羊的目的是因为临时嘴馋，盗牵小牛的目的是盗卖，抱走大母鸡的目的是自养，就应该分别处罚。对于连续行为，《治安管理处罚法》没有专门的规定，仅在其第22条第2款规定“违反治安管理行为有连续或者继续状态的，从行为终了之日起计算”。其二，继续行为。比如，丙见李四的工厂管理松懈，想偷其设备卖钱。溜进该工厂后，丙发现机器A最热销。由于机器A体积较大，一次搬不动，于是丙将机器A拆分成四部分，分四日将这四部分偷回家。第五日丙将机器A组装好，正欲销赃时被抓获。这看似一个盗窃的连续行为，但因为机器A是一个不可分割的整体，一旦分割开就不是机器A，而是一堆零件，因此这种情况被视为违法的继续行为。对这种行为的处罚参照连续行为，不同之处在于案值不是分别计算零部件的价格，而是计算机器A这个物件的价格。其三，想象竞合行为。这是指行为人实施一个违法行为，其违法结果侵害两个或两个以上法益，触犯两个或两个以上法律规定。按照“一行为一处罚”的基本精神，只能按照一个法律规定加以处罚，通常是选择其中较重的规定来处罚。比如，在故宫内排除参观，游客甲想早点入场，便插队到游客乙前，双方由此发生争执，游客甲挥拳向游客乙打去，游客乙应声倒地，虽未受伤，但在倒地的过程中撞到了故宫中的文物并将其损坏，同时游客乙的进口单反照相机也被摔坏。甲的打架行为涉嫌违反《治安管理处罚法》有关“扰乱公共场所秩序”（第23条第1款第2项）、“殴打他人”（第43条）、“（间接）故意损坏国家文物”（第63条）、“任意损毁公私财物”（第26条第3项）的规定。处罚时应当选择其中一个最重的处罚。其四，牵连行为。这是指出于一个违法目的，实施数个违法行为，数个行为之间存在手段与目的或者原因与结果的牵连关系，分别触犯数个法律规定的违法状态。对于牵连违法行为，通常选择其中一个最重的处罚。牵连行为与想象竞合行为之间的最大区别在于行为数的差异，前者是一个目的，多个结果，几个行为；后者也是一个目的，也是多个结果，但只是一个行为。[①] 比如，某甲为了报复某乙，纠集某丙和某丁，携带管制刀具殴打某乙。这就涉嫌违反《治安管理处罚法》有关“结伙斗殴”（第26条第1项）、“非法携带管制刀具”（第32条）的规定。其五，吸收行为。这是指处于同一个违法过程中，前行为可能是后行为发展的所经阶段，或者后行为是前行为发展的当然结果。这类违法的处理方法有三种：一是重行为吸收轻行为。如某甲盗窃他人猎枪回家藏匿，该行为属于盗窃（第49条），但盗窃得手后就是持枪，属于非法携带枪支（第32条）。二是实行行为吸收预备行为。如某乙入室盗窃少量财物，非法侵入公民住宅是入室盗窃行为的必经阶段，按照盗窃的严重情节处罚，非法侵入公民住宅的违法行为被吸收。三是主行为吸收从行为。如某丙教唆某丁盗窃并为某丁提供盗窃用的工具，通常只按照盗窃的教唆违法行为从重处理。

第四节　行政相对人的被侵害人

一、行政第三人的概念、特征与内容

我国《行政诉讼法》第25条第1款规定：“行政行为的相对人以及其他与行政行为有利害关系的公民、法人或者其他组织，有权提起诉讼。”这里所言的“其他与行政行为有利害关系的公民、法人或者其他组织”，就是“行政第三人”。因此，行政第三人的概念可以表述为：在行政法律关系中基于行政相对人的行为所引起的而与行政主体行为有利害关系的公民、法人或者其他组织。结合《行政诉讼法》及其他行政法的有关规定，行政第三人有如下五个特征：

---

① 这里所说的“行为”是指法律有明文界定的具有法律意义的特定的行为规范。

1. 行政第三人真实存在于行政法法规中。这可以表现为三种情况：（1）法规明确提及“利害关系人”一词。如《行政许可法》第36、47、48条明确区分了申请人和利害关系人，后者即为行政第三人。（2）法规合理暗示了“利害关系人”群体。如《行政强制法》第23条规定，不得查封、扣押与违法行为无关的场所、设施或者财物；不得查封、扣押公民个人及其所扶养家属的生活必需品。这里是暗示了“利害关系人”群体，如果错误地查封、扣押别人的东西，“利害关系人”可以依法提起行政诉讼。（3）法规明确展示了“利害关系人”的组成。如《治安管理处罚法》第77条规定：“公安机关对报案、控告、举报或者违反治安管理行为人主动投案，以及其他行政主管部门、司法机关移送的违反治安管理案件，应当及时受理，并进行登记。”这里的违反治安管理行为人是行政相对人，而其余人员或组织均为“利害关系人”，都是行政第三人。

2. 行政第三人不是行政相对人。（1）法律规定有明确的区分。《行政诉讼法》第25条第1款明确区分了“行政相对人”和“行政第三人”这两个概念。（2）法律规定的权利义务不一致。如《行政许可法》第36、47、48条，均为申请人和利益关系人列举了听取意见、听证、有权申请回避、可以提出证据并进行申辩和质证等权利，对行政第三人（利益关系人）的权利规定似乎与行政相对人（申请人）相同，但能否依法“申请行政复议或者提起行政诉讼的权利”，该法第38条仅仅把这些权利赋予了行政相对人一方。（3）立法有待进一步明晰。为了保障行政第三人的权益，《最高人民法院关于适用〈中华人民共和国行政诉讼法〉的解释》（法释〔2018〕1号，以下简称《行政诉讼法》司法解释），对属于“与行政行为有利害关系”的人即行政第三人的范围进行了具体解释，明确了行政第三人的行政诉讼权利。然而，这只是司法解释的进步，更期待行政立法如《行政复议法》等有类似进步。

3. 行政第三人与行政相对人的利害关系是诱因。依据《行政诉讼法》司法解释，行政第三人即“与行政行为有利害关系”的人的范围包括：（1）被诉的行政行为涉及其相邻权或者公平竞争权的；（2）在行政复议等行政程序中被追加为第三人的；（3）要求行政机关依法追究加害人法律责任的；（4）撤销或者变更行政行为涉及其合法权益的；（5）为维护自身合法权益向行政机关投诉，具有处理投诉职责的行政机关作出或者未作出处理的；（6）其他与行政行为有利害关系的情形。这里行政第三人的行政诉讼权看似是基于行政主体之间有利害关系，其实是基于行政相对人的利害关系而产生的。或者说，行政相对人的利害关系是引起行政主体利害关系的起因，如果没有行政相对人的利害关系，就不会有行政主体的利害关系。以行政许可为例，通常只有排他性行政许可才有第三人。如在餐饮卫生许可中，这不是排他性行政许可，一般没有第三人，但在开采黄金矿产的许可中，如果甲和乙都申请，但只有甲被认定优胜而获准，此时甲是该行政许可行为的行政相对人，而乙则是该行政许可行为的第三人，可以侵害其“公平竞争权”提起行政诉讼。这里有一种“利害关系人”不是第三人，也需要辨别。比如，《治安管理处罚法》第 97 条第 1 款规定：“……决定给予行政拘留处罚的，应当及时通知被处罚人的家属。”这里的“家属”是行政相对人的利害关系人，但该利害关系不是基于该行政相对人的行为引起的，而是基于他们之间的血缘关系，因此该“家属”不是行政第三人，不能享有行政第三人的权利（如直接诉讼权）。

4. 行政第三人依附于行政相对人而存在。如果没有行政相对人，那么也就没有行政第三人。行政第三人并不能单独与行政主体结成二元行政法律关系。不过，行政法律关系中不能没有行政主体和行政相对人，但可以没有行政第三人。如上文提及的非排他性许可如餐饮卫生许可，一般就没有行政第三人。在此还需要辨析另外一种“第三人”。《行政强制法》第 26 条第 2 款规定：“对查封的场所、设施或者财物，行政机关可以委托第三人保管……”这里的“第三人”之所以不是行政第三人就是因为他与行政相对人并没有直接的利益关系，他仅仅与行政主体有直接利益关系，而且这种关系不是基于行政主体的管理或服务职权，而是基于委托保管的民事合同权利。该法第 50 条还规定了对“当事人逾期不履行”的，行政机关可以“委托没有利害关系的第三人代履行”的情形。这里明确规定了是“没有利害关系”，并且是“委托”关系，其实也是民事合同关系，不是行政法律关系，因而就不是行政第三人。

5. 被侵害人是行政第三人的典型代表。由于“行政第三人”目前还不是一个法律概念，如前文所言，我国行政法对于行政第三人的称谓也并不一致。通常情况下称为“利害关系人”（如《行政许可法》）但也有些法律称之为“被侵害人”。《治安管理处罚法》第 97 条针对治安管理处罚决定书的送达对象，其第 2 款规定“有被侵害人的，公安机关应当将决定书副本抄送被侵害人”。这意味着，在管理行政中，以治安管理中的甲殴打乙为例，在该行政法律关系中，公安机关是行政主体，甲是行政相对人，乙是行政相对人甲的第三人，但此处法律已明确规定乙是甲该殴打行为的被侵害人。“被侵害人”这一名称相较于行政相对人的第三人或行政第三人之称谓，指向更为明确，更容易展现行政法与宪法的内在关系，具有直观性和典型性。

二、行政相对人的一般被侵害人

1. 一般被侵害人的内涵。行政相对人的一般被侵害人是指行政法律关系中存在行政主体、行政相对人、行政第三人的独立三方，特指行政第三人中的特殊群体。该特殊群体是行政相对人的利害关系人，但它只是其中的一部分，它与行政第三人是特殊与整体的关系，普通的法律通常只规定“利害关系人”，而特定的法律才规定“被侵害人”。另外，与“被侵害人”相对应的是“加害人”。《行政诉讼法》司法解释列举了几种利害关系人，但只有其第三项是针对被侵害人的，即“要求行政机关依法追究加害人法律责任的”，这里与“加害人”相对应的就是“被侵害人”。以该司法解释的内容为例，其他“利害关系人”如涉及其相邻权或者公平竞争权的、在行政复议等行政程序中被追加为第三人的、撤销或者变更行政行为涉及其合法权益的等，都不是被侵害人。那么，被侵害人有哪些类型呢？

结合我国《治安管理处罚法》第97条第2款关于“被侵害人”的规定，依据党的十九大报告关于“保护人民人身权、财产权、人格权”的最新要求，① 笔者认为，“被侵害人”有三种情形。（1）人身权利被侵害的被侵害人。鉴于人身权包括生命权、身体权、健康权以及人身自由，这类受害人具体包括四种情况：其一，生命权、身体权被侵害的，如“殴打他人的，或者故意伤害他人身体的”（第43条第1款），被打的人或者被伤害的人是被侵害人；其二，人身自由权被侵害的，如“以暴力强迫他人劳动的”（第40条第2项），被强迫劳动的人是被害人；其三，健康权被侵害的，如“冒用宗教、气功的名义损害他人身体健康的”（第27条第2项），身体健康遭受侵害的人是被侵害人；其四，基于身份权的侵害，如“虐待家庭成员”（第45条第1项），被虐待的人且该被虐待的人要求处理的，是行政法律关系的受害人（如果被虐待的人不要求处理，则不是行政法律关系）。（2）人格权利被侵害的被侵害人。鉴于人格权包括隐私权、名誉权、肖像权、个人信息权等，这类受害人具体包括四种情况：其一，隐私权被侵害的，如“偷窥、偷拍、窃听、散布他人隐私的”（第42条第6项），以及“私自拆

---

① 党的十九大报告提出：“加快社会治安防控体系建设，依法打击和惩治黄赌毒黑拐骗等违法犯罪活动，保护人民人身权、财产权、人格权。”对此，学者王利明认为：“虽然从法理上看，人身权包括了人格权，但按照社会一般人的理解，人身权主要指的是生命权、身体权、健康权以及人身自由，但并没有凸显出隐私权、名誉权、肖像权、个人信息权等精神性人格权。”参见《十九大报告将人格权与人身权财产权并列，看学者解读》，http：//news.cjn.cn/sywh/201711/t3104437.htm。

开或非法检查他人邮件”（第48条），这些被侵害隐私或秘密的人是被侵害人。其二，名誉权被侵害的，如“捏造事实诽谤他人的”（第42条第2项），遭受诽谤的人是被侵害人。其三，肖像权、姓名权被侵害的，这主要是民事法律关系，治安管理中没有单独的处罚，需结合治安管理的其他规定才能进入到行政法律关系中，如“多公然侮辱他人”（第42条第2项），对肖像的侮辱也可以构成本行为，如涂画、玷污、践踏、损毁他人肖像。另外，对他人姓名谩骂、羞辱，或者进行有损人格的恶意解释，也属于“侮辱”。在此，被侮辱的人是被侵害人。其四，侵害个人信息权，这主要见于我国《网络安全法》第76条第5项的规定，内容包括自然人的姓名、出生日期、身份证件号码、个人生物识别信息、住址、电话号码等。如果行为人有此行为，尚未构成犯罪的，则按照《网络安全法》第68条进行处罚。与之对应，被泄露个人信息的人是被侵害人。（3）财产权利被侵害的被侵害人。根据财产表现的不同形式，可以分为三种情况：其一，泛指公私财物，如“盗窃或故意损坏公私财物的”（第49条）。其二，一般的公私财物，如“强买强卖商品”（第46条）、“毁弃他人信件的”（第48条）。其三，特定的公私财物，如“伪造、变造或者买卖”机关、单位、组织的“公文、证件、证明文件、印章的”，或者“伪造、变造或者倒卖”车票、船票、文艺演出票等“有价票证、凭证的”（第52条第1项、第3项）。

不过，我国治安管理实践中的违法行为也存在没有被侵害人的情况。再结合我国《治安管理处罚法》第97条第2款关于“被侵害人”的规定，对有被侵害人的，要求将“决定书副本抄送被侵害人”。这实际上也表明，对于没有被侵害人的，无须抄送。比如，“非法携带枪支、弹药或者弩、匕首等国家规定的管制器具的”（第32条第1款），“携带”行为就无直接的被侵害人；又如，“旅馆业的工作人员对住宿的旅客不按规定登记姓名、身份证件种类和号码的”（第56条第1款），也没有直接的被侵害人；再如，卖淫嫖娼行为（第66条），难以明确区分加害人与被侵害人。

2. 一般被侵害人的权利。以治安管理为例，结合不同的法律规定，笔者认为，被侵害人的法定权利有三类。（1）《治安管理处罚法》所规定的被侵害人的相关权利。这具体包括五个方面：其一，接受民事赔偿的权利。该法第8条规定：“违反治安管理的行为对他人造成损害的，行为人或者其监护人应当依法承担民事责任。”其二，参与和接受调解的权利。该法第9条规定了可以调解的情形，并且“经公安机关调解，当事人达成协议的，不予处罚”。这意味着被侵害人可以因此得到相应的财产和精神上的补偿。其三，要求立案和立案知情权。该法第77条规定：“公安机关对报案、控告……的违反治安管理案件，应当及时受理，并进行登记。”第 78 条规定，公安机关受理报案、控告后，认为不属于违反治安管理行为的，应当告知报案人、控告人，并说明理由。此外，2015 年 12 月公安部印发了《公安部关于改革完善受案立案制度的意见》（公通字〔2015〕32 号），要求公安机关充分利用 APP 等各种互联网平台和移动终端，为案件当事人提供互联网查询接报案、受案立案及案件办理情况服务，依法及时向案件控告人、被害人及其家属公开案件相关信息。其四，案件陈述权。该法第 85 条规定了警察询问被侵害人的地点，这表明被侵害人享有案件陈述权，包括口头陈述与书面陈述。其中，对于不通晓当地通用的语言文字的或者聋哑的被侵害人，应当配备翻译人员或者由通晓手语的人提供帮助，并在笔录上注明。其五，处罚结果告知权。该法第 97 条第 2 款和第 101 条均规定，有被侵害人的，公安机关应当将治安管理处罚决定书副本抄送被侵害人。其六，执法监督权。该法第 114 条规定，公安机关及其人民警察办理治安案件，不严格执法或者有违法违纪行为的，任何单位和个人都有权向公安机关或者人民检察院、行政监察机关检举、控告，收到检举、控告的机关，应当依据职责及时处理。（2）《行政复议法》所规定的被侵害人的复议权利。2007 年公安部发布了《公安机关执行〈中华人民共和国治安管理处罚法〉有关问题的解释（二）》，该解释第 11 条针对“关于被侵害人是否有权申请行政复议问题”，指出“根据《中华人民共和国行政复议法》第二条的规定，治安案件的被侵害人认为公安机关依据《治安管理处罚法》作出的具体行政行为侵犯其合法权益的，可以依法申请行政复议”。这有利于通过行政机关上级监督保护被侵害人权益。（3）《行政诉讼法》所规定的被侵害人的诉讼权利。依据《行政诉讼法》司法解释第 12 条第 3 项规定，要求行政机关依法追究加害人法律责任的情形，“属于行政诉讼法第二十五条第一款规定的‘与行政行为有利害关系’”，即“有权提起诉讼”。这就明确了被侵害人的独立的诉讼权利，有利于通过司法监督的法定方式维护被侵害人权益。

三、行政相对人的特殊受害人

行政相对人的特殊受害人是指行政法律关系中存在行政主体、行政相对人，以及存在行政第三人时，特指行政相对人等针对行政执法人员进行的侵害。其常见的现象是“妨碍公务”“袭警”等，即执法者在执法过程中因行政相对人（或其利害关系人）的袭击行为而成为被侵害人。由于行政执法中警察行政执法具有典型性，在警察执法过程中发生的袭击警察的案例更是行政相对人特殊受害人的典型。为此，笔者将结合“袭警”现象加以探讨。

法制网舆情监测中心对2015年1月至2016年6月媒体报道的袭警事件中关注度较高的73起事件进行分析，总结事件主要特殊为：（1）从案发频率来看，平均每天发生1.3起袭警事件。（2）从地域分布来看，北京以11.0%的数量占比排在首位，北京袭警事件的特征为数量多、影响大，紧随其后的是河南、广东。（3）从袭击对象来看，公安民警（与司法警察等相对）占比93.2%，其中，69.9%的受害者是治安警察，其次是交通警察，占比为21.2%。（4）从袭警手段来看，9.6%的袭击者持枪攻击，50.7%的袭击者持械恐吓或袭击，38.4%的袭击者推搡打骂或拳打脚踢；另有1.3%的袭击者驾车冲撞、拖行。（5）从事件的原因来看，52.1%的袭警事件源于袭击者逃避执法和暴力拒捕，23.5%的事件起因于聚众滋事。另有13.7%、9.4%、1.3%的事件由袭击者打击报复、无故挑衅、实施暴恐所引发。与此同时，群体袭警事件占45.2%，个体袭警所占比例为54.8%。（6）从袭警案件处置结果来看，就媒体追踪报道的情况来看，65.8%的袭警案件停留在调查中，27.4%的袭击者被刑事拘留，1.4%被拘禁，2.7%被当场击毙，另有2.7%免予法律处罚。[①] 上述数据显示，我国“袭警”现象频发，暴力化倾向突出，伤亡严重（如上述报道所言，平均每起案件一至两名民警伤亡），但感觉处置不力，即针对袭击者的法律责任，通常按照妨害公务罪追究，造成民警死伤的按故意伤害罪追究，情节轻微的按照治安管理进行处罚。

针对“袭警”现象，舆论界争论的焦点在于刑法中是否增设“袭警罪”。目前刑法修正案仅在“妨害公务”方向上努力，尚无意考虑单设“袭警罪”。作为本文的研究对象，行政法律关系中的特殊受害人，需要初步探讨的是他们在行政法上的权利义务关系。（1）从适用的对象来看，涉及这些特殊受害人即执法者与行政主体之间的特定身份与关系。刑法对袭警的规定有“妨害公务罪”“故意伤害罪”等。与之相对应，《治安管理处罚法》则规定了“阻碍执行公务”和“故意伤害他人身体”的行政处罚情形与后果。关于阻碍执行公务行为，在该法第50条第1款第2项规定中表述为“阻碍国家机关工作人员依法执行职务的”；在第2款规定中表述为“阻碍人民警察依法执行职务的，从重处罚”。关于故意伤害他人身体的行为，表现为该法第43条第1、2款。就阻碍执行公务而言，“阻碍”的表现形式有很多，如不配合、不回答、隐瞒、推搡、逃跑，这并不必然造成对执法者的伤害，即使是在追捕过程中执法者自己滑倒受伤了，也不能算是特殊受害

① 大数据：袭警事件触目惊心. https://www.sohu.com/a/117457444_463234.

人，而只有是行政相对人及其关系人（亲戚、朋友等）使用暴力或威胁造成执法者的身心伤害，才可能成为特殊受害人。在执行公务过程中，如果相对人的暴力行为造成危害或者产生不良影响，尚不构成犯罪的，应当依照“故意伤害他人身体”处罚为宜。(2）从义务的角度来看，行政执法过程中执法者要注意规范执法，这在前文有专节探讨，此不赘述。(3）从权利的角度来看，遭受侵害的执法者作为特殊受害人，享有与一般被侵害人不同的权利（力)。其一，执法者与行政主体的权威联系在一起，就是说，加害人侵害的不仅是执法者个人的权益，更是侵害国家执法权威，因此执法者在遭受暴力抗法时，可以依据《行政强制法》使用强制手段；若是警察，还可以依法使用警械和武器。这是一般被侵害人所不具有的特殊权力。其二，执法者与行政主体之间是职权委托关系，执法者受到侵害之后，应当由其所在的行政主体组织（单位）出面追究加害人责任，维护被侵害人权益，通常还对被侵害人有精神奖励和物质慰藉。这也是一般被侵害人所不拥有的。其三，执法者与行政主体之间具有劳动人事关系，如果执法者在执法过程中受到伤害，被认定为“公伤”，后果严重的甚至可以享受疗养、提前退休等法定待遇。这显然也是一般被侵害人所不拥有的。不过，遗憾的是，即使特殊受害人有这么多的“特殊性”，它也与一般被侵害人一样，是我国行政法学研究中较薄弱的部分。毋庸置疑，行政法学研究有些领域已经走得很远，然而其学科基础中有些部分依旧薄弱，需要有人来修修补补，这些工作虽然容易被人遗忘，没有光芒，承载的却是良心与责任，也是一份光荣。

第七章　行政救济

第一节　行政救济的内涵

一、国外行政救济研究概况

纵观国外（这里主要是指西方发达国家）的行政法学论著，无论是法国、德国还是美国、英国，其学者几乎都将行政救济视为行政法学不可缺少的一部分。或者说，他们并不特别突出行政诉讼的行政救济方式，他们的行政法学论著已经涵括了“行政诉讼”的内容。

1. 大陆法系国家的行政救济。在此，笔者主要参考了法国行政法学所研究的行政救济。[①] 法国的行政救济主要分为四类。（1）议会救济。这是指议会通过法定监督的方式，监督政府依法履职，从而间接实现对行政相对人的救济。这包括四种情况：一是议会通过审核政府财政预算的方式进行财政监督；二是议员就行政问题对总理和部长进行质询；三是就行政问题议会成立专门调查委员会进行调查；四是议会对政府提出不信任案，迫使政府辞职。上述四种方法中，第一种和第四种方式是政治范畴的监督，与行政相对人权益保护通常没有直接关系，它或许可以是导火线，但不是决定性因素。第二种和第三种方式可以与行政相对人有直接关系而成为行政相对人的救济手段。（2）行政救济。这类似于我国的行政复议，是指行政相对人针对行政机关的违法或不当行为向行政机关请求矫正的救济方式。法国的行政救济分为两种形式：一是善意救济，即行政相对人向做出行政行为的行政机关提出的救济请求；二是层级救济，即行政相对人向做出行政行为的行政机关的上一级行政机关提出的救济请求。（3）调解专员救济。为了保障公民的申诉权，法国于1973年1月3日通过《关于设立共和国行政调解专员的第73－6号法律》，由此建立了法国的行政调解专员制度。根据议会制定的有

---

① 张树义．行政法与行政诉讼法学［M］．北京：高等教育出版社，2002：135－136.

关法律，行政调解专员的主要职能是“受理个人对行政机关的申诉，并调和个人与行政机关的分歧，在特定的情况下，行政调解专员还享有命令和追诉的权力。对于国家行政机关、公务法人和其他享有行政职能的私法组织的失职、行政迟延、案卷错误、拒绝适用法律或公共服务职能的冲突等，行政调解专员都有权展开调查”。[①] （4）诉讼救济。法国是行政法的“母国”，这源于法国行政法院历史，因此诉讼救济是法国行政法上最主要和最典型的救济方式。法国行政诉讼是向行政法院提起的，具体有两个重要手段：一是越权之诉，因为行政机关越权行使职权而请求法院撤销该违法行政行为；二是完全管辖之诉，是指行政相对人请求撤销之诉后，就不得请求损害赔偿救济。

2. 英美法系国家的行政救济。在此，笔者主要参考了英国行政法学所研究的行政救济。[②] 英国的行政救济主要分为四类。(1) 部长救济。这是指行政相对人根据相关法律的明确规定，认为行政机关的行政行为侵犯其合法权益的，可以向部长提出申诉，部长可就地方政府决定的事实方面、法律方面以及决定是否妥当进行全面考察，并依法变更相关行政机关决定的制度。(2) 议会救济。这主要是行政相对人因自己的权益受到行政主体行政行为的侵害而找到自己所在社区的议员反映意见，恳请该议员将自己的遭遇引起诉愿部长的注意，或者恳请议员在议会中提出质问或提议进行辩论。如果议员认为事情严重且重大，可以提请议会组成特别调查法庭加以审查。(3) 行政裁判所是由议会通过法律设立的，专门解决某一类特殊性质的行政争议的机构，这些裁判所在组织上和行政机关联系，在活动上保持独立，但由于各裁判所受案范围有限，目前并没有形成一个统一的系统的救济途径。(4) 司法审查救济。有权受理行政案件的法院包括高等法院王座分院、上诉法院民事庭、上议院三级。根据普通法的传统和制定法的规定，对第一审行政案件享有管辖权的法院，一般只是高等法院中的王座分院，而郡法院对行政案件没有管辖权。如果当事人对王座分院的判决不服，可以向上诉法院民事庭提起上诉，对上诉法院民事庭的判决不服，根据有关法律规定，还可以上诉于上议院。[③]

---

① 王建学．从行政调解专员到基本权利保护专员——法国行政调解专员制度改革述评［J］．国家行政学院学报，2008（5）．

② 张树义．行政法与行政诉讼法学［M］．北京：高等教育出版社，2002：135－136.

③ 参见 http：//blog. sina. com. cn/s/blog_ 4c3f151f0100c7ac. html。

二、行政救济的理论基础

有法律谚语说："有权利必有救济，无救济即无权利。"纵观西方国家行政救济的情况，行政救济的目的乃是控制行政权力，通过国家机关权力"以力制力"的方式维护行政相对人的合法权益，达到国家权力与公民权利"矫正—平衡"的和谐结果。它的出发点就是维护社会正义，正如罗尔斯所指出的："正义是社会制度的首要美德，一如真理是思想的美德一样。"① 进而言之，行政救济制度的产生，乃是民主政治和法治发展的结果，具体表现为两个原则："政府守法"和"公民权利保护"。② 直接导致行政救济的原因是违法行政和行政责任。为此，行政救济的概念就是行政主体存在违法行政的行为，并因此造成行政相对人一定的损害而产生行政纠纷，由行政主体承担行政责任的一种法律制度。

1. 违法行政。这是指行政主体违反法律规定实施行政行为，并由此对社会公共利益或者行政相对人权益造成一定损害。我国有的行政法学论著将此称为"行政违法"，不过，笔者认为这是有歧义的称呼，因为行政违法不仅指行政主体违法，也可指行政相对人违法。违法行政的特征有三点：（1）行为的主体资格必须是行政主体，个人行为或者非行政主体的行为均不构成违法行政。比如，公务员的非执法过程中的行为违法，就不是违法行政，而是个人的违法行为。又如，没有行政主体资格（职权、授权或者委托）的组织若以行政主体的名义进行行政管理，也不是违法行政，而是"冒充国家机关工作人员招摇撞骗"。（2）行为的内容必须是违反法律规定。这里所指的"法律规定"，既包括法律对行政职权的明文规定，也包括法律的基本精神。从职权内容来看，违法行为主要表现为超越职权、滥用职权、行政不作为三种形式。从法律的基本精神来看，违法行为包括两种形式：一是对于虽然有法律规定但"显失公正"的个案，应视为违法；二是行政行为违背公序良俗的，如"处女嫖娼案"，③ 其结果必然也是违法。（3）行为的结果具有危害性，给公共利益或行政相对人造成了一定的损失。如果行政主体的行为虽然没有法律的明文规定，但行为后果是良好的，不仅没有侵害公共利益和行政相对人的合法权益，还因此促进了社会公共利益和行政相对人的利益，一

---

① ［美］罗尔斯．正义论［M］．北京：中国社会科学出版社，1988：2.

② 张树义．行政法与行政诉讼法学［M］．北京：高等教育出版社，2002：133.

③ 麻旦旦的悲剧：反思处女嫖娼案中法律的尴尬．https：//www. people. com. cn/GB/shehui/46/20010808/530256. html.

般不视为违法行政，而是视为行政机关的“改革创新”。行政改革没有现成的道路可走，是摸着石头过河，因此近年来中央提出要“加快建立改革创新的试错容错机制”。党的十九大报告也指出，要“建立激励机制和容错纠错机制，旗帜鲜明为那些敢于担当、踏实做事、不谋私利的干部撑腰鼓劲”。不过，这种“试错容错机制”也是有底线的，即“宪法和法律的边界”，进而言之，“法治不仅能有效防止有人打着改革创新的旗号谋私利，也能从制度上对改革创新进行最有效的保护和支持”。①

2. 行政责任。按照学界的通说，这是指行政法律规范所设定的一种法律责任。② 这种法律责任是由违法行政引起的，鉴于行政救济的性质，此处的行政责任是狭义的，专指行政主体的法律责任。笔者认为，我国行政法学界对于“行政责任”问题的研究，没有紧扣法条的具体规定，容易产生机械的、抽象的、空洞的“理论”。从法律具体规定和法律实务来看，笔者认为这要注意三个问题：（1）行政责任的后果。参考《行政处罚法》的相关规定，这可分为两种情况：其一，对直接负责的主管人员和其他直接责任人员的处理，通常情况下是依法给予行政处分；如果情节严重构成犯罪的，则依法追究刑事责任。其二，对当事人造成损失的，应当依法予以赔偿或补偿。（2）行政责任的主观要件。通常情形下，法律责任与行为人的主观过错有直接联系，行为人只有在故意（希望、放任）或过失的情形下才需承担法律责任。由于行政主体是组织形式，它本身并不能行为，其行为需要通过公务员等执法人员（自然人）的执法行为展现出来，因此行政主体的行为是两个主观意志的综合，其一是行政主体依据法律的意思，其二是执法者个人的执法意思。这两个意思既是一致的，也是相互独立的，确切地说是一个无限靠近的过程。这就意味着，如果执法者本人故意或过失导致行为违法，行政主体是需要承担行政责任的；但如果执法者本人并无故意或过失，而是由于意志之外的原因，如对新产品功能不了解导致的“帮倒忙”的情形，行政主体要不要承担行政责任呢？笔者认为，行政主体是国家组织，相较于行政相对人的个体或私人组织而言，具有财力能力的不对等性，从保护行政相对人的角度考虑，行政主体也要因为损害而承担无过错责任。这两者的区别就表现在行政主体对执法者个人的追偿权上，即通常执法者个人有过错，需要被追偿；如果执法者本人无过错，就不会被追偿了。（3）行政责

---

① 容错机制是不能缺少的改革要素．http：//zj. people. com. cn/n2/2018/0517/c186327 – 31592245. html.

② 孟昭阳，高文英．行政法与行政诉讼法学［M］．北京：中国人民公安大学出版社，2012：263.

任的承担方式。对这个内容，我国行政法学界研究得比较透彻，列举得也非常全面。这些方式包括：通报批评；赔礼道歉，承认错误；恢复名誉，消除影响；返还权益，恢复原状；停止违法（执法）行为；撤销违法决定；履行职责；纠正不当；金钱赔偿等。①

三、我国行政救济研究的现状

纵观我国行政法学论著，尽管它们都论及行政救济的具体表现，如行政复议和行政诉讼，却很少有专门研究行政救济自身理论的内容。这就容易造成逻辑困惑，即行政法内容是如何与行政诉讼法内容自然衔接的？行政法学论著的后半部分为什么要引出行政监察、行政复议等内容？显然，研究行政救济自身理论有助于理解狭义行政法学本体论向行政法学救济论的自然过渡。目前，有学者对我国行政救济进行了认真的研究，指出我国当前行政救济的途径主要有立法救济、监察救济、复议救济、诉讼救济和赔偿救济。② 笔者认为，信访也应该算是一种行政救济。鉴于本书后面将重点介绍监察救济、复议救济、诉讼救济和赔偿救济，笔者在此先简单介绍一下立法救济和信访救济。（1）立法救济。这是指行政相对人对行政主体的侵权行为向人民代表大会申诉，请求救济。日常生活中，行政相对人的合法权益受到损害，不是因为行政执法者本人的过错，而是因为行政执法者所依据的法律规范性文件存在违法和不合理之处而使得自身合法权益受到损害。尽管从法理上来说人民代表大会的立法救济途径是存在的，但现实生活中却很难启动人大的立法救济。此外，有媒体报道，北京市抽样调查显示，在我国现行的240多部法律中，司法机关经常据以办案的法律仅有30多部。有鉴于此，媒体呼吁要“唤醒”法律“睡美人”。③（2）信访救济。这主要是依据2005年实施的《信访条例》的有关规定，其第2条就对“信访（救济）”进行了界定，即“信访，是指公民、法人或者其他组织采用书信、电子邮件、传真、电话、走访等形式，向各级人民政府、县级以上人民政府工作部门反映情况，提出建议、意见或者投诉请求，依法由有关行政机关处理的活动”。

---

① 孟昭阳，高文英．行政法与行政诉讼法学［M］．北京：中国人民公安大学出版社，2012：267－268.

② 张树义．行政法与行政诉讼法学［M］．北京：高等教育出版社，2002：133.

③ “唤醒”法律“睡美人”．http：//news. ifeng. com/a/20141014/42198379_ 0. shtml.

第二节　监察法与公务员法的救济

一、监察法的救济

2018年3月11日，我国《宪法》进行了第五次修改，其第3条第3款规定："国家行政机关、监察机关、审判机关、检察机关都由人民代表大会产生，对它负责，受它监督。"至此，监察机关作为新的国家机关已经得到了国家根本法的认可。我国监察工作的法律依据是2018年3月20日通过的《监察法》，各级监察委员会是行使国家监察职能的专责机关。各级监察委员会依据《监察法》对公务员群体的法律监督，为行政相对人提供了新的救济手段。基于行政救济的视角，在此需要重点了解的是各级监察委员会的监察对象和职责。

1. 监察对象。根据《监察法》第15条的规定，监察机关监察的对象包括：（1）中国共产党机关、人民代表大会及其常务委员会机关、人民政府、监察委员会、人民法院、人民检察院、中国人民政治协商会议各级委员会机关、民主党派机关和工商业联合会机关的公务员，以及参照《公务员法》管理的人员；（2）法律、法规授权或者受国家机关依法委托管理公共事务的组织中从事公务的人员；（3）国有企业管理人员；（4）公办的教育、科研、文化、医疗卫生、体育等单位中从事管理的人员；（5）基层群众性自治组织中从事管理的人员；（6）其他依法履行公职的人员。从行政法的角度来看，可以纳入行政救济范畴的对象只包括三类：人民政府的公务员，法律、法规授权管理公共事务的组织中从事公务的人员，受国家机关依法委托管理公共事务的组织中从事公务的人员。这实际上就是本书前文行政法学本体论中有关行政职权主体、行政授权主体和行政委托组织三类组织之理论分类的实践载体。

2. 监察职责。根据《监察法》第11条的规定，监察委员会的职责主要包括三项：（1）对公职人员开展廉政教育，对其依法履职、秉公用权、廉洁从政从业以及道德操守情况进行监督检查；（2）对涉嫌贪污贿赂、滥用职权、玩忽职守、权力寻租、利益输送、徇私舞弊以及浪费国家资财等职务违法和职务犯罪进行调查；（3）对违法的公职人员依法作出政务处分决定；对履行职责不力、失职失责的领导人员进行问责；对涉嫌职务犯罪的，将调查结果移送人民检察院依法审查，提起公诉；向监察对象所在单位提出监察建议。其中，第二项内容非常重要，它表明了监察的具体行为内容：其一，行为均与职权有关；其二，行为后果包括职务违法和职务犯罪两类，相应的处罚包括行政处分或者刑法处罚；其三，行为表现是特定的七项内容，即“贪污贿赂、滥用职权、玩忽职守、权力寻租、利益输送、徇私舞弊以及浪费国家资财”。超出此七类现象的其他行为是否属于监察法“等”的内容，需要立法或法律解释明确。行政相对人如果认为行政执法人员具有这七类行为，就可以登录中央纪委国家监委举报网站反映情况，[①] 根据“分级负责、归口办理”原则，按照被举报人属地和级别，选择相应的举报网站进行举报。

二、公务员法的救济

我国制定《公务员法》的目的在于“规范公务员的管理，保障公务员的合法权益，加强对公务员的监督，建设高素质的公务员队伍，促进勤政廉政，提高工作效能”（第 1 条）。不过，该法所指的“公务员”是指“依法履行公职、纳入国家行政编制、由国家财政负担工资福利的工作人员”（第 2 条）。这意味着，被称为“公务员”的包括上述《监察法》第 15 条第 1 项的内容，如“人民政府、监察委员会、人民法院、人民检察院、民主党派机关”等。相对于行政救济而言，这里仅指“人民政府”的公务员。与此同时，《公务员法》规定了公务员处分的具体形式，如第 56 条规定“处分分为：警告、记过、记大过、降级、撤职、开除”；该法还规定了处分的时间，如第 58 条第 2 款规定“警告，六个月；记过，十二个月；记大过，十八个月；降级、撤职，二十四个月”。此外，尽管《公务员法》规定了公务员的义务和惩戒，但因为没有具体的罚则，所以无法落地。实际上，行政相对人很难直接通过《公务员法》寻求救济，而是通过 2007 年由国务院制定的《行政机关公务员处分条例》获得有实效的帮助。

从法律体系的角度来看，《行政机关公务员处分条例》和《公务员法》一样，都是公务员法体系的有机组成部分。由于《行政机关公务员处分条例》的制定主体是国务院，中央行政机关；条例主要适用对象也明确为行政机关，即针对行政机关的公务员群体，因而是行政救济的典型范畴。《行政机关公务员处分条例》重述了《公务员法》的一些内容，并对落实“义务”和“惩戒”有了具体的规定。不过，《行政机关公务员处分条例》中规定的处分事项，从性质上来看，有法律的，有道德的，更有行政的，鉴于本书所关注的只是行政救济，因此只关注其中与行政执法直接相关的规定。这

① 中央纪委国家监委举报网站，http：//www. 12388. gov. cn。

些规定并没有直接明示，而是散落在不同的条文规定中，笔者将它们抽离出来并归为六类。(1) 违反政治纪律。如第 18 条第 3 款规定的情形：违反国家的民族宗教政策，造成不良后果的。(2) 违反组织纪律。如第 19 条第 2、4、5 款规定的情形：拒绝执行上级依法作出的决定、命令的；拒不执行人民法院对行政案件的判决、裁定或者监察机关、审计机关、行政复议机关作出的决定的；违反规定应当回避而不回避，影响公正执行公务，造成不良后果的。(3) 玩忽职守、贻误工作。如第 20 条规定的情形：不依法履行职责，致使可以避免的爆炸、火灾、传染病传播流行、严重环境污染、严重人员伤亡等重大事故或者群体性事件发生的；发生重大事故、灾害、事件或者重大刑事案件、治安案件，不按规定报告、处理的；对救灾、抢险、防汛、防疫、优抚、扶贫、移民、救济、社会保险、征地补偿等专项款物疏于管理，致使款物被贪污、挪用，或者毁损、灭失的。(4) 滥用职权。如第 25 条第 1、2、3 款规定的情形：以殴打、体罚、非法拘禁等方式侵犯公民人身权利的；压制批评，打击报复，扣压、销毁举报信件，或者向被举报人透露举报情况的；违反规定向公民、法人或者其他组织摊派或者收取财物的。第 21 条的内容也属于滥用职权，包括：在行政许可工作中违反法定权限、条件和程序设定或者实施行政许可的；违法设定或者实施行政强制措施的；违法设定或者实施行政处罚的；违反法律、法规规定进行行政委托的；对需要政府、政府部门决定的招标投标、征收征用、城市房屋拆迁、拍卖等事项违反规定办理的。(5) 贪污腐败。如第 23 条规定的情形：有贪污、索贿、受贿、行贿、介绍贿赂、挪用公款、利用职务之便为自己或者他人谋取私利、巨额财产来源不明等违反廉政纪律行为。(6) 其他形式。如第 22 条规定的情形：弄虚作假，误导、欺骗领导和公众，造成不良后果。第 24 条规定的情形：违反财经纪律，挥霍浪费国家资财。

第三节 行政复议与行政诉讼的救济

鉴于本书所针对的对象主要是执法群体，笔者拟比较研究行政复议和行政诉讼的相关内容，并力求突出誉有“行政法皇冠”① 之称的行政法证据规则，努力服务于行政执法实践。

---

① 德国行政法鼻祖奥托·麦耶将“比例原则”喻为行政法的“皇冠原则”。不过，比例原则在我国的执法实践中因众口难调而很难操作。有鉴于此，笔者认为，对于执法者而言，行政法证据规则才是他们心中的“皇冠”。

一、复议与诉讼救济的原则

1. 宗旨性原则规定。我国《行政复议法》和《行政诉讼法》在各自第1条的规定中就阐述了各自的宗旨性原则。《行政诉讼法》第1条规定："为保证人民法院公正、及时审理行政案件，解决行政争议，保护公民、法人和其他组织的合法权益，监督行政机关依法行使职权，根据宪法，制定本法。"《行政复议法》第1条规定："为了防止和纠正违法的或者不当的具体行政行为，保护公民、法人和其他组织的合法权益，保障和监督行政机关依法行使职权，根据宪法，制定本法。"通过比较可以发现这两部法律在宗旨性原则上的差异。（1）《行政诉讼法》的立法直接目标是"解决行政争议"，目的是"保证人民法院公正、及时审理行政案件"。《行政复议法》的立法直接目标是"具体行政行为"，目的是"防止和纠正违法的或者不当的"行政行为。在此，法院突出的功能是"公正、及时"，而复议机关突出的是防止违法、防止不当、纠正违法、纠正不当四种情形。（2）针对行政机关依法行使职权的行为，《行政诉讼法》的法律定位是"监督"，而《行政复议法》的法律定位则是"保障和监督"。法院作为外部监督机关，对于行政机关的执法行为，只需"合法性监督"，无须"保障"。复议机关则不同，它们不仅是行政机关的一个有机组成部分，而且通常是上级行政机关，不仅承担了监督责任，同时也肩负了保障的内在使命。

2. 一般原则的规定。所谓一般原则，是指我国三大诉讼法（民事诉讼、刑事诉讼、行政诉讼）中都共同规定的原则。我国《行政诉讼法》第7、8、9、10条规定了行政诉讼的一般原则，包括合议原则、公开审判原则、回避原则、两审终审原则、当事人平等原则、使用本民族语言和文字的原则、辩论原则等。这其中第5条所规定的"以事实为根据，以法律为准绳"，虽然是人民法院审理刑事、民事和行政案件的共同原则而被视为一般原则，但它具有自身独特的深刻内涵。要解读好这个原则，必须从两个关键词"事实"和"法律"着手。（1）"事实"这一词可以分为"客观事实"和"法律事实"。"客观事实"是事物本来的原样，但是由于时间的一维性，时光不能倒流，因此法庭上的法官审判案件时，不可能回到案件的原始过程中，而只能通过法律证据所支撑的内容来认定案件。《最高人民法院关于行政诉讼证据若干问题的规定》（以下简称"2002行政诉讼证据规定"）第53条规定："人民法院裁判行政案件，应当以证据证明的案件事实为依据。"通过法律证据认定的事实就是法律事实。由此可见，法律事实不等于客观事实，而法院审案就是法官意图让法律事实无限接近客观事实的过程。这也就意味着，因为是无限接近，因此就有可能存在误差，而误差大就有可能导致冤假错案，就会引起司法追责，追究法官的法律责任。①“事实”层面的内涵意味着，法律证据是案件的核心。以此为参照，行政执法者要有强烈的证据意识，执法时先要收集好证据。（2）“法律”一词可以分为“狭义的法律字面规定”和“广义的法律内在精神”，聚焦点是“法”字。不过，法律的字面规定与法律的内在精神之间也常常存在着张力。从“法律是主权者的命令”（奥斯丁）的视角来看，恶法亦法；从“法乃善良公正之术”（塞尔苏士）的视角来看，恶法非法。要解决这个张力，东方国家利用的是道德对法律的牵引作用。《论语·为政》言：“道之以政，齐之以刑，民免而无耻。道之以德，齐之以礼，有耻且格。”党的十九大报告提出“坚持依法治国和以德治国相结合”，并就道德融入法治提出了新的要求，那就是要将“社会主义核心价值观”融入当代中国的法治建设中去。②

《行政复议法》第4条规定了行政复议的一般原则，即“合法、公正、公开、及时、便民的原则”。这些原则也不是行政复议独有的，如《治安管理处罚法》的原则就是如此，实际上几乎所有的行政法都规定了这样类似的原则。生活中我们常常听见“公开、公正、公平”这样的词汇，尽管它对于执法实践具有口号性的提示和指导作用，但耳熟能详并不表示它们就能归并为一个原则。“公开”是指程序性要求，“公正”是指实体性要求，“公平”是指结果，三者是立法之后法律运行的一个完整过程，“公开、公正、公平”是这个完整过程的高度凝练，跨度大、内涵多，无法将其拼成一个

---

① 2015年9月最高人民法院发布《最高人民法院关于完善人民法院司法责任制的若干意见》。该意见明确了违法审判责任必须追责的七种情形：（1）审理案件时有贪污受贿、徇私舞弊、枉法裁判行为的；（2）违反规定私自办案或者制造虚假案件的；（3）涂改、隐匿、伪造、偷换和故意损毁证据材料的，或者因重大过失丢失、损毁证据材料并造成严重后果的；（4）向合议庭、审判委员会汇报案情时隐瞒主要证据、重要情节和故意提供虚假材料的，或者因重大过失遗漏主要证据、重要情节导致裁判错误并造成严重后果的；（5）制作诉讼文书时，故意违背合议庭评议结果、审判委员会决定的，或者因重大过失导致裁判文书主文错误并造成严重后果的；（6）违反法律规定，对不符合减刑、假释条件的罪犯裁定减刑、假释的，或者因重大过失对不符合减刑、假释条件的罪犯裁定减刑、假释并造成严重后果的；（7）其他故意违背法定程序、证据规则和法律明确规定违法审判的，或者因重大过失导致裁判结果错误并造成严重后果的。该意见同时明确了不得作为错案进行责任追究的几种情形：（1）对法律、法规、规章、司法解释具体条文的理解和认识不一致，在专业认知范围内能够予以合理说明的；（2）对案件基本事实的判断存在争议或者疑问，根据证据规则能够予以合理说明的；等等。

② 2016年12月，中共中央办公厅、国务院办公厅印发了《关于进一步把社会主义核心价值观融入法治建设的指导意见》，要求各地区各部门结合实际认真贯彻落实。2018年5月中共中央印发了《社会主义核心价值观融入法治建设立法修法规划》，要求各地区各部门结合实际认真贯彻落实。

“原则”。此外，便民原则还可表现为行政复议申请人可以通过多种途径提出申请，如到复议机关提出书面或口头申请、用挂号信邮寄申请书、利用网络发送申请书电子版等。

3. 特殊原则的规定。《行政诉讼法》确立了四个特殊原则，即被告恒定、举证责任倒置、合法性审查和不停止执行。（1）被告恒定，即行政主体是被告。《行政诉讼法》第 26 条对被告作出了规定，无论是“作出行政行为的行政机关”还是“复议机关”或是“委托的行政机关”，无论是单独的被告还是共同的被告或是被委托的被告，能够成为被告的只能是行政机关。根据该法第 2 条第 2 款的规定，前款所称行政行为包括法律、法规、规章授权的组织作出的行政行为，上述行政诉讼中的被告包括行政机关和法律法规授权的行政组织。（2）举证责任倒置，即行政诉讼主要是由行政主体负有提供证据的义务。所谓举证责任，是指在诉讼中，当事人负有提供证据的义务，如果不能按照要求提供证据，就将承担败诉的责任。通常情况下，如民事诉讼、刑事诉讼，证据都需原告提供，即“谁主张，谁举证”。行政诉讼则不同，证据通常是由被告行政主体来提供。《行政诉讼法》第 34 条规定：“被告对作出的行政行为负有举证责任，应当提供作出该行政行为的证据和所依据的规范性文件。”法律之所以这样规定，是符合行政执法的客观规律的，因为执法者在获得证据的前提下才能做出不利行政相对人的行为（如行政处罚）。既然执法者手中有证据，就应当出示。（3）合法性审查。《行政诉讼法》第 6 条规定：“人民法院审理行政案件，对行政行为是否合法进行审查。”这意味着，法院只审查行政机关行为的合法性，至于合理性，一般不审查。以《治安管理处罚法》第 43 条的规定为例，对于甲殴打未成年人乙的拘留处罚，法律规定“处十日以上十五日以下拘留”，公安机关对甲处以 10～15 日中任何一个天数的拘留，只要是在合法的幅度内，法院并不干预。法院要干预的仅是合法性，如处罚依据是否合法，事实认定是否合法，程序是否合法，有没有低于或超过处罚限度等。不过，法院虽然不审查合理性，但对于“行政处罚明显不当”的情形，法院可以审查。实际上，“明显不当”在性质上已经接近违法状态了。基于行政诉讼的合法性审查要求，《行政诉讼法》第 60 条还规定，“行政诉讼不适用调解”，除非是合理性的范畴（如行政赔偿、补偿以及行政机关行使法律、法规规定的自由裁量权的案件）。（4）不停止执行。《行政诉讼法》第 56 条规定：“诉讼期间，不停止行政行为的执行。”该规定是基于两个原因：其一，行政执法不具有人身和财产特别的危害性（伤亡、灭失），一般不存在紧急情形；其二，尊重行政行为的公定力，不干预行政执法的连贯性；其三，有法律责任作后盾，即如果行政行为违法需要赔偿，就会引发行政追责。此外，法律还规定了停止执行的例外做保障，下文将有论述。

需要注意的是，与被告相对应，提出诉讼请求的人是原告。《行政诉讼法》第25条规定："行政行为的相对人以及其他与行政行为有利害关系的公民、法人或者其他组织，有权提起诉讼。"此外，该法第29条还规定："公民、法人或者其他组织同被诉行政行为有利害关系但没有提起诉讼，或者同案件处理结果有利害关系的，可以作为第三人申请参加诉讼，或者由人民法院通知参加诉讼。"

《行政复议法》规定了行政复议的两个特殊原则。(1) 书面审理原则。该法第22条规定，行政复议原则上采取书面审查的办法。这就是说，上级行政机关在行政复议的过程中，主要是看案卷相关材料（包括案卷文本、视频资料等证据），从中寻找合法的因素进而保障行政机关依法行使职权；或者从中发现违法因素进而监督行政机关依法行使职权。(2) 不停止执行原则。《行政复议法》第21条规定，行政复议期间具体行政行为不停止执行。这一点与行政诉讼情况雷同，其原因也与行政诉讼相似。

在此，与上述《行政诉讼法》的"原告、被告"相呼应（比较），申请行政复议的人为申请人，做出相关具体行政行为的行政主体是被申请人。《行政复议法》第10条规定："依照本法申请行政复议的公民、法人或者其他组织是申请人。……同申请行政复议的具体行政行为有利害关系的其他公民、法人或者其他组织，可以作为第三人参加行政复议……"

4. 原则的例外规定。在《行政诉讼法》中规定了一些例外的情形。(1) 举证责任倒置的例外。尽管法律规定了行政机关的举证责任，但实际上法律也留有余地，即特殊情形下，原告也负有举证责任。该法第38条规定："在起诉被告不履行法定职责的案件中，原告应当提供其向被告提出申请的证据。"当然，法律又规定了两种例外的情形：一是被告应当依职权主动履行法定职责的；二是原告因正当理由不能提供证据的。此外，在行政赔偿、补偿的案件中，通常情况下"原告应当对行政行为造成的损害提供证据"。(2) 公开审判的例外。《行政诉讼法》第7条规定"人民法院审理行政案件，依法实行……公开审判……原则"，但该法第54条同时也规定"人民法院公开审理行政案件，但涉及国家秘密、个人隐私和法律另有规定的除外"。同时，该法第80条还有一个原则性的规定，即"人民法院对公开审理和不公开审理的案件，一律公开宣告判决"。(3) 不停止执行的例外。尽管诉讼期间行政行为不停止执行具有现实意义，但《行政诉讼法》第56条也规定了裁定停止执行的情形：一是被告认为需要停止执行的；二是原告或者利害关系人申请停止执行，人民法院认为该行政行为的执行会造成难以弥补的损失，并且停止执行不损害国家利益、社会公共利益的；三是人民法院认为该行政行为的执行会给国家利益、社会公共利益造成重大损害的；四是法律、法规规定停止执行的。

《行政复议法》第 22 条虽然规定了书面审理原则，但该法条同时也规定了两种例外的情形，即“申请人提出要求或者行政复议机关负责法制工作的机构认为有必要时，可以向有关组织和人员调查情况，听取申请人、被申请人和第三人的意见”。与此同时，《行政复议法》第 21 条虽然规定了“不停止执行原则”，但该法条同时还规定了例外的情形，即：（1）被申请人认为需要停止执行的；（2）行政复议机关认为需要停止执行的；（3）申请人申请停止执行，行政复议机关认为其要求合理，决定停止执行的；（4）法律规定停止执行的。此外，《行政复议法实施条例》第 44 条虽然规定允许申请人和被申请人在行政复议决定作出前自愿达成和解，但范围仅限于“法律、法规规定的自由裁量权”，且“和解内容不损害社会公共利益和他人合法权益”。

二、复议与诉讼救济的范围

1. 复议与诉讼救济的范围，详见下表。

序号	目类	行政诉讼法	行政复议法
1	行政处罚	对行政拘留、暂扣或者吊销许可证和执照、责令停产停业、没收违法所得、没收非法财物、罚款、警告等行政处罚不服的	对行政机关作出的警告、罚款、没收违法所得、没收非法财物、责令停产停业、暂扣或者吊销许可证、暂扣或者吊销执照、行政拘留等行政处罚决定不服的
2	行政强制	对限制人身自由或者对财产的查封、扣押、冻结等行政强制措施和行政强制执行不服的	对行政机关作出的限制人身自由或者查封、扣押、冻结财产等行政强制措施决定不服的
3	行政许可	申请行政许可，行政机关拒绝或者在法定期限内不予答复，或者对行政机关作出的有关行政许可的其他决定不服的	（1）对行政机关作出的有关许可证、执照、资质证、资格证等证书变更、中止、撤销的决定不服的； （2）认为符合法定条件，申请行政机关颁发许可证、执照、资质证、资格证等证书，或者申请行政机关审批、登记有关事项，行政机关没有依法办理的

（续表）

序号	目类	行政诉讼法	行政复议法
4	行政确认	对行政机关作出的关于确认土地、矿藏、水流、森林、山岭、草原、荒地、滩涂、海域等自然资源的所有权或者使用权的决定不服的	对行政机关作出的关于确认土地、矿藏、水流、森林、山岭、草原、荒地、滩涂、海域等自然资源的所有权或者使用权的决定不服的
5	征收征用	对征收、征用决定及其补偿决定不服的	——
6	不作为	申请行政机关履行保护人身权、财产权等合法权益的法定职责，行政机关拒绝履行或者不予答复的	申请行政机关履行保护人身权利、财产权利、受教育权利的法定职责，行政机关没有依法履行的
7	经营自主农村农业	认为行政机关侵犯其经营自主权或者农村土地承包经营权、农村土地经营权的	（1）认为行政机关侵犯合法的经营自主权的； （2）认为行政机关变更或者废止农业承包合同，侵犯其合法权益的
8	妨碍竞争	认为行政机关滥用行政权力排除或者限制竞争的	——
9	违法义务	认为行政机关违法集资、摊派费用或者违法要求履行其他义务的	认为行政机关违法集资、征收财物、摊派费用或者违法要求履行其他义务的
10	行政给付	认为行政机关没有依法支付抚恤金、最低生活保障待遇或者社会保险待遇的	申请行政机关依法发放抚恤金、社会保险金或者最低生活保障费，行政机关没有依法发放的
11	协议约定	认为行政机关不依法履行、未按照约定履行或者违法变更、解除政府特许经营协议、土地房屋征收补偿协议等协议的	——
12	概括条款	认为行政机关侵犯其他人身权、财产权等合法权益的	认为行政机关的其他具体行政行为侵犯其合法权益的

2. 复议与诉讼的排除范围，详见下表。

序号	目类	行政诉讼法	行政复议法
1	国家行为	第 13 条第 1 项：国防、外交等国家行为	——
2	立法行为	第 13 条第 2 项：行政法规、规章或者行政机关制定、发布的具有普遍约束力的决定、命令	第 7 条第 2 款：国务院部、委员会规章和地方人民政府规章。规章的审查依照法律、行政法规办理①
3	内部行政行为	第 13 条第 3 项：行政机关对行政机关工作人员的奖惩、任免等决定	第 8 条第 1 款：不服行政机关作出的行政处分或者其他人事处理决定的，依照有关法律、行政法规的规定提出申诉
4	概括条款	第 13 条第 4 项：法律规定由行政机关最终裁决的行政行为	第 8 条第 2 款：不服行政机关对民事纠纷作出的调解或者其他处理，依法申请仲裁或者向人民法院提起诉讼

在此，行政诉讼的排除范围还需要参考 2018 年发布的《最高人民法院关于适用〈中华人民共和国行政诉讼法〉的解释》的相关规定，即不属于人民法院行政诉讼受案范围的还包括：（1）公安、国家安全等机关依照刑事诉讼法的明确授权实施的行为；（2）调解行为以及法律规定的仲裁行为；（3）行政指导行为；（4）驳回当事人对行政行为提起申诉的重复处理行为；（5）行政机关作出的不产生外部法律效力的行为；（6）行政机关为作出行政行为而实施的准备、论证、研究、层报、咨询等过程性行为；（7）行政机关根据人民法院的生效裁判、协助执行通知书作出的执行行为，但行政机关扩大执行范围或者采取违法方式实施的除外；（8）上级行政机关基于内部层级监督关系对下级行政机关作出的听取报告、执法检查、督促履责等行为；（9）行政机关针对信访事项作出的登记、受理、交办、转送、复查、复核意见等行为；（10）对公民、法人或者其他组织权利义务不产生实际影

① 《行政复议法》第 7 条第 1 款规定：“公民、法人或者其他组织认为行政机关的具体行政行为所依据的下列规定不合法，在对具体行政行为申请行政复议时，可以一并向行政复议机关提出对该规定的审查申请：（一）国务院部门的规定；（二）县级以上地方各级人民政府及其工作部门的规定；（三）乡、镇人民政府的规定。”

响的行为。

三、复议与诉讼救济的管辖

管辖是行政救济的“端口”，它要解决的问题是“谁来管”。如果法律不规定管辖的内容，权利救济就无法启动，那么权利也就无法保障。由此可见，管辖是行政救济的重要内容。我国《行政复议法》和《行政诉讼法》对管辖均有详细的规定，一般的参考情形是以做出行政行为的行政机关驻地为圆心，或者在行政行为发生地，由对该地有管辖权的复议机关或法院进行管辖，如下表所示：

序号	目类	行政诉讼	行政复议
1	不服县级以上地方各级人民政府工作部门的行政行为	向该行政机关驻地的基层人民法院起诉①	由申请人选择，可以向该部门的本级人民政府申请行政复议，也可以向上一级主管部门申请行政复议②
2	不服地方各级人民政府的行政行为③	向中级人民法院起诉（县级以上政府或海关）	向上一级地方人民政府申请行政复议④
3	不服国务院部门或者省、自治区、直辖市人民政府的行政行为	向中级人民法院起诉	向作出该行政行为的国务院部门或者省、自治区、直辖市人民政府申请行政复议
4	不服法律、法规授权的组织的行政行为	视对象向基层人民法院或中级人民法院起诉	分别向直接管理该组织的地方人民政府、地方人民政府工作部门或者国务院部门申请行政复议

① 经复议的案件，也可以由复议机关所在地人民法院管辖。

② 例外情形：对海关、金融、国税、外汇管理等实行垂直领导的行政机关和国家安全机关的具体行政行为不服的，向上一级主管部门申请行政复议。

③ 乡政府也是独立的一级政府机构。

④ 特殊情形：对省、自治区人民政府依法设立的派出机关所属的县级地方人民政府的具体行政行为不服的，向该派出机关申请行政复议。

（续表）

序号	目类	行政诉讼	行政复议
5	不服派出机关做出的行政行为	视对象向基层人民法院或中级人民法院起诉	对县级以上地方人民政府依法设立的派出机关，向设立该派出机关的人民政府申请行政复议； 对政府工作部门依法设立的派出机构（依照法律、法规或者规章规定，以自己的名义做出行政行为），向设立该派出机构的部门或者该部门的本级地方人民政府申请行政复议
6	不服两个或者两个以上行政机关以共同的名义做出的行政行为	视对象向基层人民法院或中级人民法院起诉①	向其共同上一级行政机关申请行政复议
7	不服被撤销的行政机关在撤销前做出的行政行为	视对象向基层人民法院或中级人民法院起诉	向继续行使其职权的行政机关的上一级行政机关申请行政复议
8	其他	其他	其他

在执法实践中，行政机关对行政相对人进行处罚时，会告知其维护权益的法律途径。以北京市公安局大兴分局对王某作出的治安拘留处罚为例，办案民警在送达给王某的行政处罚决定书后面部分会注明被处罚人维权的法定方式，即：

如果不服本决定，可以在接到本决定书之日起六十日内向 北京市大兴区人民政府或北京市公安局 申请行政复议或者在六个月内依法向 北京市大兴区 人民法院提起行政诉讼。

这显示了行政救济中的一些实用性信息。（1）行政相对人维权的法定方式有两类：行政复议和行政诉讼。（2）行政复议的时效是60日，行政诉讼的时效是6个月。（3）行政复议的对象有两个，即作出行政行为的行政机关的上级部门，或者是它的同级人民政府；通常情况下，如果申请人向这

① 两个以上人民法院都有管辖权的案件，原告可以选择其中一个人民法院提起诉讼。人民法院对管辖权发生争议，由争议双方协商解决；协商不成的，报其共同上级人民法院指定管辖。

两个复议机关都递交了复议申请，由先收到行政复议申请书的复议机关办理。(4) 行政诉讼的对象只有一个，通常是做出行政行为的行政机关驻地的基层人民法院；如果行政相对人先向复议机关申请了复议，后又依法向法院提起了诉讼，[①] 通常情况下，该行政复议终止。(5) 如果行政相对人先向法院提起诉讼，又向行政复议机关要求复议，复议机关查明后决定不予受理。此外，我国《行政复议法》和《行政诉讼法》还规定了一些特别的内容：(1) 关于复议前置的特别规定。《行政诉讼法》第 44 条第 2 款规定："法律、法规规定应当先向行政机关申请复议，对复议决定不服再向人民法院提起诉讼的，依照法律、法规的规定。" (2) 关于复议终裁的特别规定。《行政诉讼法》第 13 条第 4 项就排除了"法律规定由行政机关最终裁决的行政行为"。

四、复议与诉讼救济的证据

尽管证据是三大法律诉讼的重要根基，很多实体法律也都规定了证据的种类，但我国却没有制定证据法，即使发布了《最高人民法院关于行政诉讼证据若干问题的规定》，强调怎么用证据，却也没有具体讨论证据本身，因此证据目前还没有法定内涵，还停留在众说纷纭的学术探讨状态。比如说，我们知道"书证"是传统的证据种类之一，但什么是书证，并没有任何一部法律给它定义。当然，一些新经济时代新出现的证据如"电子数据"，在 2015 年 2 月开始实施的《最高人民法院关于适用〈中华人民共和国民事诉讼法〉的解释》(简称"2015 民诉解释") 第 116 条的规定和 2016 年 9 月最高人民法院、最高人民检察院、公安部印发的《关于办理刑事案件收集提取和审查判断电子数据若干问题的规定》(简称"2016 刑案电子数据规定") 中有了界定。尽管《行政复议法》也提及了证据，却并没有列举证据的种类。《行政诉讼法》则在第 33 条第 1 款列举了证据的种类，即书证；物证；视听资料；电子数据；证人证言；当事人的陈述；鉴定意见；勘验笔录、现场笔录。第 33 条第 2 款还规定，以上证据经法庭审查属实，才能作为认定案件事实的根据。在此，笔者从三个方面论述行政法证据的相关内容。

1. 证据种类的解读。我国行政诉讼的证据有八种形式，没有法定概念，

---

① 我国《行政诉讼法》第 44 条规定，对属于人民法院受案范围的行政案件，公民、法人或者其他组织可以先向行政机关申请复议，对复议决定不服的，再向人民法院提起诉讼；也可以直接向人民法院提起诉讼。

其学术内涵如下表所示。

序号	证据名称	学术概念①	关键词
1	书证	记载或表达某些情况，以其内容或含义来证明案件事实的文字、符号、图画等材料	内容
2	物证	用来证明案件事实的物品或痕迹，以其存在的形状、性质、特征等证明	物品或痕迹
3	视听资料	能够用来证明案件事实的录音带、录像带、光盘，以及从计算机中提取的声音影像资料	声音、影像
4	电子数据	案件发生过程中形成的，以数字化形式存储、处理、传输的，能够证明案件事实的数据	数字化形式
5	证人证言	了解案件有关情况且为非本案利害关系人对案件事实的陈述	非本案利害关系人
6	当事人陈述	当事人在行政诉讼中向法院叙述和承认的案件事实情况	向法院叙述和承认
7	鉴定意见	鉴定人运用自己的专业知识对需要鉴定的问题进行分析，鉴别后作出结论	专业知识
8	勘验/现场笔录	勘验笔录是指行政执法人员或法院审判人员对物品进行勘验后制作的笔录	行政执法人员或法院审判人员
		现场笔录是指行政执法人员进行当场处罚或处理其他紧急事项时制作的笔录	行政执法人员

厘清和辨认几种容易混淆的证据，确切地说，是一个巨大的难题。笔者在此探讨，也难免有问题，将不乏读者的批评与指正，但鉴于证据的重要

① 孟昭阳，高文英．行政法与行政诉讼法学［M］．北京：中国人民公安大学出版社，2012：425．本书本节关于证据的学术定义均来自该书第425－426页的内容。电子数据概念来自2016年最高人民法院、最高人民检察院、公安部印发的《关于办理刑事案件收集提取和审查判断电子数据若干问题的规定》。

性，即使面临批判也要鼓起勇气来抛砖引玉。（1）书证和物证的辨认。这有几种情况：其一，如果民警小李、小刘巡逻时在某巷子发现王某正在兜售光盘，光盘表面印有香艳美女照片及暧昧话语。小李、小刘以王某涉嫌违反《治安管理处罚法》第68条“出售淫秽物品”的规定为由将其带去派出所询问。小李将光盘放入电脑读取内容，发现光盘的内容是四书五经、唐诗三百首。此时，这些光盘是书证还是物证？书证的特征是具有固化的内容，因此是书证。然而，此案还将延伸其他性质，即如果王某明知不是淫秽光盘而假称是淫秽光盘卖给路人，就涉嫌欺诈。此时光盘既是书证，也是物证。光盘的内容决定了其并非淫秽物品，属于书证；光盘的实体是王某进行诈骗的工具，属于物证。如果王某以为此光盘是淫秽物品而出售，就是出售淫秽物品。当然，如果该光盘里确实有淫秽视频，则此光盘就是视频资料证据。其二，如果贾某不满杜某出售的光盘内容质量差，双方因此争吵，贾某遂用随手携带的光盘划伤了杜某，此时尽管起因是光盘的内容，但该光盘仍是“故意伤害”行为的物证。其三，书证中的符号与物证中的痕迹有时也容易混淆，在一些案件中的痕迹其实是符号。区分它们的标准是：作为书证的符号能够传递内容和意思，具有人的主观意志性；作为物证的痕迹则仅仅表示一种物理属性，它本身没有人的主观意志。（2）电子数据与相关证据的辨认。由于行政法没有自己的电子数据证据概念界定，在此只能参考其他相关法律规定。1996年制定的《联合国国际贸易法委员会电子商务示范法》（简称联合国《电子商务示范法》）第2条规定：“电子数据是指由电子手段、光学手段或类似手段生成传送、接收或储存的信息。”我国“2015民诉解释”第116条指出了电子数据的表现形式，包括“电子邮件、电子数据交换、网上聊天记录、博客、微博客、手机短信、电子签名、域名等形成或者存储在电子介质中的信息”。该解释还规定“存储在电子介质中的录音资料和影像资料，适用电子数据的规定”。另外，我国“2016刑案电子数据规定”第1条第2款规定：“电子数据包括但不限于下列信息、电子文件：（一）网页、博客、微博客、朋友圈、贴吧、网盘等网络平台发布的信息；（二）手机短信、电子邮件、即时通信、通讯群组等网络应用服务的通信信息；（三）用户注册信息、身份认证信息、电子交易记录、通信记录、登录日志等信息；（四）文档、图片、音视频、数字证书、计算机程序等电子文件。”第1条第3款规定：“以数字化形式记载的证人证言、被害人陈述以及犯罪嫌疑人、被告人供述和辩解等证据，不属于电子数据。”这就存在几个问题有待确认。其一，电子证据与视听资料的辨认。通常情况下，电子数据的内容是数据，而视听资料的内容是声音或影像。不过，“存储在电子介质中的录音资料和影像资料”，是电子数据。另外，以电子文件形式存在的音视频，虽然有声音和影像，但它们不是视频资料，而是电子数据。其二，电子数据与书证的辨认。电子数据中以电子文件形式存在的“文档”不是书证。这里需要解释的是，以电子介质为载体的文档是电子数据。按照联合国《电子商务示范法》的规定，电子数据的特征是“生成传送、接收或储存的信息”，这就意味着，像光盘这样的载体，如果刻录在光盘上的文档数据是封闭的（不能再更改），且已经达到预期目标（如出售），这时就是书证（如上文中的警察查处淫秽光盘的执法）；如果刻录在光盘上的文档数据是暂存，用作其他目的，需要继续加工的，就是电子数据。（3）电子数据与证人证言、当事人陈述的辨认。此时，要依法区别不属于电子数据形式的证言证据、当事人陈述，即我国“2016 刑案电子数据规定”第 1 条第 3 款的规定。（4）证人证言与当事人陈述的辨认。证人通常不是当事人，但也不排除特殊情况下可以是当事人，如戴罪立功勇于揭发犯罪的污点证人。（5）视听资料与证人证言的辨认。如果证人不能到庭（如远在大洋彼岸），则可以通过声音和影像来表达证言内容，但这是证人证言。

2. 可定案的证据标准。《行政诉讼法》第 33 条第 2 款规定了能够作为认定案件事实根据的证据要求，即必须“经法庭审查属实”。实践中，法庭审查证据（质证）的方式是确定证据的“三性”，即客观性（真实性）、合法性和关联性。（1）证据的客观性（真实性）。依据“2002 行政诉讼证据规定”第 56 条的规定，审查证据真实性的内容包括：证据形成的原因；发现证据时的客观环境；证据是否为原件、原物，复制件、复制品与原件、原物是否相符；提供证据的人或者证人与当事人是否具有利害关系；影响证据真实性的其他因素。（2）证据的合法性。依据“2002 行政诉讼证据规定”第 55 条的规定，审查证据合法性的内容包括：证据是否符合法定形式；证据的取得是否符合法律、法规、司法解释和规章的要求；是否有影响证据效力的其他违法情形。（3）证据的关联性。依据“2002 行政诉讼证据规定”第 54 条的规定，审查证据关联性的内容是指对证据进行“逐一审查”和对全部证据“综合审查”，在此基础上再“进行全面、客观和公正地分析判断，确定证据材料与案件事实之间的证明关系，排除不具有关联性的证据材料，准确认定案件事实”。笔者在法院旁听时注意到，在治安管理处罚案件的庭审中，针对被告提供的证据，面对行政机关盖章的文书，原告律师一般不纠缠（不否认）其真实性和合法性，但在关联性上却予以否认。这表明，行政执法人员在对证据的关联性论证和阐述方面，不能放松警惕，应诉前要做好充分准备。

3. 非法证据排除。依据“2002 行政诉讼证据规定”的相关规定，这有两种类型：其一，直接规定排除的证据，其二，间接规定排除的证据，即法院不采纳的证据。（1）直接规定排除的证据。这是指该规定第 57 条的规定，包括：严重违反法定程序收集的证据材料；以偷拍、偷录、窃听等手段获取侵害他人合法权益的证据材料；以利诱、欺诈、胁迫、暴力等不正当手段获取的证据材料；当事人无正当事由超出举证期限提供的证据材料；在中华人民共和国领域以外或者在中华人民共和国香港特别行政区、澳门特别行政区和台湾地区形成的未办理法定证明手续的证据材料；当事人无正当理由拒不提供原件、原物，又无其他证据印证，且对方当事人不予认可的证据的复制件或者复制品；被当事人或者他人进行技术处理而无法辨明真伪的证据材料；不能正确表达意志的证人提供的证言；不具备合法性和真实性的其他证据材料。此外，该规定第 58 条规定：“以违反法律禁止性规定或者侵犯他人合法权益的方法取得的证据，不能作为认定案件事实的依据。”这些规定其实蕴含了丰富的学理内容，由于篇幅有限，在此不予展开。比如，“偷拍、偷录、窃听等手段”，这是约束行政主体的，行政执法人员不可用这些方法，但行政相对人却可以使用“偷拍、偷录、窃听等手段”来监督行政执法。(2) 间接规定排除的证据。“2002 行政诉讼证据规定”第 60 条规定了不能作为认定被诉具体行政行为合法依据的证据，包括：被告及其诉讼代理人在做出具体行政行为后或者在诉讼程序中自行收集的证据；被告在行政程序中非法剥夺公民、法人或者其他组织依法享有的陈述、申辩或者听证权利所采用的证据。同时，该规定第 61 条规定：“复议机关在复议程序中收集和补充的证据，或者作出原具体行政行为的行政机关在复议程序中未向复议机关提交的证据，不能作为人民法院认定原具体行政行为合法的依据。”此外，该规定第 62 条还对不予采纳的鉴定结论作出了规定，即鉴定人不具备鉴定资格；鉴定程序严重违法；鉴定结论错误、不明确或者内容不完整。

4. 证据的其他规则。这里重点补充两个法定的内容。（1）优先证明规则。“2002 行政诉讼证据规定”第 63 条规定，证明同一事实的数个证据，其证明效力一般可以按照下列情形分别认定：“（一）国家机关以及其他职能部门依职权制作的公文文书优于其他书证；（二）鉴定结论、现场笔录、勘验笔录、档案材料以及经过公证或者登记的书证优于其他书证、视听资料和证人证言；（三）原件、原物优于复制件、复制品；（四）法定鉴定部门的鉴定结论优于其他鉴定部门的鉴定结论；（五）法庭主持勘验所制作的勘验笔录优于其他部门主持勘验所制作的勘验笔录；（六）原始证据优于传来证据；（七）其他证人证言优于与当事人有亲属关系或者其他密切关系的证人提供的对该当事人有利的证言；（八）出庭作证的证人证言优于未出庭作证的证人证言；（九）数个种类不同、内容一致的证据优于一个孤立的证据。”（2）直接认定规则。“2002 行政诉讼证据规定”第 68 条第 1 款规定了法庭可以直接认定的事实包括：“（一）众所周知的事实；（二）自然规律及定理；（三）按照法律规定推定的事实；（四）已经依法证明的事实；（五）根据日常生活经验法则推定的事实。”第 68 条第 2 款同时规定“前款（一）、（三）、（四）、（五）项，当事人有相反证据足以推翻的除外”。

五、复议与诉讼救济的结论

依据《行政复议法》，我国行政复议的结论包括不予受理、终止行政复议（准许撤回）、作出复议决定。对行政复议不满的可以再提起行政诉讼，或者直接提起行政诉讼。我国行政法学界对行政诉讼的结论表现形式归纳为判决、裁定和决定。诉讼裁定是指法院在审理案件过程中，对一些程序性的问题所作出的决定，具体情形包括：不予受理；管辖异议；停止执行；财产保全；先予执行；准予（不准）撤诉；中止诉讼；补正判决书中的笔误等。其中，当事人对法院不予受理、管辖异议不服的可以上诉。诉讼决定是对行政诉讼特殊事项作出的决定，包括：要求上级审理；回避；延长期限；强制措施；再审等。当事人如果对这些决定不服，均不能上诉。在此，行政复议决定和行政诉讼判决是最有影响的救济结论。接下来，笔者将对行政诉讼判决和行政复议决定的相关内容进行对比分析，详见下表：

序号	行政诉讼法·判决		行政复议法·决定	
	类型	依据标准	类型	依据标准
1	驳回起诉（第 69 条）	行政行为证据确凿，适用法律、法规正确，符合法定程序的，或者原告申请被告履行法定职责或者给付义务理由不成立的	维持	认定事实清楚，证据确凿，适用依据正确，程序合法，内容适当
2	限期履行（第 72 条）	被告不履行法定职责	限期履行	被申请人不履行法定职责

（续表）

<table>
<tr><th rowspan="2">序号</th><th colspan="2">行政诉讼法·判决</th><th colspan="2">行政复议法·决定</th></tr>
<tr><th>类型</th><th>依据标准</th><th>类型</th><th>依据标准</th></tr>
<tr><td>3</td><td>撤销或者部分撤销，可以判决被告重新作出（第70条）</td><td>（1）主要证据不足的；（2）适用法律、法规错误的；（3）违反法定程序的；（4）超越职权的；（5）滥用职权的；（6）明显不当的</td><td>撤销（A），可限期重新作出</td><td rowspan="3">（1）主要事实不清、证据不足的；（2）适用依据错误的；（3）违反法定程序的；（4）超越或者滥用职权的；（5）具体行政行为明显不当的</td></tr>
<tr><td>4</td><td>变更（第77条）</td><td>行政处罚明显不当，或者其他行政行为涉及对款额的确定、认定确有错误</td><td>变更</td></tr>
<tr><td>5</td><td>确认违法（A），但不撤销（第74条第1项）；责令补救（第76条）</td><td>（1）行政行为依法应当撤销，但撤销会给国家利益、社会公共利益造成重大损害的；（2）行政行为程序轻微违法，但对原告权利不产生实际影响的</td><td>确认违法，可限期重新作出</td></tr>
<tr><td>6</td><td>确认违法（B），不需要撤销或者判决履行（第74条第2项）；责令补救（第76条）</td><td>（1）行政行为违法，但不具有可撤销内容的；（2）被告改变原违法行政行为，原告仍要求确认原行政行为违法的；（3）被告不履行或者拖延履行法定职责，判决履行没有意义的</td><td>撤销（B）</td><td>被申请人不按规定交材料，视为没有证据、依据</td></tr>
<tr><td>7</td><td>确认无效（第75条）；责令补救（第76条）</td><td>不具有行政主体资格或者没有依据等重大且明显违法情形，原告申请确认行政行为无效的</td><td>——</td><td>——</td></tr>
</table>

（续表）

序号	行政诉讼法·判决		行政复议法·决定	
	类型	依据标准	类型	依据标准
8	被告履行给付义务（第73条）	被告依法负有给付义务	——	——
9	继续履行、采取补救措施赔偿损失（第78条）	被告不依法履行、未按照约定履行或者违法变更、解除本法第12条第1款第11项规定的协议	——	——

注：本表中的A和B是指同一种类型的两种不同的依据标准。

在此，笔者将我国行政案件审理流程表和行政复议流程图示例如下：

（1）行政案件审理流程表：①

序号	流程名称	流程内容
1	准备材料	诉状正本，并按被告人数提供诉状副本
		与诉讼请求相关的证据材料
		原、被告诉讼主体资格证明
2	审查立案	原告认为行政行为侵犯其合法权益
		有明确的被告
		有具体的诉讼请求和事实根据
		属于人民法院受案范围和受诉人民法院管辖
		在收到起诉状及相关材料后7日内决定立案或裁定不予受理
		立案同时由计算机自动随机分案到行政庭的案件承办法官

① 中国法院网提供的某市法院行政审判流程图为文字版，详情参见https：//splcgk. court. gov. cn/gzfwww/sszn/details? id = ff8080816002a51f016010e9ba32022c。

（续表）

序号	流程名称	流程内容
3	排期送达	立案后5日内向原告送达案件受理通知书、举证通知书等
		立案后5日内向被告（第三人）送达应诉通知书、起诉状副本和开庭传票、举证通知书等
		被告在10日内提交答辩状
		在收到答辩状之日起5日内向原告发送答辩状副本
4	庭前准备	组成合议庭，完成审查诉讼材料、调查收集证据等工作
		证据材料展示、交换
		保全、委托司法鉴定、评估、审计等
		管辖异议，10日内作出移送管辖或驳回管辖权异议的裁定
		回避申请，5日内作出是否回避的决定并通知当事人
		申请停止执行被诉行政行为，30日内裁定是否停止
		申请保全证据的，5日内决定是否保全
5	开庭审理	一审行政案件在立案后40日内开庭审理
		当庭宣判的，应在最后一次开庭后10日内发送裁判文书
		定期宣判的，应当在宣判后当即送达裁判文书
		一审行政案件应当在3个月内审结，特殊情形须报批延长
		不服一审判决，可上诉（略）
6	结案	——
7	归档	案件的文字资料和电子资料应在结案后60日内归档
		当事人上诉的，应在二审法院退卷后30日内归档

（2）复议机关行政复议流程图：①

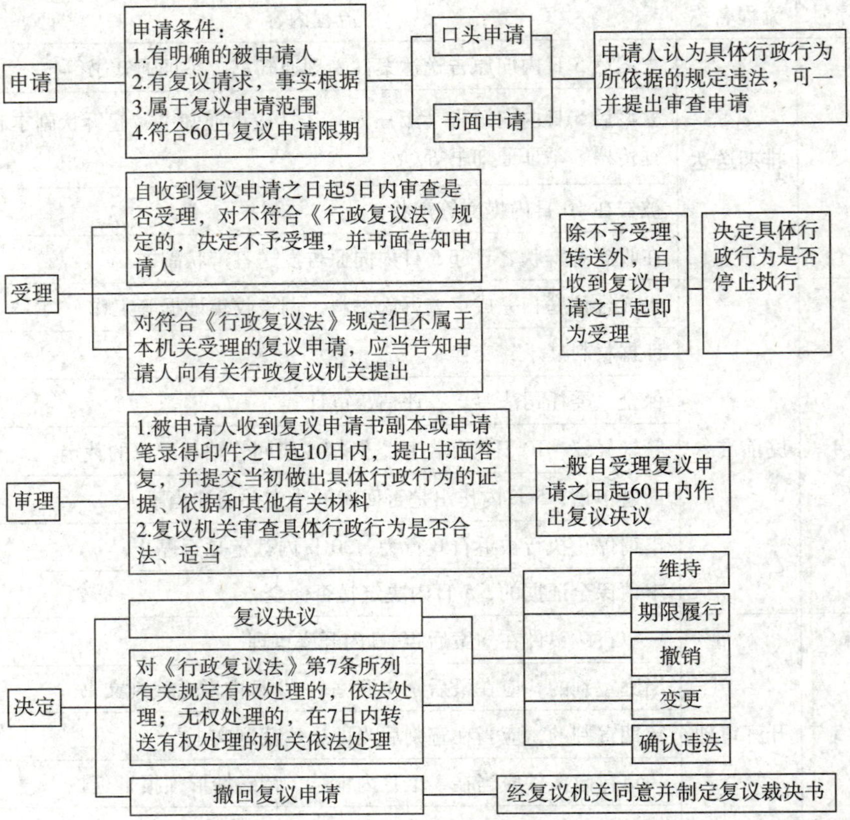

第四节　行政赔偿与补偿

行政主体的行政行为按照其内在的流程运转，合法的行政行为在完成该行政行为之后，该行政执法的行政法律关系归于消灭；违法的行政行为将通过行政相对人的法定维权措施（如行政复议或行政诉讼等），行政执法的法律关系将进入行政赔偿状态，特殊情况下还将进入行政补偿状态，然后该行政执法的行政法律关系也归于消灭。这是一般的逻辑，在此，笔者将按照一般逻辑阐述该问题。

① 参见 http：//www. nxfzb. gov. cn/hzby/hzbylct/21102. htm。

一、行政赔偿

我国行政赔偿是国家赔偿中与刑事赔偿并列的一种赔偿形式，其依据主要是《国家赔偿法》。该法纳入行政赔偿范围的主要是人身权和财产权，其中还明确了不予赔偿的范围，而且对于执法过程中对行政相对人造成精神损害的，也有相应的规定。（1）侵害人身权的行政赔偿范围。根据《国家赔偿法》第3条的规定，属于行政赔偿人身权范围的包括：违法拘留或者违法采取限制公民人身自由的行政强制措施的；非法拘禁或者以其他方法非法剥夺公民人身自由的；以殴打、虐待等行为或者唆使、放纵他人以殴打、虐待等行为造成公民身体伤害或者死亡的；违法使用武器、警械造成公民身体伤害或者死亡的；造成公民身体伤害或者死亡的其他违法行为。（2）侵害财产权的行政赔偿范围。根据《国家赔偿法》第4条的规定，属于行政赔偿财产权范围的包括：违法实施罚款、吊销许可证和执照、责令停产停业、没收财物等行政处罚的；违法对财产采取查封、扣押、冻结等行政强制措施的；违法征收、征用财产的；造成财产损害的其他违法行为。（3）不承担行政赔偿的情况。根据《国家赔偿法》第5条的规定，不属于行政赔偿财产权范围的有：行政机关工作人员与行使职权无关的个人行为；因公民、法人和其他组织自己的行为致使损害发生的；法律规定的其他情形。对上述法律规定的理解，需要注意以下三个问题：

（1）行政赔偿的行为主体必须是行政主体。以《国家赔偿法》第3条第4项规定的“违法使用武器、警械造成公民身体伤害或者死亡的”为例，该法第17条第5项也有完全相同的规定，但后者是刑事赔偿，因为行为的主体是指“行使侦查、检察、审判职权的机关以及看守所、监狱管理机关及其工作人员”。实际上，行政主体问题也涉及赔偿义务机关的确定，即《国家赔偿法》第7条的规定。这分为四种情况：其一，基于单个行政主体资格的一般的赔偿义务机关，这包括行政职权主体、行政授权主体及行政委托主体（由委托行政主体承担责任）。其二，基于两个以上行政主体共同行使行政职权，共同行使行政职权的行政主体为共同赔偿义务机关。其三，基于行政主体资格的变迁，行政主体资格被撤销的，如果有承接其职权的行政主体，则该行政主体是赔偿义务机关；如果无承接其职权的行政主体，则有权撤销行为主体的行政主体是赔偿义务机关。其四，经复议机关复议的，最初造成侵权行为的行政机关为赔偿义务机关，但复议机关的复议决定加重损害的，复议机关对加重的部分履行赔偿义务。

（2）有损害结果是行政赔偿的前提。《国家赔偿法》第2条强调了要有损害结果，才能引起国家赔偿。同时，该法第 3、4 条又分别从人身权和财产权两个方面列举了国家赔偿的范围；该法第 9 条又再一次重申了这两个范围。这有三种情况：其一，侵犯公民人身权“损害结果”的证据。根据 2014 年实施的《公安机关办理国家赔偿案件程序规定》第 14 条的规定，侵犯公民人身权“损害结果”的证据包括：诊断证明、医疗费用收费凭据以及护理、康复、后续治疗的证明；死亡证明书或者伤残、部分、全部丧失劳动能力的鉴定意见；因误工减少收入的，单位出具的误工证明、医疗单位出具的休息诊断证明等；受害人死亡或者全部丧失劳动能力的，其扶养的未成年人和其他无劳动能力人的有关情况，以及前述人员有无其他扶养义务人的证明；公安机关及其人民警察行使职权是否合法以及与损害结果有无因果关系的证据；其他有关证据。其二，侵犯公民财产权“损害结果”的证据。根据《公安机关办理国家赔偿案件程序规定》第 15 条的规定，侵犯公民财产权“损害结果”的证据包括：罚款、吊销许可证或者执照、责令停产停业、没收财物等行政处罚的法律文书等证据；查封、扣押、冻结、收缴、追缴等措施的法律文书、录音录像资料等证据；已损毁、灭失、拍卖或者变卖财产价格的证据；停产停业期间必要经常性开支的证据；其他有关证据。其三，导致公民精神“损害结果”的证据。根据《公安机关办理国家赔偿案件程序规定》第 13 条的规定，其“损害结果”的证据应当重点查明：是否存在《国家赔偿法》第 3 条或者第 17 条规定的侵犯人身权行为；是否造成精神损害后果；侵犯人身权行为与精神损害后果之间有无因果关系。

（3）行政赔偿的原则。通过对《国家赔偿法》内容的理解，笔者在此将其基本原则主要归结为两个：其一，违法归责为主，其他原因为辅。综观《国家赔偿法》的第 3、4 条的内容，各种侵犯公民人身权和财产权的表现均有“违法”一词为前提，尽管第 3 条第 3 项没有明示“违法”字眼，但其内容“以殴打、虐待等行为或者唆使、放纵他人以殴打、虐待等行为造成公民身体伤害或者死亡的”所要表达的显然就是“违法”的意思。国家赔偿的其他原则是指除了违法原则之外，还包括过错原则、无过错原则。这两个原则的前提是没有违法但造成了行政相对人的损害。如果该过错或无过错导致违法，就仍是违法原则。实践中，有过错并必然导致违法，就会因此给行政相对人带来损失。无过错也可能导致违法，也会因此给行政相对人带来损失。只要是行政执法给行政相对人带来了损害，就应当赔偿。毕竟，行政相对人是个体的自然人或法人，其财力或人力有限，或许会因为这些损害而陷入困境，招致家庭生活或经营困难，并且很难短时间翻身，甚至无力东山再起。相比之下，作为行政主体的国家或组织，有稳定的财力支持，并且行政的目的是“为人民服务”，因此在考虑国家赔偿时，特别要平衡无过错带来的赔偿社会效益。其二，金钱赔偿为主，其他赔偿为辅（物质赔偿为辅，精神慰藉补充）。一是国家赔偿的基本内容是金钱赔偿。《国家赔偿法》第32条第1款规定：“国家赔偿以支付赔偿金为主要方式。”其中，对人身自由的赔偿金额的计算标准是该法第33条的规定，即“每日赔偿金按照国家上年度职工日平均工资计算”。侵犯公民健康权的赔偿，该法第34条也有金钱赔偿的具体规定，如“造成身体伤害的，应当支付医疗费、护理费，以及赔偿因误工减少的收入”；“造成部分或者全部丧失劳动能力的，应当支付医疗费、护理费、残疾生活辅助具费、康复费等因残疾而增加的必要支出和继续治疗所必需的费用，以及残疾赔偿金”；“造成死亡的，应当支付死亡赔偿金、丧葬费，总额为国家上年度职工年平均工资的二十倍。对死者生前扶养的无劳动能力的人，还应当支付生活费”等。再如，对财产损害的赔偿也适用赔偿金。《国家赔偿法》第36条第4项规定：“应当返还的财产灭失的，给付相应的赔偿金。”二是其他形式的国家赔偿。这主要是指物质赔偿和精神慰藉。《国家赔偿法》第32条第2款规定了金钱赔偿之外的其他方式，即“能够返还财产或者恢复原状的，予以返还财产或者恢复原状”。这在该法第36条有较多的规定，如“处罚款、罚金、追缴、没收财产或者违法征收、征用财产的，返还财产”。此外，该法第35条还规定了“精神慰藉”的原则，即“有本法第三条规定情形之一，致人精神损害的，应当在侵权行为影响的范围内，为受害人消除影响，恢复名誉，赔礼道歉；造成严重后果的，应当支付相应的精神损害抚慰金”。这里所说的是精神损害抚慰金，而不是赔偿金。精神慰藉的方式还包括“为受害人消除影响，恢复名誉，赔礼道歉”等。

在此，需要提示的是，针对行政执法人员在执法过程中存在主观故意或者重大过失而导致的行政赔偿，行政主体在履行国家赔偿义务且支付了赔偿金之后，有权对有过错的执法人员进行不大于赔偿金数额的追偿。

二、行政补偿

目前，我国没有专门的行政补偿法。行政补偿的最高法律渊源是《宪法》。我国《宪法》第10条第3款规定：“国家为了公共利益的需要，可以依照法律规定对土地实行征收或者征用并给予补偿。”《宪法》第13条第3款规定：“国家为了公共利益的需要，可以依照法律规定对公民的私有财产实行征收或者征用并给予补偿。”按照行政法学界的一般理解，行政补偿是指“对行政主体合法行为造成行政相对人损失而对行政相对人实施救济的法律制度”。[①] 这个概念有五个要素：其一，行政主体的行为；其二，行政主体的行为符合法律的特别规定；其三，行政主体的合法行为造成了行政相对人的损失；其四，该行政相对人没有遵守行政命令内容的法定义务；其五，对该行政相对人实施救济。行政补偿的理论通常有两种表现形式，即“行政主体对于行政行为所造成的特别牺牲给予弥补和救济的法律制度”与“行政主体对于私人所遭受的特别牺牲所给予的补偿”。[②] 在此，笔者重点介绍它的两类表现形式，即行政征收的补偿和行政征用的补偿。

1. 行政征收的补偿。这主要表现为两种形式：其一，集体土地征收补偿；其二，城市房屋拆迁补偿。这些征收补偿的法律基础是我国2005年颁布的《土地管理法》。通常情况下，公安行政执法与此无关，但历史上大量的拆迁活动均动用警力，在被批评为滥用警力之后，在公安部发布《2011年公安机关党风廉政建设和反腐败工作意见》之后，公安机关一般不参与各地的拆迁活动。[③] 不过，近年来公安机关又因为拆迁被告，其主要原因是被拆迁户因与拆迁单位有矛盾，借助110报警系统找公安机关“撑腰”。实践中，被拆迁户通常以拆迁过程中财产被盗、人员被打等理由报警。民警接警出警，到现场询问情况，得知是合法的拆迁行为，于是告知报警人（拆迁户）此事不归公安机关管辖，告知其去找拆迁单位协商解决，或去法院起诉。

2. 行政征用的补偿。这是指在特殊紧急情况下，行政主体依据法律强制使用私人财产，事后予以归还并给予适当报酬，或者损害、灭失后后照价赔偿的一种法律制度。实践中，行政征用补偿主要表现形式是国防征用补偿（《国防法》第48条）、突发事件征用补偿（《突发事件应对法》第52条）、救灾征用补偿（《防洪法》第45条等）、防疫征用补偿（《传染病防治法》第45条）。另外，与公安行政执法有直接关系的行政征用补偿包括戒严征用补偿（《戒严法》第17条）、优先使用的补偿（《人民警察法》第13条）。其中，最常见的是涉及优先使用的补偿，具体内容是“公安机关的人民警察因履行职责的紧急需要、经出示相应证件，可以优先乘坐公共交通工具，遇交通阻碍时，优先通行”；“公安机关因侦查犯罪的需要，必要时，按照国家有关规定，可以优先使用机关、团体、企业事业组织和个人的交通

---

① 姜明安．行政法与行政诉讼法［M］．北京：北京大学出版社，1999：469.

② 孟昭阳，高文英．行政法与行政诉讼法学［M］．北京：高等教育出版社，2012：358－359.

③ 公安部：严禁公安民警参与征地拆迁等非警务活动．http：//politics. people. com. cn/GB/1027/14053491. html.

工具、通信工具、场地和建筑物，用后应当及时归还，并支付适当费用；造成损失的，应当赔偿”。以征用私人交通工具为例，这仅是指“侦查犯罪的需要”。也就是说，在公安机关行政执法过程中，没有法律明确授权可以征用私人交通工具。

主要参考文献

一、著作

1. 北京万国学校教研中心．行政法与行政诉讼法［M］．北京：中国法制出版社，2016.

2. 董安生．民事法律行为［M］．北京：法律出版社，2002.

3. 高铭暄，马克昌．刑法学［M］．北京：北京大学出版社，2000.

4. 高铭暄，马克昌．刑法学［M］．北京：北京大学出版社，2010.

5. 公安部法制局．公安行政案件处罚裁量标准（2010 年版）［M］．北京：中国人民公安大学出版社，2010.

6. 胡建淼．行政法学（第 2 版）［M］．北京：法律出版社，2003.

7. 胡建淼．行政法学（第 4 版）［M］．北京：法律出版社，2015.

8. 姜明安．行政法与行政诉讼法［M］．北京：北京大学出版社，高等教育出版社，2015，2011－8，2011－5，2007，2005，1999.

9. 梁凤云．新行政诉讼法讲义［M］．北京：人民法院出版社，2015.

10. 梁凤云．新行政诉讼法逐条注释［M］．北京：中国法制出版社，2017.

11. 林鸿潮．行政法与行政诉讼法［M］．北京：北京大学出版社，2015.

12. 刘春萍．转型期的俄罗斯联邦行政法［M］．北京：法律出版社，2005.

13. 罗豪才．行政法学［M］．北京：北京大学出版社，1996.

14. 马克思恩格斯全集（第 1 卷）［M］．北京：人民出版社，1956.

15. 马克思恩格斯全集（第 3 卷）［M］．北京：人民出版社，2002.

16. 马克思恩格斯选集（第 1、2 卷）［M］．北京：人民出版社，1995.

17. 马克思恩格斯选集（第 1 卷）［M］．北京：人民出版社，1972.

18. 毛泽东选集［M］．北京：人民出版社，1991.

19. 孟昭阳，高文英．行政法与行政诉讼法学［M］．北京：中国人民公安大学出版社，2012.

20. 王理. 治安管理处罚法实训教程 [M]. 北京：中国人民公安大学出版社，2016.

21. 王利明. 民法 [M]. 北京：中国人民大学出版社，2000.

22. 王明扬. 法国行政法 [M]. 北京：中国政法大学出版社，1988.

23. 王学辉. 行政法与行政诉讼法学（第二版）[M]. 北京：法律出版社，2015.

24. 王重高，贾金香. 行政法总论 [M]. 北京：中国政法大学出版社，1992.

25. 熊文钊. 现代行政法原理 [M]. 北京：法律出版社，2000.

26. 杨建顺. 日本行政法通论 [M]. 北京：中国法制出版社，1998.

27. 叶必丰. 行政法与行政诉讼法（第三版）[M]. 北京：高等教育出版社，2015.

28. 余凌云. 行政法讲义（第二版） [M]. 北京：清华大学出版社，2014.

29. 张俊浩. 民法学原理 [M]. 北京：中国政法大学出版社，1997.

30. 张明楷. 法益初论 [M]. 北京：中国政法大学出版社，2000.

31. 张明楷. 刑法学（第四版）[M]. 北京：法律出版社，2011.

32. 张树义. 行政法与行政诉讼法学 [M]. 北京：高等教育出版社，2002.

33. 张文显. 法理学（第二版）[M]. 北京：高等教育出版社，2003.

34. 张正钊，胡锦光. 行政法与行政诉讼法学（第六版）[M]. 北京：中国人民大学出版社，2015.

35. 章志远. 行政法学总论 [M]. 北京：北京大学出版社，2014.

36. 周佑勇. 行政法基本原则研究 [M]. 汉口：武汉大学出版社，2005.

37. [德] 埃贝哈德·施密特－阿斯曼. 德国行政法读本 [M]. 于安译. 北京：高等教育出版社，2007.

38. [德] 奥托·迈耶. 德国行政法 [M]. 刘飞译. 北京：商务印书馆，2002.

39. [德] 哈特穆特·毛雷尔. 行政法学总论 [M]. 高家伟译. 北京：法律出版社，2000.

40. [德] 汉斯·J. 沃尔夫，奥托·巴霍夫，罗尔夫·施托贝尔. 行政法（第二卷）[M]. 高家伟译. 北京：商务印书馆，2014.

41. ［德］汉斯·J. 沃尔夫，奥托·巴霍夫，罗尔夫·施托贝尔．行政法（第三卷）［M］．高家伟译．北京：商务印书馆，2007.

42. ［德］汉斯·J. 沃尔夫，奥托·巴霍夫，罗尔夫·施托贝尔．行政法（第一卷）［M］．高家伟译．北京：商务印书馆，2002.

43. ［法］古斯塔夫·佩泽尔．法国行政法（第十九版）［M］．廖坤明，周洁译．北京：国家行政学院出版社，2002.

44. ［法］里韦罗．法国行政法［M］．鲁仁译．北京：商务印书馆，2008.

45. ［法］玛丽－弗朗斯·伊里戈扬．冷暴力［M］．顾淑馨译．南昌：江西人民出版社，2017.

46. ［法］孟德斯鸠．论法的精神（上）［M］．张雁深译．北京：商务印书馆，1982.

47. ［法］莫里斯·奥里乌．行政法与公法精要［M］．龚觅，等译．沈阳：辽海出版社，1996.

48. ［法］托克维尔．论美国的民主［M］．董国良译．北京：商务印书馆，1997.

49. ［美］托马斯·库恩．科学革命的结构［M］．金吾伦，胡新和译．北京：北京大学出版社，2003.

50. ［美］波斯纳．法律的经济分析（第7版）（中文第2版）［M］．蒋兆康译．北京：法律出版社，2012.

51. ［美］盖尔霍恩，莱文．行政法（第4版）（美国法精要·影印本）［M］．北京：法律出版社，2001.

52. ［美］理查德·J. 皮尔斯．行政法（第五版）［M］．苏苗罕译．北京：中国人民大学出版社，2016.

53. ［苏］科托克．苏联行政法概论［M］．萨大为译．北京：人民出版社，1951.

54. ［意］贝卡里亚．论犯罪与刑罚［M］．黄风译．北京：中国法制出版社，2002.

55. ［英］彼得·莱兰，戈登·安东尼．英国行政法教科书（第五版）［M］．杨伟东译．北京：北京大学出版社，2007.

56. ［英］威廉·韦德．行政法［M］．徐炳，等译．北京：中国大百科出版社，1997.

二、报刊

1. 蔡彦敏．对“以事实为根据、以法律为准绳”原则的重新释读［J］．中国法学，2001（2）．

2. 陈雪林．城管暴力执法原因探析［J］．现代商贸工业，2012（18）：129－130．

3. 储国强．行政“乱作为”危害［J］．瞭望，2007（12）．

4. 方成志．论“以事实为根据，以法律为准绳”［J］．西北政法学院学报，1985（3）．

5. 冯玉军．略论法学研究范式的历史类型［J］．甘肃政法学院学报，2004（5）．

6. 高秦伟．反思行政法学的教义立场与方法论学说——阅读德国公法史（1800－1914）：国家法学说和行政学之后［J］．政法论坛，2008（2）．

7. 龚海燕．非警务活动现状梳理与探究［J］．上海公安高等专科学校学报，2004（3）．

8. 关保英．权力清单的行政法价值研究［J］．江汉论坛，2015（1）．

9. 何海波．中国行政法学的外国法渊源［J］．比较法研究，2007（6）．

10. 何勤华，齐凯悦．司法良知：法律与道德的完美结合［N］．人民法院报，2016－1－15（5）．

11. 何勤华．中国近代行政法学的诞生与成长［J］．政治与法律，2004（2）．

12. 黄悦波．试析我国自然灾害中的行政给付［J］．江西警察学院学报，2012（1）．

13. 鲁鹏宇．论行政法学的阿基米德支点——以德国行政法律关系论为核心的考察［J］．当代法学，2009（5）．

14. 罗豪才，甘雯．行政法的“平衡”及“平衡论”范畴［J］．中国法学，1996（4）．

15. 罗豪才，沈岿．平衡论：对现代行政法的一种本质思考——再谈现代行政法的理论基础［J］．中外法学，1996（4）．

16. 罗豪才，袁曙宏，李文栋．现代行政法的理论基础——论行政机关与相对一方权利义务平衡［J］．中国法学，1993（1）．

17. 罗豪才．现代行政法的理论基础［J］．中国法学，1993（1）．

18. 毛信仁．苏联高校法学专业的教科书——《苏联行政法》简介［J］．国际观察，1986（4）．

19. 门中敬．行政法基本原则的研究进路与反思——兼谈宪法规范分析方法的运用［J］．求索，2015（2）．

20. 莫其逊．从毕达哥拉斯学派至马克思：西方美是和谐说的历史演变［J］．广西大学学报：哲学社会科学版，1996（5）．

21. 石龙潭．日本行政诉讼救济范围之拓展——“行政处分性”之理论解析［J］．行政法学研究，2017（3）．

22. 田清辉．执法办案管理中心在司法体制改革下的角色定位［J］．北京警察学院学报，2018（1）．

23. 王成栋．法律关系基本理论问题研究［J］．政法论坛，2001（6）．

24. 王积武．论治安案件被侵害人在行政诉讼中请求事项的限定［J］行政论坛，1998（3）．

25. 王南江．关于基层民警参与非警务活动情况的调查与研究［J］．公安研究，2012（8）．

26. 王树祥，孙皓．从被侵害人看本案的原告主体资格［J］人民司法，1996（6）．

27. 翁子明．浅议治安行政案件中被侵害人的诉讼地位［J］人民司法，1991（7）．

28. 夏金莱．作为行政过程的行政决策及其范围界定［J］．中国发展观察，2015（7）．

29. 许章润．活着的法律宣谕者——《司法过程的性质》与卡多佐的司法艺术［J］．环球法律评论，2004（2）．

30. 杨雪．行政检查权实体法律控制研究［J］．铁道警察学院学报，2009（1）．

31. 一今．治安行政案件中保护被侵害人诉权之我见［J］中央政法管理干部学院学报，1996（1）．

32. 应松年，薛刚凌．论行政权［J］．政法论坛，2001（4）．

33. 于安．外国行政法学在我国的引入和利用［J］．政法论坛，2006（1）．

34. 喻少如．论社会救助制度中的行政给付程序［J］．法学评论，2011（4）.

35. 赵宏．法律关系取代行政行为的可能与困局［J］．法学家，2015（3）．

36. 周佑勇．行政法基本原则的反思与重构［J］．中国法学，2003（4）．

37. 朱力宇，林鸿姣．在理性与现实之间寻求司法的正义——兼论“以事实为根据，以法律为准绳”原则的发展和变化［J］求是学刊，2012（2）．

38. 朱维究，刘永林．论行政检查与行政法实施——以确保行政规范性文件得到真正落实为视角［J］．政治与法律，2012（7）．

后 记

这是我创作的第一本书，历经了沉淀、思考、成书的漫长过程。我在公安院校从教的二十年间，开始是苦于难以找到一本适合公安行政执法的教科书以飨学子。之后经过多年的沉淀、思考，我开始构思本书的框架结构。直到2015年9月公安部实施“双千计划”，我到北京市公安局法制办行政复议处（现为法制总队第三支队）挂职，在办案实践和出庭实战过程中，我深刻地感受到撰写一本适合公安行政执法的教科书的重要性和迫切性，遂提笔写作，至2018年4月完稿。

在本书的创作过程中，我得到了多方面的帮助与支持，在此由衷地对他们说一声谢谢。首先，我要感谢北京市法学会的领导和专家给予我的课题资助以及法学会研究部王秀海主任、肖然老师给予的鼓励。这个课题包括公开发表的5篇阶段性成果论文、8万字的研究报告以及这部近30万字的书稿，没有他们的热情帮助，就不会取得这些成果。其次，我要感谢北京市公安局法制总队的领导和同事，感谢华列兵总队长、高春支队长、王郁、张颖、秦纪伟、刘陆欣等同志的悉心指导和帮助，他们让我深刻感悟到公安行政执法实践与行政法学研究之间的密切联系。同时，还要感谢北京市城市管理综合行政执法局教育训练总队李满星总队长、胡永卫副总队长以及刘莹等同志提供的非常有益的帮助。再次，我的同事李温、袁晨钧、姚永贤经常和我在一起探讨行政法学教学和科研问题，对我的写作有很大启发，在此深表谢意。最后，感谢中国人民公安大学出版社对本书的出版给予的大力支持。

令我深感愧疚的是我的家人，这一点大家都懂，此不赘言。

在此，需要说明的是，本书在引用相关专家学者的研究成果时，有的并非原文引用而是对观点的提炼，同时针对一些专家学者的学术观点提出了自己的不同看法，只为学术探讨而无他意。以上如有偏差和不当之处，敬请有关专家学者批评指正。

黄悦波

2018年6月于虎峪沟